当代中国国家治理丛书

国家"211工程"重点建设项目资助
江苏高校优势学科建设工程资助项目
江苏省重点学科政治学一级学科资助项目
马克思主义生态文明理论与江苏生态文明实践协同创新中心资助项目
2014年度江苏省高校哲学社会科学资助项目
江苏省"十二五"重点图书出版规划项目

丛书主编 赵晖

纪丽萍 著

苏南农村公共文化建设
——理论和实践

南京师范大学出版社
NANJING NORMAL UNIVERSITY PRESS

图书在版编目(CIP)数据

苏南农村公共文化建设——理论和实践 / 纪丽萍著. —南京：南京师范大学出版社，2015.12

（当代中国国家治理丛书）

ISBN 978-7-5651-2512-6

Ⅰ.①苏… Ⅱ.①纪… Ⅲ.①农村文化－文化事业－建设－研究－江苏省 Ⅳ.①G127.53

中国版本图书馆 CIP 数据核字（2015）第 310816 号

书　　名	苏南农村公共文化建设——理论和实践
作　　者	纪丽萍
责任编辑	左　宓　彭　茜
出版发行	南京师范大学出版社
地　　址	江苏省南京市宁海路 122 号（邮编：210097）
电　　话	（025）83598919（总编办）　83598412（营销部）　83598297（邮购部）
网　　址	http://www.njnup.com
电子信箱	nspzbb@163.com
照　　排	南京凯建图文制作有限公司
印　　刷	江苏凤凰通达印刷有限公司
开　　本	660 毫米×970 毫米　1/16
印　　张	13.5
字　　数	211
版　　次	2015 年 12 月第 1 版　2015 年 12 月第 1 次印刷
书　　号	ISBN 978-7-5651-2512-6
定　　价	42.00 元
出 版 人	彭志斌

南京师大版图书若有印装问题请与销售商调换

版权所有　侵犯必究

总　序

新中国建立以来,经济、政治、文化、社会和生态等各方面均发生了巨大的变化。以改革开放为分水岭,新中国的发展分为两个阶段。改革开放以前,中国建立和实行一套计划经济体制以及与之相适应的政治体制、行政体制、文化体制和社会体制。实践证明,计划经济条件下以高度集中的政治体制为单一重心的国家治理方式经过30年的曲折发展,已然不能适应当代中国经济社会发展的需要。

改革开放以来,国家治理呈现出若干显著特征:(1)经济体制改革推动政治体制的适应性改革,政府管理由计划体制的管理逐渐转向市场经济体制的管理。(2)现代化条件下的国家治理方式经历了一个不断深化的过程,改革的重点由精简机构、党政分开到转变职能、政企分开,再到注重效率、责任行政、服务型政府的构建。(3)政府角色和管理方式逐步转型,从过去完全是管制型政府、全能型政府,转变为一个能够注重社会管理、注重服务质量的政府;由过去完全的社会资源的分配者逐步转变为资源的保护者、调控者和公共物品的提供者;行政行为由控制结果、权力主导转向过程管理、规则透明、服务主导。

国家治理方式改革虽然取得了一些实效,但是一些深层次的问题并未得到根本解决。当前的主要问题在于:(1)政府职能转变相对滞后的局面没有得到改变,政府在提供公共服务方面,和公众的需求相比,还存在着明显的差距,主要表现为对公共服务职能重视不够,公共服务投入不足,公共服务体制僵化,质量不高。(2)将国家治理成果完全量化,强调数字化的政绩,忽视社会全面、协调、可持续发展。在经济增长论英雄观念的长期主导下,公共服务理念并未引起一些地方领导的足够重视,招商引资、上项目、征地、筹措资金、经济规划等问题成为政府决策的主要议题,一些亟待解决的重大民生问题被忽视,形式主义、官僚主义、政绩工程等问题未能得到有效的遏制。(3)尚未建立公共服务型财政体制。目前中国的财政体制基本还是"建设财政"和"吃饭财政",其中用于经济建设的费用明显偏高,而用于社会服务的费用偏低。公共支出被过多地投入竞争性和盈利性领域,而涉及公共安全、公共卫生、教育事业、社会保障和基础设施方面的财政投入不足。(4)国家机构改革依然没有跳出"精简—膨胀—再精简—再膨胀"的循环,政府部门设置过多,部门之间职能交叉、权责不清、部门利益化比较突出等。

解决当前国家发展中存在的深层次问题的根本路径就是,在整个中国特色社会主义民主政治的框架下,依法治国,全面构建现代化的国家治理体系与提升现代化的国家治理能力。推动今日中国国家治理研究须坚持三条基本方法论。

1. 西方治理理论必须与中国本土化相结合

20世纪70年代以后,西方国家因为国家机构的庞杂僵化和效率低下等问题,将治理理论引入了政治学领域,其中突出表现为管理理论的更新。以奥斯本为代表的学者,主张在政府等公共部门广泛采用私营部门成功的管理方法和竞争机制,强调文官对社会公众的响应力和政治敏感性,倡导更加灵活、富有成效的管理。其后以登哈特为代表的一些学者,又提出了新公共服务理论,认为政府的职责是服务而非掌舵,追求公共利益是政府的最终价值。新公共服务理论将公民置于整个治理体系的中心,推崇公共服务精神,重视政府与社区、公民之间的对话沟通与合作共治,试图实现政治与行政、民主与效率在更高层次上的统一。这些理论不仅有力推动了西方国家公共行政的转型,也为推动当下中国公共行政转型提供了有力的理论支撑。

然而,西方国家治理理论,从一般理论设计到学科体系安排,都是以该国的国情与实践为背景和分析基础的,其理论设计和学科体系的安排必须解决两大问题:一是对该国现实的国家治理中的现象与问题进行理论解释，以解除人们认识上的困惑；二是对该国未来的国家治理活动进行理论指导，防止具体的治理实践活动误入歧途。可见，西方的国家治理理论实际上是该国国家治理活动中各种实践活动在理论层面的反映和诉求，其理论设计和学科体系安排与该国国情是紧密契合在一起的。加上不同国家的文化差异，导致国家治理理论中的基本概念的使用都被深深地打上了本国文化习惯的烙印。对于这种与某国国情相适应的公共行政理论，我们不能简单地照搬照抄过来，我们的正确态度只能是把其作为研究分析的素材和思路，结合我国的国情和我国的国家治理实践要求，进行必要的理论和理论体系的再创造。为此，我们要立足中国国情，坚持将西方国家治理理论与中国具体实践相结合，着力将西方先进的治理理论与中国传统文化相结合，科学、合理地批判、借鉴和吸收西方国家治理活动发展中所形成的基本理论，并以此来指导当前中国国家治理现代化的伟大实践，推进西方国家治理理论的中国化，为实现中国的国家治理现代化目标作出贡献。

2. 抓住政府理念转型建设这一关键议题

政府理念转型是贯穿当下中国国家治理的关键议题，是中国国家治理现代化的基本方向，是现代化国家治理方式的理论路径与现实目标。我国的政府理念属于传统型行政管制理念，政府是公民的管理者，公民处在政府政治权力的统一管制之下，并未将公民及其他社会组织视为对等的主体。同时，还认为政府职能无所不包。管制政府通常是所谓的"全能型政府"，政府权力渗透到经济社会生活的方方面面，然而在提供公共产品和公共服务方面却缺乏物质保障。由于传统的管制行政模式缺乏调动公众积极性的有效手段，束缚了经济社会的健康发展，社会财富贫乏，公众的生活只能维持在较低的水平，民生陷入困境。市场化改革以来，由于政府在医疗、教育、就业、住房等问题上把一些本该由政府承担的职能推向市场，而市场的作用也不是万能的，因为市场机制在公共产品和公共服务供给上会失灵，于是种种民生问题凸显出来，教育、医疗、社会保障、住房等成为民众普遍且持续关心的问题，已到了非解决不可的地步。

要解决这些问题,根本的出路在于以全新的国家治理方式,推动实现政府职能的切实转变,并进行相应的机构改革,即从传统的国家管理转变为现代化的国家治理,打造真正的服务型政府。服务型政府就是要为社会服务,为公众服务,这不仅仅是对政府公共服务职能和社会管理职能的强调,也是对社会主义市场经济条件下政府管理本质、政府职能和管理方式的要求,包括政府如何服务于中国经济和社会的可持续发展,如何适应基本公共服务均等化要求,如何有效解决重大的民生问题等。

3. 促进社会治理与政府改革的有效互动

在国家治理现代化中,体制改革和社会治理都要经受考验,一切都要为适应内外的压力和挑战而进行积极的变革。当下中国正在经历一场伟大的现代化社会治理运动,即从农业的、乡村的、封闭的半封闭的传统型社会,向工业的、城镇的、开放的现代型社会转型。当代中国社会治理的实质就是如何完成经济、政治和思想文化等领域全面性的社会变革,由传统农业社会向现代工业社会、传统计划经济体制向社会主义市场经济体制、封闭型社会向开放型社会转变的社会变迁和社会发展,实现"中国式"的现代化。当下中国的社会治理对政府改革提出了紧迫的要求和严峻的挑战:公民对行政知情和参与的权利意识凸显,对于行政机构和行政者公正、关怀、善治与精细化服务的诉求和期待不断上升,而行政领域的信息透明度仍然不高,许多涉及群众切身利益、发展与福祉的问题未能得到足够的重视和解决;当代行政的系统性与交互性不断增强,而现实中"自上而下"的单向式行政模式难以满足新形势与复杂环境下社会治理科学性与精细化的需要;新兴领域不断涌现导致现有的行政监管盲区也不断扩大,而目前的行政资源、技术手段和制度保障严重不足,难以适应社会发展的需要;现实中不断涌现的众多公共问题和社会矛盾日益尖锐突出,亟待更优的行政管理和行政决策来解决和完善。在此背景下,中国宏观的国家治理理念与方式要尽快适应社会治理活动中变化的趋势,加快体制机制的改革,通过自身的改革积极回应社会治理的现实需求,强化政府的社会管理和公共服务,真正把政府自身的重心转移到医疗、教育、社会保障等民生领域中来，使公共行政成为实现社会转型目标的强大动力和重要保障，让中国的社会治理和社会发展从此进入到一个制度文明的新时代。

推动当代中国国家治理现代化是一项长期而艰巨的任务。遵循上述三条基本方法论，真正实现传统国家管理向现代国家治理转型，就必须在行政理念转型、政府形象塑造、政府绩效优化、公共政策创新、政府职能转变等方面下功夫。这几个方面构成了当前中国国家治理的核心课题。

转变治理理念是传统国家管理向现代国家治理变迁的前提。传统国家管理倾向于把效率视为政府行政管理的最终目的，从而常常使自己陷入单纯工具理性的泥淖。由于过分强调对效率和工具理性的追求，公共行政无力反省自身的根本价值，将其变为执行与管理的工具，以致它不但无力担负起捍卫民主政治价值的责任，也无法实现提升公民道德水准的使命。坚守民主、平等、自由、秩序、公共利益为核心的公共精神，推动公共行政以为最广大人民群众的根本利益服务为终极目标，是现代国家治理的价值体现，也是摒弃传统国家管理困境的必由之路。

国家治理中，政府是政策制定与决策的主导与核心。政府形象既是政府活动的产物，又是政府治国理政的前提和资源。如果政府在社会公众心目中的形象比较良好，这种形象就会转化为政府履行职能、提高公共服务能力的积极资源。反之，就可能会妨碍政府履行职能，甚至削弱政府的公信力和执行力。政府良好的形象需要政府的各级部门和政府中的公职人员通过自己的不懈努力来塑造。一个政府全心全意服务于公众，坚持依法行政，勇于担当责任，处处节约廉洁，有较高的执行力，它就具有树立良好形象的基础。因而，必须把各级人民政府的行政权力纳入法治化的轨道，建设法治政府；同时加强对行政权力的监督和制约，建设责任政府。

良好的政府形象要建立在公共服务的优质绩效上。在现代国家治理理念下，需要探索的是科学、合理的政府绩效优化管理，即政府绩效管理必须立足于优化政府公职人员的服务行为和质量，必须优化政府部门行为和服务的质量,必须优化政府整体行为和公共服务质量,制定绩效战略,明确各个层面的绩效目标,来达到优化政府绩效的目的。

公共政策是保证国家治理现代化进程的重要基础条件。公共政策的制定和实施是服务型政府的一项经常性工作。顺应体制转轨的需要,作为治国理政重要手段的公共政策必须创新,而且政府优良的形象和良好的绩效也要依赖于公共政策创新。公共政策创新的任务就是要致力于消解政策冲突、政策风险、政策负排斥、政策执行偏差、政策终结受阻、政策供给滞后等公共行政转型的难题。

政府职能转变是国家治理现代化的关键环节,其成败直接关系到国家治理转型的成败。总体而言,政府职能就是处理公共问题,包括经济调节、市场监管、社会管理和公共服务等,大量非公共性的问题应让位给市场,让位给社会。因此,必须转变政府职能,推进政府治理创新,从根本上理顺政府与市场、政府与社会的关系,强化政府公共服务职能,实施民生战略,提升政府公共服务能力,构建民生型政府。

基于以上考虑,我们不揣浅陋,编写"当代中国国家治理丛书"。本丛书的作者均为南京师范大学公共管理学院的教师。丛书从不同视角对当代中国国家治理进行解读,试图更加深刻地揭示当代中国国家治理的历史背景、动力机制,深入探究当代中国国家治理的价值向度和内在规律。然而囿于学术水平,各种观点可能存在一些疏漏和不当之处,我们热诚欢迎学界同仁和广大读者的批评指正。

本丛书的出版得到江苏高校优势学科建设工程项目资助;南京师范大学出版社徐蕾女士、张春女士对丛书的出版倾注了大量的支持、关心和帮助;本丛书吸收了学界同仁的研究成果,在此一并表示衷心感谢。

南京师范大学公共管理学院　赵晖
2015 年 12 月 12 日于随园

目 录

总　序 ··· 1

第一章　导　论 ··· 1
　第一节　农村公共文化建设的实践难题 ······················ 2
　第二节　农村公共文化建设的理论综论 ······················ 9
　第三节　苏南农村公共文化建设的研究选择 ··············· 24

第二章　农村公共文化建设的主要概念和理论资源 ········ 29
　第一节　主要概念 ·· 29
　第二节　西方发达国家关于农村公共文化建设的理论资源 ····· 43
　第三节　马克思列宁主义农村公共文化建设思想的产生及发展
　　　　　·· 55
　第四节　中国特色社会主义农村公共文化建设思想的形成与发展
　　　　　·· 74
　第五节　社会主义农村公共文化建设思想的重要启示 ······ 90

第三章　苏南农村公共文化及建设的历史嬗变 ············· 96
　第一节　1840—1949 年苏南农村公共文化及建设的变迁 ··· 96
　第二节　1949—1978 年苏南农村公共文化及建设的变迁 ··· 105
　第三节　1978—2002 年苏南农村公共文化及建设的变迁 ··· 112

第四章　当前苏南农村公共文化建设实践模式分析 ······· 116
　第一节　当前苏南农村公共文化建设实践模式的划分依据 ··· 116
　第二节　近郊农村：城乡一体化的协同模式 ··············· 119

第三节　高 E 高 C 型远郊农村：依托传统文化的自主创新模式 …………………………………………………… 130

第四节　高 E 低 C 型远郊农村：依托经济发展的自主创新模式 …………………………………………………… 145

第五节　低 E 高 C 型远郊农村：依托文化产业推进公共文化建设目标模式 ………………………………………… 152

第六节　低 E 低 C 型远郊农村：依附上级政策的被动执行模式 …………………………………………………… 155

第五章　当前苏南农村公共文化建设的评价与创新路径 …… 158
第一节　当前苏南农村公共文化建设的成就 ……………… 158
第二节　当前苏南农村公共文化建设的经验 ……………… 161
第三节　当前苏南农村公共文化建设的缺失 ……………… 172
第四节　进一步提升苏南农村公共文化建设成效的创新路径 ………………………………………………………… 182

结论与思考 ……………………………………………………… 196

主要参考文献 …………………………………………………… 198

附　录 …………………………………………………………… 202

后　记 …………………………………………………………… 205

第一章 导 论

自 18 世纪工业化以来,先发现代化国家变化的图景之一是城市化迅速推进,表现为农业逐渐失去往昔的重要地位,农民数量急剧减少,农村渐趋消亡,取而代之的是城市数量的增多和城市规模的扩大。截至 20 世纪 60 年代,西方发达国家的城市化水平在 60% 以上,农业曾经的核心地位不复存在。依靠科学技术,极少的劳动力可以经营大片田地,农业实现了规模经营,农民成为农场主,即使以"农民"来指称,实际上也完全成了职业的代名词。事实上,当某地域基本实现了城市化进程,传统意义上的农村概念和形态即不复存在。这一历史过程中,各国做法相异。英国是积极融入了工业化带来的城市化浪潮;而法国则采取了抵制城市化的做法,但法国人的努力只是延缓了农村消亡的进程。法国社会学家 H. 孟德拉斯经过多年的研究,最终于 20 世纪 60 年代发出了"农民的终结"的悲情感慨。1984 年他给其著作重新写跋时总结道:"这本书是一个文明的死亡证明书,这个文明在生存了 10 个世纪之后死去了。它是科学的诊断,而不是思辨的发问。20 年之后,结局证明我是有道理的——在一代人的时间里,法国目睹了一个千年文明的消失,这文明是它自身的组成部分。"①

如今,我国的城市化进程发展境况似乎接近于 19、20 世纪时期发达国家曾经历的阶段,表现出了类似态势——农村人口转移,农村数量急剧减少,城市数量增多,城市规模扩大,城市化速度加快。按照国家统计局公布的数据,2013 年我国城市化率达到 53%。与此同时,城市化问题纷纷凸显。对此,人们疑虑重重,变化中的中国农村该往何处去?被城市文明吞噬和走向消亡是我国农村不可抗拒的必然结局吗?如若无法改变农

---

① [法]H.孟德拉斯.农民的终结[M].李培林,译.北京:社会科学文献出版社,2010:212.

村覆亡的命运,我们是该采取抗争的态度还是顺应时势去积极迎合?抑或我们期冀,中国农村可能发展出异于发达国家农村结局的"另类模式"?两种可能的结局孰优孰劣?乐观地看,人类有能力引领社会变迁的发展方向。以某一种既往的模式来限定未来的发展是消极态度,也是危险行为,每一个国家有自己的现实国情,其发展也只有建立在现实基础之上才有意义,这与借鉴其他模式的有益做法并不相悖。在危机与机遇并存的当前时期,我国农村发展的走向取决于理性设计,而这种设计应该建立在现实基础之上。当前我国至少有一半人口仍在农村的客观现实,也意味着中国农村依然是应引起国家和社会关注的重要场域。

第一节　农村公共文化建设的实践难题

新中国成立以来,我国农村发生了翻天覆地的变化。经济上,由于改革开放政策的实行,社会主义市场经济制度的建立,加上农民自己创造的农村联产承包责任制的推行,我国农村生产力得到大解放并迅速发展,农村经济水平大大提高,农民的物质生活条件得到了极大改善。政治上,我国农村建立了由村民实行自治的村民委员会制度。相比之下,农村的精神文明建设却很滞后。在农村精神文明建设中,农村公共文化建设是其核心内容。我国公共文化建设是伴随着我国文化战略目标的确立而逐步展开的。近些年我国出台了多项农村公共文化建设政策,2007年中央1号文件提出了"加强农村精神文明建设";2008年中央1号文件主题即是"繁荣农村公共文化";2009年中央1号文件强调"推进文化惠民工程建设和综合利用,广泛开展群众性精神文明创建活动和农民健身活动";2012年中央1号文件提倡"促进城乡一体化发展,增加农村文化服务总量,缩小城乡文化发展差距";2013年党的十八届三中全会提出"建构现代公共文化服务体系"和"形成城乡一体化的新型工农关系",在全国范围内掀起了公共文化建设的新高潮。从国家政策和具体做法可见,我国政府对城市公共文化建设和农村公共文化建设的立场是开放的,有时候二者统一,其他时候又相分离,这归因于我国广大农村发展的地域性差异。

在一些发达地区,农村公共文化建设与城市公共文化建设是二者合一的一体化建设,在另外一些地区,两者的建设目前还是相分离的。总之,国家对公共文化建设的重视,直接反映了公共文化建设的重要性。而农村公共文化建设的重要性在于,它不仅影响农村的文化建设和农村建设的成效,关系到有中国特色的社会主义文化强国目标的实现,也关乎整个国家现代化进程的推进。在当前更为复杂的国际背景之下,加上国内各种因素和力量的博弈,我国农村公共文化建设面临挑战和机遇并存的局面,加快加强我国农村公共文化建设已然十分必要和紧要。

一、农村公共文化建设的社会背景

当前世界已经处于现代化、全球化、信息化快速推进时期,国家之间展开了全方位、多层次的竞争、协作和交流。发达国家于20世纪中叶陆续明确提出"文化强国"的战略目标,进入了系统化的文化建设时期。其中,公共文化建设起步更早,这源于发达国家最先开启的现代化进程。现代化的一路前行带来了人们对于"传统"与"现代"关系的思考。实践证明,人类无法实现与传统的彻底决裂,现代是建立在传统的基础之上的,传统无法被逾越。由此,对优秀的传统文化资源的珍视和保护则刻不容缓。发达国家的公共文化建设早就开始于其现代化进程中。目前,西方发达国家继续深化公共文化建设,建设重点转向围绕人的内在机制探求公共文化建设的有效性。而其他发展中国家的公共文化建设大多处于始发阶段。

(一) 我国经济的巨大发展为农村公共文化建设提供了坚实的基础

20世纪90年代,我国建立了社会主义市场经济体制,生产力由此获得极大解放。自1993年至2013年,我国GDP一直以每年7%以上的速度高速增长,经济发展的成就世界瞩目。不可忽视的是,我国经济发展主要是建立在能源和资源被大量消耗的高成本投入基础之上。与此同时,愈加严重的环境污染、过大的贫富差距、社会公平缺失等问题纷纷凸显。在问题出现之初,一些人认为,在极短的时间框架内,经济急剧增长势必会导致一些负面效应。换言之,这些问题是获得经济发展必然要付出的代价,既无法避免也应在可接受范围之内。这种思想在当前已经毫无立足之地,因为社会现实境况更加复杂。在当前新形势下,保持我国经济可持续发展的理性选择是依靠科技创新、加快产业结构调整、挖掘新的经济增长点。在转变传统的"先发展,后治理"的发展思路,用"边发展,边治理""预防大于治理"的科学发展观来适应时代境况的同时,我国也在积极寻求经济增长方式转变的各种有效路径。其中,通过加强文化建设来为一国经济发展提供长效动力机制已成为世界共识。作为变革时代凝聚人心的力量,"文化即命运,如果你们的文化并不崇尚学问、学识、努力工作、节俭和为将来的收获而克制目前的享受,你们的步伐就会慢很多"①。我国经济的巨大发展为农村公共文化建设提供了坚实的物质基础,文化建设也以强大的动力作用促进了经济的发展。文化与经济以更紧密的方式被加以连接。

(二)政府角色和职能转变为农村公共文化建设提供了宽容的政治氛围

通过裁减冗员、精简机构、部门合并、职能转变等多种措施,我国历经30多年的政治体制改革提高了政治效率,维护了政治稳定,推动了政治发展。目前,我国政治体制改革处于继续深化和推进阶段,大部制改革、中央巡视组的有效运转展现了我国政治制度方面的创新特色。作为公共领域,政治有其共性。政治体制改革可以借鉴他者的有益经验,又因各国根本制度与国情相异,政治体制改革还应具有本国特色,这是我国政治体制改革始终遵循的原则。政治体制改革的一项重要内容是政府的角色定位和职能转变。政府在人类事务中扮演何种角色,这一问题历来为人们所探究,为此,自由主义、保守主义、新自由主义、新公共管理、新公共行政等各种理论展开论证;"有限政府""高效政府""廉洁政府""监管政府""服务型政府"作为"理想模型"被一一实践。无论政府作用的历史过程如何,目前,人们已经达成共识:政府不可取代也并非万能,政府应该把管不了也管不好的事务出让给社会其他组织管理,政府只是社会事务治理的多

---

① [美]扎克雷亚.文化即命运——与李光耀一席谈[J].张铭,译.现代外国哲学社会科学文摘,1994(12):4.

元主体中的一元,其角色须从"划桨者"成长为"掌舵者",其活动要从"统治""控管"走向"治理"和"服务"。简言之,治理已经成为当今时代的理论和实践范式。对此,我国政治体制改革也进行了理性借鉴。2013年党的十八届三中全会报告正式提出"国家治理"理念,意即在我国,治理行动的主体虽是多元化的,但我国政府将在很长时期内是治理行动的重要主体,起着带领其他主体的主导作用。农村公共文化建设已经成为我国政府的一项重要职能,政府职能的转变也有利于农村公共文化建设的推进。政治与文化建设本不可分离,在当前这一新的历史时期,二者关系愈加紧密。十八大以来,党中央逐渐形成了"四个全面"的治国理政新方略。"全面"一词即蕴含着全社会各个领域、各个层面协调发展的要求,它包括经济、政治、文化、社会四大基本领域的全面协调发展;包括城乡之间、地区之间的全面协调发展;包括城市与农村各自内部的全面协调发展。习近平尤其强调:"全面建成小康社会,最艰巨最繁重的任务在农村。"[①]在农村区域,"全面建成小康社会"还体现为农村的物质、精神、生态、政治等协调发展,是"望得见山,看得见水,记得住乡愁"[②]的全面小康。由此,农村公共文化建设即是"四个全面"战略思想的题中之义。

(三)富有活力的社会环境为农村公共文化建设的制度创新提供了源泉

人们通常把政府、市场、社会作为三大维度,建构三维模型来观察社会。政府、市场、社会相应地被称为第一、第二、第三部门,三者既相互关联又彼此独立。鉴于在合理的界限内,主体行为才更加有效的历史实践经验,我国进行了经济和政治体制改革,为政府与市场的活动范围划定了区域。其结果不仅使我国的经济、政治获得快速发展,社会发展态势也异常迅猛。我国政府权力受到一定规制以后,其通过政策制定引领社会发展的宏观作用日益明显。近些年,我国政府提出了社会管理创新要求,积极塑造和主动培育社会力量,由此促进了社会力量的迅速发展壮大,社会组织、民间社团、志愿组织的数量持续快速增长;公民主体意识增强,逐步

---

① 习近平.把群众安危冷暖时刻放在心上,把党和政府温暖送到千家万户[N].人民日报,2012-12-31.

② 习近平.习近平在2013年中央城镇化工作会议上的讲话[N].扬子晚报,2013-12-15.

参与社会管理政策规划的制定与施行。社会力量的潜能被激发后,在社会内部创建了各种新型合作关系。这些合作模式逐渐形成制度,为政府、市场各部门的合作提供了借鉴。我国正处于现代化、城市化的快速推进过程中,公平、正义、民主等价值追求成为社会发展主题。国家不仅进行了政策重点的调整,从以往的"效率优先,兼顾公平"转向"实现社会公平",并为此提供了若干制度保证,力求使我国所有社会成员共享改革和发展成果。

二、我国农村公共文化建设的实践难题

全球化背景下,文化的交流互动突破国家与地域成为世界景象,这一过程生动、富有活力,同时也存在竞争和博弈。文化全球化交流既为一国文化发展提供了契机,又存在危害本国文化安全的隐患,结果最终取决于国家文化战略的施行。拒绝全球化潮流,实行文化封闭的做法既不现实也不可取,大多数国家都以积极应对的态度,通过制定合理有效的文化发展战略来进行应对。提升我国文化交往能力,确保我国社会主义文化安全,增强我国文化竞争力的任务也渐显紧迫。自我国实行经济体制改革以来,文化体制改革事实上也缓步迈进,直至 21 世纪初,这一进程才得以加快。由于前期的经济、政治体制改革成效显著,为我国新时期的文化发展奠定了良好的基础,重点加强我国文化建设的时机已然成熟。经过系列部署和规划,我国于 2011 年党的十七届六中全会上明确提出"坚持中国特色社会主义文化的发展道路,努力建设社会主义文化强国"的奋斗目标。党的十八大报告对文化强国的建设任务进一步进行了全面而深入的部署。作为文化建设的重要领域,我国农村公共文化建设也快速推进。借鉴日本社会学家横山宁夫的文化分类法①,农村公共文化被划分为农村物质公共文化、农村制度公共文化、农村理念公共文化三大领域。对三大领域总体状况进行检视的结果表明:当前我国农村公共文化建设在取得巨大进步的同时,也面临以下问题。

---

① 文化一般分为物质文化和非物质文化,日本社会学家横山宁夫把非物质文化分为制度文化和理念文化,参看 1983 年由上海译文出版社出版的横山宁夫著作《社会学概论》第 168 页内容。

一是农村物质公共文化仍需进一步推进。近些年来,我国公共文化物质设施建设发展迅速,图书馆、文化场馆、艺术中心、戏院、剧场的数量大增,但这些设施建设大多都是针对城市的,农村公共文化的物质设施建设还存在数量少、种类少、投入少等问题。

二是农村制度公共文化建设亟须加强。制度建设属于系统性建设。农村公共文化建设的相关制度系统庞杂,包括管理制度、政策法规制度、财务制度、人事制度、保障制度、教育制度等。例如,农村公共文化建设的财政投入较低;农村公共文化设施重建设、轻管理、利用率低;农村从事公共文化建设的人才缺失;农村教育没有发挥应有作用等,这些问题都要求我国尽快建立健全各项农村公共文化建设制度。

三是农村理念公共文化建设困境亟须突破。与作为文化表层的物质文化、起着"黏合剂"作用的制度文化相比,处于文化内里层的理念文化力量最强、影响最大且变迁速度最慢。然而当前农村理念公共文化建设陷入困境:

(1)农村公共文化建设的社会主义意识形态性渐趋弱化。文化建设与政治一直密不可分,我国是社会主义国家,公共文化建设需要表现出社会主义意识形态性,即在我国公共文化建设中,既要用马克思主义理论引领公共文化建设方向,同时也要集中进行社会主义价值观建设。在当前我国农村,作为社会主义重要内容和价值原则的集体主义精神有所失落,与"为人民服务"的社会主义价值目标相疏离,社会主义价值目标的实现路径脱离群众路线。结果是,农民对村级集体事务漠不关心,对村委会选举等公共事务消极敷衍,很多村干部缺乏服务意识和奉献精神,工作开展遵循对上级领导负责和唯自己利益优先的行为准则,两大群体之间彼此失望和缺乏信任,"贪官"和"刁民"成为二者对立和相互指责的激烈描述。如何在农村公共文化建设中集中体现社会主义核心价值观、重塑集体精神、培育公共服务意识、加强社会主义意识形态建设成为现今的重要议题。

(2)市场消极文化的渗透加剧了社会的"原子化"状态,阻碍了农村公共文化建设。市场经济犹如一把双刃剑,它既促进了财富的巨大积累,又催生了道德衰败;既激发了个体的主体意识、竞争意识、创新意识,使得个体需要和个体价值得到最大满足和体现,同时它又导致了极端个人主义、物质主义、拜金主义等消极价值观的产生与蔓延。这种极端个人主义价值取向使得人们犹如一个个原子,彼此存在却又相互隔离,本质上这是一种心理和社会隔离。换言之,市场社会内部的运行规则,造成了社会心理隔离和公共性的丧失,使得公共生活的衰败成为现代市场社会的写照:"共同生活在世界上,这从根本上意味着,事物的世界处于共同拥有这个世界的人之间,就正如一张桌子被放置在围着它坐在一起的人之间一样;世界像每一个中间事物一样,都同时将人联系起来和分离开来。……他们之间的世界已经失去了将他们聚在一起、将他们联系起来和分离开来的力量。这种情况非常怪异,就好比在一次降神会上,一群人聚在一张桌子的周围,然后通过某种幻术,这种桌子却突然从他们中间消失了,两个对坐的人不再彼此分离,与此同时也不再被任何有形的东西联系在一起了"[①]。我国农村建立了市场经济以后,往昔的生动而丰富的农村公共生活也逐渐衰败和萎缩,公共文化生活愈加空洞和形式化。遏制市场消极文化对我国农村公共文化建设形成的阻力已成为当务之急。

(3)农村公共文化的传统理念资源急剧衰败。现在的农村更多是从行政建制角度而言的,2003年前后我国各地农村施行了"并村联组"政策,村级规模得以扩大。事实上,合并之前的农村,用乡村来表达更为准确。这些乡村规模不大,通常有数百年乃至上千年的历史,村民生活在一个有限的地理空间内,彼此熟识,费孝通称之为"熟人社会"。最关键的是,每个乡村都有其自身的特殊历史,形成独特的"乡村文化",无疑这是一种公共文化,包括村民们看待世界和解释世界的一整套类似方式和符号系统。其中包含乡村传统伦理道德规范、传统的乡村公共舆论力量、传统的地方乡村精神和农民性格特征,也蕴含所有乡村共有的同质性的文化传统。例如,中国传统价值规范不鼓励个性显露,具体表现为家族主义、整体主义、国家主义等传统价值观。随着时代发展和多元文化渗透,当前我国农村出现了传统公共精神的消逝、公共舆论的消解、伦理道德的败坏等传统理念资源衰败的现象。在其完全消逝之前,结合社会变迁特点,主动挖掘有利于农村公共文化建设的优秀因子,并加以保护、传承和弘扬,已经成为当前社会亟须完成的任务。

---

① 汪晖,陈燕谷.文化与公共性[M].北京:生活·读书·新知三联书店,2005:43-44.

第二节 农村公共文化建设的理论综论

一、国外相关研究

西方国家,尤其是欧洲国家,有着悠久的历史和文化传统。作为现代性的最初发源地,欧洲公共文化的建设与传承开始较早。法国波旁王朝从17世纪就注重对文化艺术的管理和资助。[①] 伴随着欧洲公共文化建设的制度实践,相关的理论研究也相得益彰。在迈向现代化的过程中,西方国家的公共文化研究内容全面,包括公共文化的提供和服务研究、公共文化的法制和政策研究、公共文化建设的保障体制研究、公共文化设施的维护和建设研究等。同时,公共文化研究的学科视角多样。例如,西方哲学研究中,公共文化研究较为丰富。文化通常被理解为"人化",公共文化即与公共生活同义。"公共"则成为关键概念。学者们一致认为:社会生活分为私人生活和公共生活,二者都是在特定历史阶段形成的,关系也异常复杂,发展至现代社会,公共生活和公共文化的衰败已经成为社会现实,学者们阐释此问题的角度也各不相同。主要代表人物和思想著作有大卫·理斯曼的《孤独的人群》、理查德·桑内特的《公共人的衰落》、尤根·哈贝马斯的《公共领域的结构转型》、汉娜·阿伦特的《公共领域和私人领域》、彼得·雷森伯格的《西方公民身份传统——从柏拉图至卢梭》等。政治学方面,公共文化研究集中在关于政治文化的探讨上,学者们通过政治生活的变化以及对公民的政治参与状况的考察,来阐述作为一种公共文化——政治文化的产生、发展和变化趋势。此方面著作颇丰,经典代表作如阿列克西·德·托克维尔的《论美国的民主》、加布里埃尔·A.阿尔蒙德和西德尼·维巴的《公民文化——五个国家的政治态度和民主制》、罗伯特·D.帕特南的《使民主运转起来》等。社会学与历史学方面,公共文化研究集中于民族精神、共同的价值观及其历史嬗变过程中。例如马克

---

① 张丽.法国公共文化发展政策研究[J].山东图书馆学刊,2013(5):37.

斯·韦伯的《新教伦理与资本主义精神》、罗伯特·N.贝拉等的《心灵的习性：美国人生活中的个人主义和公共责任》、迈克尔·舒德森的《好公民——美国公共生活史》、罗伯特·H.威布的《自治：美国民主的文化史》、艾伦·布卢姆的《美国精神的封闭》等。由于建筑、绘画、音乐等是公共文化的重要组成部分，所以这些学科方面，类似于塞萨·洛等的《城市公园反思——公共空间与文化差异》类的著作不胜枚举。扼要地说，西方发达国家公共文化研究的成果丰硕。遗憾的是，学者们偏重的是城市公共文化研究，对农村公共文化研究很少。在西方第一次现代化发展阶段，有限的农村公共文化研究内容主要集中在以下方面：

一是开展包括农村公共文化在内的农村文化研究的必要性和重要意义。随着欧美国家现代化进程的加速推进，一些学者强调，包括农村公共文化在内的农村文化应该引起重视。美国学者安妮强调，农村与城市之间存在千丝万缕的联系，农村公共文化不应该被忽略。[①] 杜博提出，在农村社区建设与发展中，文化因素的作用至关重要。"人们的传统习惯、态度、价值、世界观、社会关系决定了社区内部对项目计划方案的反应，形塑了改革计划的进程，并最终有力地决定了计划的实施结果。"[②] 卡洛琳·黑尔总结了农村文化研究的若干原则和方案。同时，他还强调，只要是农村，无论人数多寡，都存在相似的思维方式，人口稀少的农村同样是农村文化的研究区域。[③]

二是农村传统文化的保护、传承与发展研究。由于现代化进程开始较早，在100多年前，发达国家就已开始重视农村传统文化的保护和发展。1939年之前，欧洲已经建立了农村文化博物馆，对农村文化进行收集、记录和展览，不仅建立了国家博物馆，而且建立了郡区级的农村文化博物馆，同时还对博物馆中的藏品进行了专门而细致的分类，保护效果良好。美国亦是如此，2005年，美国白宫依然强调文化发展的重要目标之

---

① Sister Anne,O.S.B.The Rural Family Culture Pattern[J].*The American Catholic Sociological Review*,1942(3):28.

② S.C.Dube.Cultural Factors in Rural Community Development[J].*The Journal of Asian Studies*,1956,1(16):26.

③ Carolee Hill.Understanding Rural Culture:Some Methodological and Conceptual Implications[J].*Human Organization*,1973,2(32):218.

一是保护农村珍贵的传统文化和自然遗产。日本则是从立法、政府责任、社会参与各方面建立了系统的农村文化保护机制。围绕不同国家和地区以及某一具体类型的农村传统文化的保护成为农村文化研究的广泛内容。

三是现代化进程中的农村公共文化变迁研究。探讨现代化与乡村文化的关系,以及现代化进程中农村公共文化的变化趋势是农村公共文化研究的重要内容。安妮认为,现代化进程中,农村文化发生变化是必然的,需要警惕的是,本质的文化要素不能随着非本质要素的丧失而消逝。例如,农民安排自己生活的自由,对于何谓"美好生活"的理解等,丧失这些本质要素,农村文化也即失去了"美国式农村文化"的内涵。[①] 这表明了现代化背景下,传统理念公共文化具有关键作用。法国社会学家H.孟德拉斯对现代化背景下农村文化的转变则持消极态度,他提出,农业文明难逃覆亡的命运,"自芝诺芬和维吉尔以来,农民的价值作为我们西方文明的核心所在,曾受到无数的赞扬,但是那种古老的稳定被动摇之后,这些价值也无法幸免于难。永恒的'农民精神'在我们面前死去了"。[②] 后现代主义者詹明信也支持孟德拉斯观点,只是他认为,现代化导致整个传统文化的消逝不仅包括农村文化,也包括城市文化。[③] 阿图罗·沃曼指出:"我们在社会实践中所见到的现代性模型同现在及过去人们所说的欧洲中心主义有密切关系,这是一种以日本、西欧和美国作为参照的发展中心主义。在这种模型中,在以流行于社会实践中的发展及现代化概念所构成的未来前景中,已无农民的地位,农民已经被排除在未来之外。这些模型仍然充满这样的观点:农民即将绝迹,现代化就意味着农民在全世界消失。"[④] 对于现代化过程中,农村文化出现的衰败、没落、崩解、消逝现象,一些学者慎重地指出,面对现代化的冲击,农村文化并非只有覆亡的

---

① Sister Anne, O.S.B.The Rural Family Culture Pattern[J]. *The American Catholic Sociological Review*,1942,1(3):30.
② [法]H.孟德拉斯.农民的终结[M].李培林,译.北京:社会科学文献出版社,2010:13.
③ [美]弗雷德里克·詹姆逊.文化转向[M].胡亚敏,等译.北京:中国社会科学出版社,2000:65.
④ [墨西哥]阿图罗·沃曼.农民与现代性[J].刘达超,译.国际社会科学杂志(中文版),1990(1):134-138.

唯一结局,现代化同时蕴藏着文化转型的契机,突破困境,实现农村文化的良好转型已经成为众多地区的现实实践。中国台湾地区的原住少数民族成功的文化转型,韩国著名的新村运动,都做到了将自身的民俗信仰、族群精神与现代性很好地融为一体。

四是关于农村公共文化的实证研究。国外以农村公共文化为研究内容的实证研究成果相对比较丰富。如美国的农村公共文化研究成果中就有很多关于中国农村公共文化的内容;英国还组织过以"农村的文化与经济变迁过程"为主题的调研活动,开展了包括以加拿大、爱尔兰、法国、意大利、澳大利亚等国家的农村区域为对象的实证研究。以国家为例,研究农村文化不仅关注发达国家,也同时要注意研究发展中国家。在某一国家内部,以具体的农村文化类型或某一区域为研究对象开展实证研究的成果更是比比皆是。

到了20世纪70年代的第二次现代化阶段,西方发达国家城乡一体化已经实现,没有所谓区分城市和农村的公共文化研究,公共文化研究重点则从早期的更多关注"外在"和"表面"逐步走向深入,探讨的主题则演变为现代社会的人的公共精神的培养和塑造。

在西方,马克思主义理论中,明确以"农村""公共文化""农村公共文化"为主题的研究极少。马克思主义的农村公共文化理论,涵盖于马克思主义的文化理论之中。马克思主义的文化理论集中于两大基本内容:一是马克思、列宁等思想家的文化理论及评价。马克思主义的理论家们,因所处时代与所居国家的不同,各自的文化理论也存在差异。马克思对文化的研究散见于《1844年经济学哲学手稿》《资本论》等著作中。马克思认为,文化是上层建筑的一部分,是由经济基础决定的;文化对人的精神生活很重要。他强调,人不仅是自然存在物,更是"类存在物",是能动地改造世界的有意识的存在物。资本主义社会中,人们之间出现了孤立、疏离的状态,这即是精神的"异化"。相对于马克思的"笼统"的文化研究,列宁专门针对农村文化的研究较多,他尤其强调了农村公共文化建设的重要意义。后来的西方马克思主义研究者,对以马克思、列宁为代表的理论家的文化理论进行了进一步研究。他们强调,马克思主义文化理论的强大在于他们是以系统的方式研究文化,即把文化与经济、政治等联系起来,从"关系"中去阐述文化的。后来的研究者也同时指出,马克思主义文化理论侧重从决定论的角度去看待文化,无法实现对文化自主性的理论概括。20世纪的马克思主义理论虽然继续阐述文化这一核心概念,但开始试图摆脱机械决定论,逐渐强调文化有很强的自主性与能动性。因公共文化属于文化领域,所以马克思主义的文化研究内容中,相当一部分与公共文化有关。二是意识形态研究。意识形态是马克思主义文化研究理论的又一大基本内容。意识形态研究本质上即属公共文化研究,只不过不以"公共文化"这一术语展现出来。意识形态的研究者包括马克思、恩格斯、列宁、卢卡奇、梅林、普列汉诺夫、葛兰西等,他们都对意识形态的概念及功能作了深入探讨。

综上,国外关于农村公共文化的研究表现出如下特征:马克思主义的公共文化研究涵盖于马克思主义的文化研究之中;农村公共文化研究成果明显少于城市公共文化研究;国家因处于不同发展阶段,对农村公共文化的关注程度、研究重点存在差异;随着文化研究的深入,体现国家、民族、地域差异多样性的农村公共文化被重点强调。

二、国内相关研究

公共文化研究目前正是国内的研究热点和重点,而其中大量的公共文化研究是属于城市公共文化研究范畴,农村公共文化研究相对较少。2006年以前,少量的农村公共文化研究集中于民俗和民间文化方面,2006年以后,我国农村公共文化研究成果(著作、论文、调查报告)数量突飞猛进。这体现了人们对于农村公共文化研究的逐渐重视,反映了我国国家政策对于理论研究的导向作用,同时,展现了蓬勃开展的公共文化建设实践对于理论研究的巨大推动力。综观近些年我国农村公共文化建设研究,主要可以分成三个方面。

(一)农村公共文化建设的基本问题研究

农村公共文化建设的基本问题包括农村公共文化及农村公共文化建设相关概念的界定、农村公共文化的特征、农村公共文化建设存在的问题、原因分析和有效路径、对策等。作为理论建构的基础,概念界定至关重要。在已有研究中,专门解读公共文化及农村公共文化概念的文献极少,仅有万林艳的《公共文化及其在当代中国的发展》(2006)和荣跃明的

《公共文化的概念、形态和特征》(2011)对公共文化的基本概念进行了专门解析。其他文献中,"农村公共文化"好像是不言自明之物,无须专门剖析,或者浅略交代,学术态度随意。在农村公共文化建设的基本问题研究中,内容较多集中在对当前我国农村公共文化的现状分析和对策研究上,学者们一致认为,当前我国农村公共文化日渐式微。这些观点如实反映了当前我国农村公共文化的现实状况。我国农村公共文化研究的著名学者吴理财用"丛林原则"来形容农村公共文化发展严重滞后的现状。他指出,农村公共文化落后是不争的事实,具体表现为:农村社会公德败坏,乡村伦理道德衰颓;传统社区公共生活走向瓦解,农村公共事业无人关心;村庄公共舆论消解,应该重建与农民的日常生产、生活相联结、相融合的农村公共文化。① 郁大海考察了农村公共文化生活的变迁后指出,农民个体的私性文化活动较为丰富的同时,农村的公共文化却严重式微。他认为应该从加大农村文化建设投资力度、加强制度建设、正确把握农村文化中传统与现代的关系几个方面来重建新农村公共文化生活。② 其他的研究还有苏忠义的《南县农村公共文化建设的调查与思考》(2007)、夏国锋的《农民的生活伦理与公共精神及其对新农村文化建设的政策启示》(2011)、王富军的《农村公共文化建设:问题与对策》(2012)、李世敏的《农村公共文化式微与重建——湖北大悟县 H 乡的实地调查为例》(2009)、张良的《乡村公共空间的衰败与重建》(2013)、杨玉珍的《"幸福村落"建设中乡村公共性再生产的内在逻辑》(2014)等。

(二)农村公共文化建设的保障体制研究

农村公共文化建设的保障体制研究可以分为四个方面:

1. 农村公共文化的政策法规建设研究

专门论述我国农村公共文化的法规政策的研究几乎没有,仅散见于我国总体的或者城市的公共文化政策研究中。即使是总体公共文化政策研究,也是近些年才逐渐得到重视。主要内容集中在国外公共文化政策的介绍和我国具体的公共文化政策研究,如李少惠和张红娟的《建国以来

---

① 吴理财.乡村文化的"丛林原则"[J].人民论坛,2011(7):68-69.
② 郁大海.农村公共文化生活的变迁与重建[J].学理论,2010(14):16.

我国公共文化政策的发展》(2010)、陈运贵的《公共文化政策对新农村文化建设的影响》(2012)、宋海燕和陈海宏的《罗斯福"新政"时期公共文化政策分析》(2013)等。山东图书馆学刊2012年专门开设了"国外公共文化政策法规研究"专栏,对很多国家的公共文化政策的历史、现状、经验和教训进行详细介绍,如冯佳的《美国文化管理体制研究》(2012)、李国新的《国外公共文化政策法规研究》(2012)、许清的《荷兰公共文化政策研究》(2013)、张丽的《法国公共文化发展政策研究》(2013),等等。这有利于我国的公共文化政策法规建设的推进。

以上关于公共文化政策及农村公共文化政策的研究现状,显示了我国某些研究领域的缺失。更重要的是,它反映了人们的思维逻辑,即西方发达国家的农村在现代化进程中也曾经遵循的逻辑——农业完全服务于工业社会的逻辑。此发展逻辑被人们反思过,"农民在工业化最快的国家中的消失,与其说是由于经济力量的作用,毋宁说是由于把并非为农业而制定的分析方法、立法措施和行政决策运用于农业。"[①]总而言之,我国实际上也没有针对农村独特性而制定真正的"农村公共文化政策",已有的被称为政策的零星内容只是城市公共文化政策的附属。这或许也应该引起人们的反思和深入研究。

2. 农村公共文化的物质设施建设研究

首先是举办各类公共文化活动的设施场所,如乡镇文化站、图书馆、农家书屋、老年活动中心、青少年活动中心、电影放映室、体育健身中心等。相关研究既肯定了近些年的农村公共文化设施建设取得的一定成效,又揭示了农村公共文化设施普遍存在的设施缺乏、破损严重、使用率低、挪作他用、资源重复购置等问题。孙伟儿的《沿海发达地区农村公共文化建设现状的调查——基于宁波市鄞州区农村公共文化建设个案研究》(2008)详细分析了当地的乡镇文化活动中心、影剧院、文化广场、图书馆的面积、数量和使用情况,反映了发达地区农村公共文化设施建设速度较快的现状。曹爱军的《农村公共文化的"衰弱"与"滞后"——以甘肃省为例》(2012)对甘肃省的农村公共设施进行了研究,指出了西部地区农村公共文化设施依然严重缺乏,建设进程缓慢的现实状况。还有一些针对

---

① [法]H.孟德拉斯.农民的终结[M].李培林,译.北京:社会科学文献出版社,2010:7.

乡镇文化站、图书馆和农家书屋的具体研究。如2009年中国艺术研究院文化发展与建设调研课题组通过调研指出,从2001年至2006年,全国乡镇文化站减少近5 000个,文化站工作人员被抽离从事其他工作,很多文化站无房屋、无图书、无活动器材。① 冯玉宝的《乡镇综合文化站建设研究——以杭州市余杭区为例》(2013)对杭州市的文化站总体情况进行了分析,提出了一些解决现有问题的有效对策。其他研究还有徐学庆的《农村文化设施建设:问题、成因及推进思路》(2008)、徐双敏等人的《贫困地区农村公共文化设施建设研究——基于对国家级、省级贫困县的调查》(2013),等等。

　　还有一类是与农民生活密切相关的设施和空间,如寺庙、祠堂、水井、场院、碾盘、乡村茶馆等。学界以乡村"公共空间"为主题进行了相关研究,发现无论人们如何界定乡村"公共空间",不可否认的是,相当数量的公共空间本身即是"设施"或附属于"设施",这些公共空间传递信息,满足了村民们的生活、娱乐、休闲、交往的需要。尤为重要的是,承载人际互动的农村公共空间还内涵一定的价值观,农村公共空间由此成为农村公共文化设施研究的相关内容。代表性的研究有周尚意和龙君的《乡村公共空间与乡村文化建设——以河北省唐山乡村公共空间为例》(2003)、王春光等的《村民自治的社会基础和文化网络——对贵州省安顺市J村农村公共空间的社会学研究》(2004)、曹海林的《乡村社会变迁中的村落公共空间》(2005)、何兰萍的《关于重构农村公共文化生活空间的思考》(2007)等。学者们对乡村公共空间基本概念的界定作了深入的阐释,彼此之间既有思想承继,又有各自观点的创新,但一致忧虑农村公共空间的萎缩现状。近些年董磊明对于农村公共空间的研究更为全面深化,他不仅拓展了乡村公共空间的范围,而且强调了公共空间衰败的严重后果,"自20世纪80年代以来,村庄日益陌生化,亲密社群、村庄共同体不断解体,公共空间趋向萎缩,进而导致集体记忆衰退,引发农村社会的价值危机、伦理危机和治理危机。"② 张良从中观层面角度,划分了乡村公共空间类型,将

---

　　① 中国艺术研究院文化发展与建设调研课题组.关于公共文化服务体系建设的调研[J].中国党政干部论坛,2009(3):40.
　　② 董磊明.村庄公共空间的萎缩与拓展[J].江苏行政学院学报,2010(5):51.

乡村公共空间划分为信仰性公共空间、生活性公共空间、娱乐性公共空间、生产性公共空间、政治性公共空间,①进一步推动了农村公共文化研究。另外,以具体的乡村公共空间形式(庙会、茶馆、水井等)为主位视角的研究也很多,此类研究集中探讨某一具体公共空间形式的历史、功能演变,以及对农村公共文化建设的意义。如刘铁梁的《作为公共生活的乡村庙会》(2001)、戴利朝的《茶馆观察:农村公共空间的复兴与基层社会整合》(2005)等。

3. 农村公共文化的人才机制建设研究

农村公共文化的人才队伍研究常见于对乡镇文化站工作人员情况的描述和分析中。学者们普遍认为,乡镇文化站工作人员存在人员老化、文化素质偏低、岗位编制不能满足社会需求、人员录用的科学性有待提高等问题。陈波于2010年发表了《乡间艺人机会损失的形成与补偿研究》一文,他认为,乡间艺人在农村公共文化建设中的作用并未引起足够重视,大多数乡间艺人为基本生存而劳作,限制了其创作和演出的欲望,农村公共文化建设的既有资源也因此被积淀和弱化。他强调,通过增加为农村及乡间艺人服务的资源总量来补偿乡间艺人的损失,切实发挥出乡间艺人的重要作用。② 其研究的重要意义在于拓宽了农村公共文化的"人才"范畴,深化了人才机制的研究。民间艺人、文化管理人员、文化团体成员、志愿辅助人员都属于农村公共文化人才队伍的范畴。他指出,"行政村的文化队伍主要有民间艺人、村文化(体育)辅导员、村文化(体育)志愿者、民间演出团体及文艺自乐班活动组织者五种类型,这些人员也构成了当前行政村组织开展文化体育活动的中坚力量。"③针对目前农村公共文化人才普遍缺乏的现状,学者们提出了许多有益建议。"要明确待遇,对作出突出贡献的农村文化单位和基层文化工作者予以表彰奖励。"④"以'人'建设为本,建设一支本土的农村文化精英队伍。首先,政府部门(如

---

① 张良.乡村公共空间的衰败与重建——兼论乡村社会整合[J].学习与实践,2013(10):93.
② 陈波.乡间艺人机会损失的形成与补偿研究——基于农村公共文化服务体系建设的视角[J].武汉大学学报(人文科学版),2010(3):350-354.
③ 财政部教科文司调研组.行政村公共文化建设情况和财政支持政策建议[J].中国财政.2013(16):36.
④ 陈坚良.新农村建设中公共文化服务的若干思考[J].科学社会主义,2007(1):98-100.

文化、人事部门)要对农村文化精英、文化人才进行登记、考核(考级)和资格认证;其次,政府部门要定期和不定期举办农村精英系统培训活动,扩大他们的社会影响力,提升他们的社会知名度和社会地位;再次,要鼓励农村大中专毕业生回乡开展农村文化服务。"①

4. 农村公共文化资金投入机制建设研究

充足的经费投入是农村公共文化建设取得实效的重要保证。长期以来,我国农村公共文化的建设经费投入严重不足,且西部、中部、东部地区农村经费投入分布不均,有些乡镇的财政预算甚至没有将公共文化建设经费纳入其中,形成资金缺口。李小群、吴兴国通过对安徽省的研究指出,经济基础薄弱的农村地区,文化经费投入更加困难。② 王列生强调,几乎全国性地普遍存在乡镇文化预算非约束性、乡镇文化机构运行经费测算非规范性、农村公共文化服务经费保障非长效性等制度性财政供给保障问题。③ 2012年国家财政部教科文司调研组经过对全国不同省市80个行政村公共文化建设情况的调研,提出了相关的财政投入建议:"从增加农村公共经费投入、改革农村文化经费投入方式上寻求政策突破口;确立以村级文化体育活动为中心的动态补助方式;完善行政村村级公共文化财政补助管理体制。"④

(三) 农村公共文化服务体系建设研究

农村公共文化服务体系建设是农村公共文化建设的一部分,近几年更是研究热点。农村公共文化建设的目的之一是服务农民,在这个意义上,农村公共文化建设是手段,农村公共文化服务是目的。近些年农村公共文化服务体系建设的研究内容可以分为四大部分:

第一,农村公共文化服务的保障体制研究。研究中,农村公共文化建设的保障体制和农村公共文化服务建设的保障体制内容有很多重合之

---

① 吴理财,夏国锋.农民的文化生活:兴衰与重建——以安徽省为例[J].中国农村观察,2007(2):69.
② 李小群,吴兴国.安徽省农村公共文化服务体系建设刍议[J].安徽农学通报,2008(14):1.
③ 王列生.农村公共文化服务改革的困境[J].行政管理改革,2012(3):22-23.
④ 财政部教科文司调研组.行政村公共文化建设情况和财政支持政策建议[J].中国财政,2013(16):37.

处,不过由于价值指向不同,在研究角度上存在一些差异。农村公共文化服务建设的保障体制研究更侧重于"服务"的目标、对象、方式等。如农村公共文化设施,既是农村公共文化建设的内容,也是农村公共文化服务建设的内容。同一设施,从强调建设到强调"服务"建设,突出了主动性、主体性和服务性。换言之,在农村公共文化设施的服务建设研究中,为农民服务的价值目标和指向被重视,研究者更强调"服务性"和"满意度",设施、活动和农民的满意度就成为密不可分的重点关注对象了。例如,在农村公共文化服务建设背景下启动的四大惠民工程的实践和研究,反映了研究角度的差异。毛良才对湖南省农家书屋从 2006 年至 2008 年的具体发展情况进行分析,全面阐述了湖南省农家书屋的建设成就,同时分析了制约因素并提出了相关对策。① 卢春龙的《我国农民对农村公共文化服务的满意度调查——来自全国九个省市的发现》,通过对 2013 年在全国农村地区进行抽样调查,了解农民对农家书屋、文化活动室、农村电影放映工程、文化信息资源共享工程的满意程度。研究结果显示,四大工程运行良好,村民表现出一定的满意度,但也有一半的村民对这些公共文化服务工程评价一般甚至不满意。② 相关研究还可见陈昊琳的《面向公共文化服务的农村公共图书馆建设研究》(2009)、刘艳菊的《关于农村文化设施及服务惠民、便民、利民问题的对策研究》(2010)、张利洁等的《受众视角下的农家书屋的调查与思考——以甘肃省金昌市永昌县农家书屋建设为例》(2010)、毛倩倩等的《基于农户调查的农村公共文化设施建设研究——以安徽省三市六区 190 户调查为例》(2011)、姚秀敏、樊会霞的《我国公共文化服务体系中农家书屋可持续发展的思考》(2012)等。在农村公共文化服务的政策法规、人才机制、资金投入建设方面,研究内容都存在和农村公共文化建设的保障机制研究内容的重合,存在的问题表现也很类似,以至于一些研究者混淆两方面内容,但实际上两者存在研究角度的差异,而且这三个保障体制方面的专门研究成果不多,有限的研究可见王瑞涵的《农村公共文化服务体系建设:财政责任与经费保障机制》

---

① 毛良才.构筑农村公共文化服务体系的思考——湖南省农家书屋工程建设试点工作的调查和思考[J].湖南社会科学,2008(6):189.

② 卢春龙.我国农民对农村公共文化服务的满意度调查——来自全国九个省市的发现[J].中国政法大学学报,2014(2):66.

(2010)、刘伟和马策的《完善农村公共文化服务财政投入机制推进城乡公共文化服务均等化》(2013)等。

第二,农村公共文化服务体系建设的总体研究,主要包括农村公共文化服务建设的必要性、存在的问题、解决的思路等。陈坚良从新农村建设角度阐述了农村公共文化服务的作用。他认为,农村公共文化服务是新农村建设的基本前提和重要内容,是广大农民的客观需求,是农村经济发展的力量源泉,是打造和谐农村的重要保证,所以要加快农村公共文化服务建设。① 农村公共文化服务建设虽然取得了一定进展,但很多研究者通过实际的田野调查发现,农村公共文化服务建设依然面临困境。王列生强调,农村公共文化服务有四大困境:一是文化基础设施建设,尤其是匹配性文化服务设备采购仍然相对滞后;二是机构残缺,尤其是财政供给事业岗位严重不足;三是运行经费财政保障不力,尤其是公共文化服务增量经费支出缺乏保障稳定性;四是准入素质基本达标的服务队伍尚未形成。② 对于突破困境,获得农村公共文化服务加速推进的制度设计方面,学者们也进行了深入探讨。比如,巩村磊认为,构建农村公共文化服务机制的对策可以从以下方面努力:正确认识经济发展与文化建设的关系,完善行政考核机制;健全公共文化投入机制,优化资金分配结构;引入市场机制,创新服务形式;增强农村文化内生机制,加强人才队伍建设;强化监督机制,健全评估机制。③ 尹长云则建议,通过加大公共财政对农村公共文化服务投入力度、加强农村文化基础设施建设、规范农村文化市场秩序、培养提高农村文化队伍和文艺人才的素质、增加农村文化服务项目、改变服务方式来改进农村公共文化服务质量。④ 农村公共文化服务体系建设的总体研究还包括很多实证研究,即以某一农村地区为研究对象,结合本地区的公共文化服务建设的实际情况,作出分析并提出对策。研究成果有李小群、吴兴国的《安徽省农村公共文化服务体系》(2008)、曹爱军和方晓彤的《西部农村公共文化服务及其制度梗阻——基于甘肃农村的调查分析》(2010)、刘汉一和刘圣兰的《论欠发达地区农村公共文

---

① 陈坚良.新农村建设中公共文化服务的若干思考[J].科学社会主义,2007(1):98-99.
② 王列生.农村公共文化服务改革的困境[J].行政管理改革,2012(3):22-23.
③ 巩村磊.论当前农村公共文化服务机制的缺失与构建[J].党政干部论坛,2010(4):40.
④ 尹长云.农村公共文化服务的弱势与强化[J].求索,2008(6):67-68.

服务体系建设的基本原则》(2010)、卞芳等人的《辽宁农村公共文化服务体系建设对策研究》(2011)、刘利的《创新湖北新农村公共文化服务体系建设研究》(2013)等。

第三,农村公共文化服务模式研究。此部分内容也可以称为农村公共文化服务体制研究、农村公共产品和服务供给研究。无论是用服务模式、供给模式、供给体制、服务主体等不同术语表称,其基本研究内容是一致的。研究者一致赞同,我国农村亟须建立公共文化服务的多元参与协作模式,即包含基层政府、农村市场、民间社团组织等主体在内的多元协作机制。周晓丽、毛寿龙认为,公共文化产品的生产和供给具有可分割性、可选择性特点,公共文化服务供给因此可以采用政府"权威性供给"、市场"商业型供给"以及第三部门"志愿性供给"等多元模式。① 李少惠、王苗从农村公共文化服务供给社会化角度,分析了农村公共文化服务供给社会化的政府主导型供给模式、合作型供给模式、社会化主导型供给模式。② 刘湘云、王玉明则提出,建构农村公共文化服务的复合供给模式的关键是要处理好政府供给、社会供给、市场供给这三者关系,竭力发挥三者优势,避开三者短处,通过彼此良好协作关系的建立,提高公共文化服务供给效率。③ 类似研究还有张良的《政府主导、社会参与、市场配置:农村公共文化服务体系建设的理想模式》(2009)、刘如珍的《当代农村公共文化产品供给新策略研究——以福建省农村为例》(2009)、疏仁华的《论农村公共文化供给的缺失和对策》(2009)、于志勇的《农村公共文化服务供给研究》(2012)等。另外一些研究专门把政府、市场、社会这三大部门作为主位视角,探讨这些主体在农村公共文化服务模式或体制中的作用,比如刘淑兰的《政府创新与新农村公共文化服务体系的构建——以福建省为例》(2008)、卢华东的《政府建构农村公共文化服务体系的原则和任务》(2009)、顾金孚的《农村公共文化服务市场化的途径与模式研究》(2009),等等。

第四,农村公共文化服务绩效评估研究。农村公共文化服务绩效评

---

① 周晓丽,毛寿龙.论我国公共文化服务及其模式选择[J].江苏社会科学,2008(1):90.
② 李少惠,王苗.农村公共文化服务供给社会化的模式建构[J].国家行政学院学报,2010(2):44.
③ 刘湘云,王玉明.构建农村公共文化服务的复合供给模式[J].新疆社科论坛,2011(1):41.

估作为农村公共文化服务体系建设的重要环节,其重要性逐渐被学者们所认识。向勇、喻文益结合我国现实国情,提出了公共文化服务绩效考评的政策建议,尤其强调了公共文化服务绩效评估立法的重要性、可行性、基本原则和主要内容,"从法理上看,政府提供的公共文化服务是宪法赋予公民的权利,评价公共文化服务的绩效自然成为文化权利的'衍生权利'。公共文化服务绩效评估具有宪法背景与依据。"[1]王列生着重审视公共文化服务绩效评估的定量分析,他指出:"公共文化服务体系作为一种整体性制度框架,如果没有充分的项目以及明晰的项目目标,那么就会蜕变为形式化的空壳,甚至会因服务失效而消解制度设计中那些积极性的功能预期,因此,思考公共文化服务体系中的项目目标以及有效捕捉其科学的功能测值方法,不仅仅是简单地强化制度设计中的定量分析,更能现实地构建制度实现中的价值稳定性和存在生命力。"[2]李少惠、余君萍从理论上阐述了农村公共文化服务绩效评估的重要性,具体明确了我国农村公共文化服务绩效评估的设计原则和评估指标。"农村公共文化服务绩效评估不仅是落实政府及其文化行政部门责任、改进管理、提高效能的一个有效的工具,而且也是公众表达利益和参与文化管理的重要途径和方法,直接关系着公共文化服务目标的实现。……农村公共文化服务绩效评估指标体系设计须遵循以人为本、激励性、目的性、有效性的设计原则和采用综合性的一级、二级、三级指标。"[3]他们的研究为我国农村公共文化服务绩效评估实践提供了科学合理的操作范式。胡剑、徐茂华的《公共文化发展的评估指标体系及其建构》(2013)进一步从学理上深入分析了我国公共文化发展评估指标体系建构的理论基础和建构原则,推动了公共文化评估的学术研究。类似成果还有李宁的《农村公共文化服务绩效评估机制构建研究》(2009)、张楠的《农村公共文化服务绩效评估缺失及其改进——基于江苏乡镇文化站的考察》(2012)、彭益民的《农村公

---

[1] 向勇,喻文益.公共文化服务绩效评估的模型研究与政策建议[J].现代经济探讨,2008(1):23.
[2] 王列生.论公共文化服务体系中的项目目标及其功能测值方法[J].江汉论坛,2009(4):131.
[3] 李少惠,余君萍.公共治理视野下我国农村公共文化服务绩效评估研究[J].四川行政学院学报,2010(1):32-35.

共文化服务评价指标体系的探讨》(2013),等等。

需要说明的是,以上研究内容的划分是相对的,彼此之间的界限并非绝对分明,有些研究内容存在交集。

三、总体评价

如上所述,国内外关于公共文化的研究处于不同阶段,研究特点和趋势表现也相异。我国公共文化研究起步较晚,但发展较快,研究从量的积累逐步向质的飞跃过渡,研究主题也愈加明确、细致、深入。已有研究无疑会为今后的研究奠定一定基础,但就目前我国农村公共文化研究而论,不足之处也很明显:

第一,研究内容存在严重失衡。表现为城市公共文化研究成果远远多于农村公共文化研究成果。农村公共文化建设研究中,农村公共文化服务体系建设研究成为研究的主体内容,遮蔽了其他研究内容。农村公共文化服务体系建设研究中,针对保障体制建设的专门研究较少。一些重要的研究领域和研究维度被研究者所忽视。

第二,理论阐释和实证分析相割裂。综观已有的研究成果,宏观的理论研究大多缺乏实证案例的支撑,实证研究也多是注重数据、图表的列举和堆积,既没有明确的分析工具介绍,更缺乏理论的分析、总结和提升,这两种研究现状不符合农村问题的研究特性,农村问题的研究不是纯粹的理论研究或者单一的实证研究,而是理论和实践有机紧密结合的研究。如何在农村公共文化建设研究中,把理论研究和实践研究有机结合起来,而不是以两种互不相干的样态存在,也成为农村公共文化建设研究迫切需要解决的问题。

第三,我国农村理念公共文化建设及其根本特性(社会主义意识形态性)研究一直被忽略。此内容与前面论述的"研究内容存在严重失衡"内容相关,但又不尽相同,在此作为单独部分论述,力求凸显其重要性。相对于农村物质公共文化和制度公共文化的建设研究,农村公共文化的核心部分——农村理念公共文化建设的研究极少,农村理念公共文化建设的最终目的,是培养具有公共精神和社会责任感的社会主义国家的现代农民,这一过程涉及我国农村传统理念公共文化中优质资源的传承、市场消极文化的剔除、集体意识和公共精神的培塑等若干内容,而同时又要保证和体现我国的社会主义意识形态性,要在农村公共文化建设中有效传播社会主义核心价值观。而目前这些研究内容无论在实践还是在理论研究方面都是缺失的。

第四,关于苏南农村区域性的各类研究很多,但是专门论述苏南农村公共文化建设成果的目前还没有。江苏南部是经济发达地区,其农村的经济基础总体较好,文化底蕴也很深厚。苏南农村正处于快速城市化的过程中,苏州已经成为城乡一体化的国家级试点,2015年城镇化率已达到70%。从表面上看,苏南农村的发展路径类似于西方发达国家的发展路径。无论从何角度,这一过程中的传统公共文化的保护和农村公共文化的建设既是实践问题,也是不能忽视的理论研究问题。

综上,蓬勃发展的中国社会现实实践为理论研究提供了良好的现实背景,拓宽了研究视角,同时,农村公共文化建设实践面临困境,理论研究存在不足。这些都表明,当前我国农村公共文化建设依然是时代重要课题,是需要深入研究并且亟须加以提升的课题。另外,我国农村数量众多,每个乡村都是浑然一体的社会整体,同属某一类别,但每个乡村又都有自身独特性。考虑到我国农村兼具多样性基础上的统一性和统一性基础上的多样性特点,选取苏南农村区域公共文化建设作为研究对象,对其进行实证调查和理论阐释,力图通过区域农村公共文化建设的研究,既能总结出某一类农村公共文化的发展逻辑,又能吸取其中的经验和意识到过程中的不足,以期对我国其他发达地区的农村公共文化建设有所助益。

第三节 苏南农村公共文化建设的研究选择

一、研究意义

如前所述,我国农村公共文化建设为若干问题所困扰,由此引发了系列负面效应。于个体而言,农民不仅是个体,还是群体的一员,是作为"社会人"存在和进行活动的,农村公共文化生活由此成为农民生活不可缺少的部分,它是农民摆脱个体焦虑和恐惧,寻求社会交往和群体慰藉,获得群体认同和心理归属感的重要精神家园。无疑,当前的农村公共文化并未发挥出有力的精神支撑作用。于中观而语,农村公共文化建设是社会主义新农村建设的核心内容和重要动力,不从农村文化入手,仅仅在经济和政治上用力,农村建设后劲不足。农村公共文化建设存在的问题直接束缚了社会主义新农村的经济、政治与社会发展。于宏观而论,农村公共文化是中国特色社会主义文化的重要组成部分,其建设困境不利于国家文化强国目标和现代化目标的实现。故而,选取某一农村区域,对当前新时期农村公共文化建设加以深入分析,进而提出解决问题的政策建议,其实践价值显而易见。

近些年,文化研究成为热点,公共文化研究成了热点中的沸点。农村公共文化研究丰满了公共文化的研究内容,毕竟农村的独特性注定了农村公共文化异于城市公共文化。这其中,政治风向也推动了公共文化的研究。研究数量的积累也带来了质的变化,狂热的理论研究背后逐渐积累起价值关怀,学者们的目光渐趋深沉、理性,也更令人敬佩。从最初的"先知型"研究,到农村公共文化研究趋于深入理性,显然也是农村公共文化研究的进步。但总体上关于农村的各类研究,学者赵旭东率直地指出:"有丰富的描述,但是缺少丰厚的理解。"[①]这种概括也契合我国农村公共文化研究现状,再加上我国农村公共文化理论研究上出现的社会主义意识形态弱化等问题,因此,在新的历史时期,持续关注农村公共文化建设课题,是具有重要学术意义的理论问题。

二、研究内容

第一,马克思主义理论和其他理论梳理。首先对西方相关理论进行了简要阐述,然后对马克思、列宁、毛泽东等人的农村公共文化建设思想进行了详细梳理。马克思主义的理论家们通过对公共文化和农村公共文化建设的理论探索,总结出社会主义国家农村公共文化建设的一般性原则,主要包括:必须始终坚持以马克思主义理论为指导;以社会主义意识形态建设为核心;以农民为主体和服务对象;以遵循群众路线为建设路径。

---

① 庄孔韶,赵旭东,贺雪峰,等.中国乡村研究三十年[J].开放时代,2008(6):9.

第二,苏南农村公共文化建设的历史嬗变研究。苏南农村公共文化及建设的嬗变历史表明,苏南农村很早就开始了与"市镇""市场"的各类联系,其公共文化变迁有鲜明的区域特色,其累积的经济和文化基础对当代乃至以后的公共文化建设都有深远影响。

第三,苏南农村公共文化建设的实践研究。对苏南农村公共文化建设实践的把握,是通过对苏南农村公共文化建设实践模式的分析来进行的。基于地域距离、经济发展水平、传统历史文化资源的分类向度,把苏南农村公共文化建设实践模式分为城乡一体化的协同模式、依托传统文化的自主创新模式、依托经济发展的自主创新模式、依托文化产业推进公共文化建设的目标模式、依附上级政策的被动执行模式。以上模式分别对应近郊农村、高E高C型远郊农村、高E低C型远郊农村、低E高C型远郊农村、低E低C型远郊农村。

第四,苏南农村公共文化建设的总体评价。结合苏南农村公共文化建设的实践模式,对苏南公共文化建设的经验进行总结和原因分析,并针对苏南农村公共文化建设的不足,提出了一些解决问题的创新路径。

三、研究方法

第一,唯物辩证法。唯物辩证法是人类从实践中概括和总结出来的正确方法,是科学研究普遍采用的方法,更是马克思主义世界观与方法论的重要体现。这种研究方法要求用联系的、发展的观点,客观而全面地看待和分析各类问题。本研究始终坚持运用唯物辩证法,对苏南农村公共文化建设状况进行了实践分析和理论总结,并将两者结合起来进行了综合阐析。

第二,田野调查和文化人类学方法。田野调查法包括访谈、问卷、笔记、参与式体验等各种实证方法,它是农村问题研究采用的主要方法,更侧重于实证研究。结合研究对象特点,本文还借鉴了文化人类学的研究方法。这种方法是定性研究和定量研究的结合,它"包括认知的、观测的、现象的、历史的、人种志的和访谈的形式进行研究"。[①] 其中,"人种志研

---

① [美]塞萨·洛,达纳·塔普林,苏珊·舍尔德.城市公园反思——公共空间与文化差异[M].魏泽崧,等译.北京:中国建筑工业出版社,2013:126.

究法的研究内容更广阔,包括该地方的历史以及社会和政治内容,作为一种理解当代社会文化类型和文化团体的手段。人种志研究是描述一种文化的过程,它能够精确地预测当地居民对设计和规划方案的反应,有助于通过系统的文化理解来评估复杂的方案。根据地理区域的大小、时间的长短和历史研究的深度,人种志研究可以得出一个对某地方的完整的文化描述。"[①]因此,综合运用田野调查和文化人类学方法,可以全面深入地分析问题。

第三,比较分析方法。本研究多处运用了比较分析法,通过对几种苏南农村公共文化建设实践模式的比较,归纳出其中的相似点和差异性。发掘出了苏南农村公共文化建设的个性特色,总结出苏南地区农村公共文化建设的一些经验,并揭示出其中极为重要的变量因素和规律。

四、研究的创新之处

本研究力求对以往的农村公共文化建设研究中的不足进行弥补。

第一,本研究提出了社会主义国家农村公共文化建设的核心是社会主义意识形态建设的创新性观点。本文先从理论上进行了论证,然后结合苏南农村公共文化建设实践进行分析总结。研究发现,在我国苏南农村,地方政府比较重视社会主义意识形态建设,只是由于建设方式缺乏有效性,致使苏南农村地区的社会主义意识形态建设效果不甚理想。因此,应结合地区实际,探求建设社会主义意识形态的有效方式,进一步加强苏南农村的社会主义意识形态建设。

第二,本研究选取苏南农村区域,以其公共文化建设作为研究对象。针对苏南区域,尚缺乏开展区域性农村公共文化建设的研究。苏南三市,苏州是国家级公共文化建设示范区,无锡是江苏省省级公共文化建设示范区,常州正在创建省级公共文化示范区,这一切得益于城市公共文化建设的联动效应,因而苏南农村公共文化建设总体建设进程较快。但已有研究多是针对城市公共文化进行的研究,专门针对农村公共文化建设的研究极少。在对苏南农村进行多次广泛而深入调查的基础上,本书得出

[①] [美]塞萨·洛,达纳·塔普林,苏珊·舍尔德.城市公园反思——公共空间与文化差异[M].魏泽崧,等译.北京:中国建筑工业出版社,2013:127.

了关于苏南农村公共文化建设的一些创新性观点。

第三,多学科理论视角和研究方法的融合,力求做到实证基础上的理论提升和理论指导下的实证论证的有机结合。本书是关于我国苏南农村公共文化建设情况的研究,农村的具体情况千差万别,但都具有"农村"的共性,加上文化因素本身难以量化的特点,注定文化研究势必具有很强的理论性,但通过一些其他指标的衡量又可以映射出文化的内深层次(价值观)情况,这些因素都说明了理论和实践紧密结合的研究进路,对于农村公共文化建设研究十分必要和重要。本研究在马克思主义理论的指导下,综合运用政治学、哲学、社会学、政策学等学科的理论,如治理理论、文化可持续性理论、文化堕距理论、社会资本理论等,同时结合个案研究、比较分析、历史分析、生态分析等研究方法,力求通过翔实的实证材料和深入的理论剖析,得出一些创新性的观点和结论。

第二章 农村公共文化建设的主要概念和理论资源

鉴于理论对实践的指导作用,农村公共文化建设实践的开展,势必要明确何谓"农村公共文化"等基本概念,明确农村公共文化建设实践是否有可借鉴的理论资源。任何农村都是一般性与特殊性的统一。从农村的一般性而言,当代西方发达国家的一些理论有效指导了西方国家的公共文化建设实践,对我国的农村公共文化建设实践也有一些启迪意义。从农村的特殊性而言,我国农村是社会主义农村,其公共文化建设的指导思想还必须遵循马克思主义的文化及公共文化建设思想的原则。

第一节 主要概念

一、公共文化

何谓"公共文化"?对其理解离不开对两个关键概念"公共"与"文化"的解读。

"公共"的含义有其历史演变过程,可以分三个阶段来追溯其意义。

第一阶段是古典含义。"公共"一词的古典含义来自于希腊语"pubes"或者"maturity"。在希腊语中,它们表示一个人在身体上、情感上或智力上已经成熟,它所强调的是,一个人从只关心自我和自我的利益发展到超越自我,能够理解他人的利益。它意味着一个人具有这样一种能力,即能够理解其行为对他人所产生的结果。"Public"(公共)一词意味着一个人业已进入成年,能够理解自我与他人的关系,能够理解二者之间的联系。其次,"公共"一词的词源还来自于希腊语"koiono",英语中的"common"一词也来源于此。而"koinon"一词则来源于希腊语中的另外一个词语"kom-ois",意思是"关心"。"共同"和"关心"都暗含着相互关系的重要性。① 在古希腊的实践中,作为政治共同体的城邦生活高于一切。"公共"主要指公民的政治生活领域。

第二阶段是近代含义。"公共"一词的近代含义主要是指其与社会的共同利益、群体利益、政治群体相关。英国历史学家霍尔在《1542年纪事》中写道:"他们无法约束内心的恶毒念头,而是在公共场合,也在私人场合发泄出来。"这里的"公共"开始与社会相联系,并且作为地域空间的地理意义被人们认可。在17世纪的法国,"公共"还包含进入交际场合的公共人物。

第三阶段是现代含义。随着历史实践的推进,"公共"的含义有了很大变化,既保留了原来的一些寓意,又拓展了新的含义,但总体上人们并未清晰界定过"公共"的含义,更多时候是通过他者来说明"公共"一词。现代的"公共"含义应该与以下要件相关:一是"公共"意味着有公开性和层次性的领域空间。很多学者就是通过对公共领域、公共空间、公共生活的阐释来间接展示"公共"含义。研究公共生活的美国著名学者汉娜·阿伦特认为,"公共"这个词表示内在紧密联系但表面并不完全一致的现象。它意味着,"任何在公共场合出现的东西能被所有人听到和看到,有最大程度的公开性。'公共'一词表示世界本身,就世界对我们所有人来说是共同的,并且不同于我们在它里面拥有的一个私人人处所而言,这个世界不等于地球或自然。……与世界相关的是人造物品,人手的产物,以及在这个人为世界中一起居住的人们之间发生的事情。② 除了公开性,"公共"空间还具有层次性,"公共"事实上存在范围的差异,国家、城市、俱乐部、志愿团体、村落、教堂等都属于公共领域。有学者还将其详细区分为文学公共领域、政治公共领域、资产阶级公共领域、亚文化公共领域等。"所谓'公共领域',我们首先意指我们的社会生活的一个领域,在这个领域中,

---

① [美]乔治·弗雷德里克森.公共行政的精神[M].张成福,等译.北京:中国人民大学出版社,2003:19.

② [美]汉娜·阿伦特.人的境况[M].王寅丽,译.上海:上海人民出版社,2009:32-34.

像公共意见这样的事物能够形成。……当公共讨论涉及与国家活动相关的问题时,我们称之为政治的公共领域(以之区别于例如文学的公共领域)。"① 二是"公共"蕴含复杂而紧密的关系。公共领域是个具有非凡魔力的领域,进入这一领域的人、物品、精神都被印上了公共性,冠以"公共"头衔,变成了"公共人""公共物品""公共精神",彼此之间会形成错综复杂的关系。"公共"定语的限定表明"关系"的重要。"公共"的古典含义里面就强调了"关系"的重要性,现代社会,更凸显了公共领域里面关系的重要性,"关系"应该是现代"公共"含义的题中之义。例如,作为私人的个体进入公共领域,一起形成"公众",这种个体之间应该是有特定的互动,绝不应该是冷冰冰的个体,"公共人"一语其实也就包含了互动关系建立的必要性和必然性。

界定"公共"含义的关键是对"关系"的强调,这也是当代社会现实发展的要求。当代社会,原子化的状态在公共领域也十分明显,公共生活被侵蚀和走向衰微,曾经丰富生动的公共空间变得死寂,很多学者对此早有认识并进行了深刻地批判,"公共行为是一种仅供观看的举止,是一种只能被动参与的活动,巴尔扎克称之为'眼睛的盛宴',每个人都暴露在别人的眼光之下,每个人都无法拒绝自己看到的景象,因而人们不用参与公共行动,自然而然地成为公共场景的一部分。被人们视为权利的这道无形之墙意味着对公共领域的了解只能通过观察来获取——观察各种场景,观察其他男人和女人,观察各种场所。人们再也不用通过社会交往来了解公共领域了。"② "人们变得完全私人化了,也就是说,他们不再能够看见和听见他人,也不再能够为他人所看见和听见。他们被封闭在一己的个别体验的主观性之中,即使这同一种体验被无数次增值,它也仍然是一己的个别体验,当共同世界只能从一个方面被看见,只能从一个视点呈现出来时,它的末日也就来临了。"③ 以上批判都揭示了当代社会的公共领域中亲密的互动关系的缺乏,在此基础上学者们提出了通过建构彼此互动关系,弥合个体心理距离来复兴公共生活的各种建议。概言之,公开性

---

① 汪晖,陈燕谷.文化与公共性[M].北京:生活・读书・新知三联书店,2005:125.
② [美]理查德・桑内特.公共人的衰落[M].李继宏,译.上海:上海译文出版社,2014:35.
③ 汪晖,陈燕谷.文化与公共性[M].北京:生活・读书・新知三联书店,2005:89.

和层次性的领域空间、亲密的互动关系是理解"公共"现代含义的关键。

　　文化最早仅是人类学的核心概念,现在则成为多个研究领域的关键词语。关于文化概念,虽存在上百种定义的探讨,但至今很难找到一个准确而清晰的适用于所有领域的定义。有学者认为这是目的论导致的,"文化——准确地说,因为它是一个自由的领域——总是同目的论的想法纠缠在一起,而目的(telos)却从来没有被完全或详尽地表述清楚。"①还有人认为,"要从诸多具体事物中抽象出一个普遍概念从而完成对文化的概念厘定……这个野心始终无法实现,因为它所追求的概念始终无法对象化和具体化。"②无论如何,对文化定义的历史演进做一个大致考察是必要的,不仅有助于加深对文化的理解,更重要的是有助于限定本研究的相关概念。

　　中国语言系统中,文化是古已有之的词汇。"文"的本义,是指各式交错的纹理。后来逐渐引申出礼乐制度、人为修养、美、德行、善行等含义。"化",本义是指生成、造化,表明事物性质或形态的改变。后来又引申出教行迁善之义。大约在战国末年,"文"与"化"并联使用,意指对人的品德和性情的陶冶,主要居于精神领域的范畴。后来,文化逐渐成为外延宽广、内涵丰富的多维概念,成为众多学科阐发、探究和争鸣的对象。

　　在西方,文化一词,源于拉丁语,最初意为耕作、耕耘,蕴含人类对自然界的开拓之意。17世纪的德国学者普芬多夫认为,文化是社会人的活动所创造的东西和有赖于人和社会生活而存在的东西的总和。③按照此观点,文化相当于人化,人类所创造的所有产品皆是文化。高尔基也认为文化是人所创造的"第二自然"。关于文化的经典性的定义,则是英国人类学家爱德华·泰勒给文化下的定义,他在1871年出版的《原始文化》一书中这样论述:文化或文明,就其广泛的民族志(ethnography)意义而言,是一个复合整体,它包括知识、信仰、艺术、道德、法律、习俗以及作为社会一分子的人所具有的任何其他能力和习惯。"④这一定义明显侧重于精神

---

　　① [美]R.柏曼.通俗文化与民粹文化[J].李龙海,译.国外社会科学,1992(10):23.
　　② 萧俊明.文化的误读——泰勒文化概念和文化科学的重新解读[J].国外社会科学,2012(3):36.
　　③ 郑杭生.社会学概论新修[M].北京:中国人民大学出版社,2003:66.
　　④ 童星.现代社会学理论新编[M].南京:南京大学出版社,2003:50.

因素。到20世纪50年代,美国两位人类学家克罗伯和克拉克洪专门梳理了100多种文化的定义,对其进行了六种分类:描述性定义——通常把文化视为一个包罗万象的整体,它构成社会生活的总和;历史性定义——通常将文化视为一种久历时日、代代相传的遗产;规范性定义——认为文化是一种规则或生活方式;心理学定义——强调文化是一种解决问题的工具,它让人们能够沟通、学习,或满足物质和情感的需求;结构性定义——文化各个孤立层面之间存在着有组织的关联;发生学定义——从"如何产生"或"如何持续存在"的角度来定义文化。[①] 这些定义基本是对泰勒定义的探讨和进一步提炼,并没有质的飞跃。20世纪70年代,美国学者格尔茨对文化的界定引起关注,他强调文化具有"深厚意蕴",用它来指一个社会的全部生活方式,包括它的价值观、习俗、象征、体制及人际关系,等等。[②] 这种定义也是比较宽泛的含义界定。尽管关于文化含义的界定各异,但基本可以归为两类,一是从广义上来界定文化,即文化是人类创造的所有产品的总和;另外一类是从狭义上来理解文化,也即文化是指人类创造的精神产品,是属于观念的和精神的范畴。

如前所述,公共性、层次性的公共领域和关系的建构对"公共"含义的界定有重要意义。文化又有广义和狭义的理解。那么从学理上可以做如下分析,如果取文化的广义概念,公共文化也就是公共生活。如果取文化的狭义概念,公共文化即是公共精神,包括共同的信仰、价值观、待人接物的态度和方式、理解世界的方式和符号等。对公共文化的这两种界定在西方学术界和实践建设中均可见到。西方国家的公共文化研究更多侧重的是精神文化和价值观,但在公共文化建设实践方面,采用的是广义文化的概念,虽然不是无所不包,但范围也是很宽泛的,除了核心的精神文化建设,还包括公共文化的机构、设施、制度建设。如在西欧,公共文化建设和服务主要包括:社区文化设施,如图书馆、体育馆、社区中心;传统文化设施,如博物馆、音乐厅、表演场馆;文化服务及活动,如文化政策、资助政策、不同类别文化服务等;新兴设施及服务,如活化历史建筑、旧工厂、非

[①] [英]菲利普·史密斯.文化理论——导论[M].张鲲,译.北京:商务印书馆,2008:9-10.
[②] [美]塞缪尔·亨廷顿,劳伦斯·哈里森.文化的重要作用[M].程克雄,译.北京:新华出版社,2013:8.

正规文化场地、地区节庆活动等。公共文化建设和服务的范围从精致文化逐渐扩展至社区文化;文化形态由相对固定的传统及精致文化,扩展至崭新的、实验性的,以至生活文化。[①]

由于公共文化建设无论从学术还是实践层面,在我国都是发展中的新事物,几乎没有关于公共文化的相关的明确界定。鉴于我国是社会主义国家,正处于现代化早期和中国特色社会主义公共文化研究和建设初期,本书界定的公共文化含义如下:公共文化是以共同的信仰、价值观、理解世界的类似方式等公共理念和社会主义价值观为核心,以及围绕此核心运作的相关载体、设施和体制的总和。

二、农村公共文化

结合前面的内容,本书所述的农村公共文化,是指存在于农村场域中的,以共同的信仰、价值观、世界观等公共理念和社会主义价值观为核心,以及围绕此核心运作的相关载体、设施和体制的总和。其中的公共理念指村民的价值观、世界观、乡村精神、类似的道德意识、公共精神、集体观念等;社会主义价值体系包括爱国、平等、和谐、诚信、集体主义、奉献精神等;载体包括习俗、公共舆论、乡村艺术(戏曲、音乐、舞蹈等)、规范、理论、组织等。由此可见,此定义既不是无所不包的,也不是纯粹精神层面的,总体上是以公共理念和精神为核心的相对宽泛的概念。

1. 农村公共文化的特征

第一,公开性。农村公共文化作为公共领域的文化,它是公开的,而非私密的。公开性意味着可以被"看见"和"认识"。这种公开性并不是意味着它必须是外显的,也即农村公共文化既可能是外显的,也可能是内隐的。内隐的农村公共文化更多体现在精神文化层面,比如村民的价值观,这无法被人们直接触及,大多是通过村民的行为选择和行动被人们体会和认识的。

第二,共享性。即一定范围内的村民共享农村公共文化。由于"公共"有多种层次性,共享也就在一定范围内展开,共享公共文化并不意味着在具体事务的处理上,村民有一致的处理方式,只是说明处理问题的方

---

① 韩冰.公共文化建设的欧洲经验[J].瞭望,2013(19):30-31.

式背后,村民们拥有认知事物的类似理念,这种共同的类似理念即属于公共文化。在农村,公共文化尤其是村落文化,是在悠长的历史过程中,在存在各种互动关系的公众领域中缓慢积淀而成的,内涵了村民们普遍共知的意义,到一定程度即以习俗、惯例、规范、方言、姿势等各种载体来展现。因此,公共文化的共享性与其形成过程是相伴而生的。

第三,多样性。农村公共文化是一个复杂系统。从不同的角度可以对系统结构进行不同的划分。例如,按照常见的物质文化和非物质文化二分法,农村公共文化被分为物质公共文化和非物质公共文化,非物质公共文化进一步可被分为制度公共文化和理念公共文化。另外,农村公共文化内部除了共享的社会主义文化,还存在具有独特性的群体亚文化,如少数民族文化、宗教文化、姓氏文化、村落文化等。

第四,习得性。文化都是被习得的,农村公共文化也不例外。农村公共文化在形成过程中,就开始了其对村民的影响,除了潜移默化、耳濡目染的影响,成年人还会通过各种渠道和社会组织有意识地传授小一辈各种文化。在现代社会,下一辈还会对长辈们进行文化反哺,这一过程是文化和社会成员共同成长的过程。文化被习得和广泛地传播,不仅是纵向的代与代之间的传播,还存在横向的传播、交流、互动。人们通过学习、传授、接收公共文化,一方面可以使得人们摒弃不合时宜甚至是陈腐的文化理念,建立起新的公共文化理念,另一方面也可以实现公共文化的更新和发展。

第五,公益性。区别于私性文化的"竞争性"和"排他性",公共文化具有公益性特点。公益性是公共文化的天然属性,公共文化产生并形成于公共领域,是集体智慧的结晶,它应该最大限度地公开和开放,为社会公有、被社会共享。

第六,变迁性。农村公共文化形成以后,具有一定的稳定性,但它不是一成不变的,也会发生变化。在前工业社会,由于农村的封闭,农村公共文化的变化极其缓慢,当时,引发农村公共文化变迁的因素主要是公共文化本身的内力作用,但内力作用有限以致于无法引发文化的大规模变化,即使经过若干年,农村公共文化基本上多是循环的重复。但是进入现代社会以后,农村的相对封闭状态被打破,众多的外力因素影响并改变着农村公共文化。按照威廉·奥格本的文化堕距理论,文化系统在发生变化的时候,它的各个部分的变迁速度是不一致的。其中,物质公共文化的变迁速度快于非物质公共文化的变迁速度,在非物质公共文化的变迁过程中,首先是制度发生变化,其次是风俗发生变化,最后才是价值观念发生变化。这说明了在农村公共文化的变迁过程中,价值观是最难改变的,但是它也是可以变化的。在人类发展过程中,人类越来越有能力参与并控制社会发展过程,在农村公共文化的变迁过程中,理性的态度对于农村公共文化变迁起着关键作用。

2. 农村公共文化的作用

农村公共文化来源于农村社会,是农民所是、所思、所信的记录,在农村社会发展过程中,农村公共文化发挥着巨大作用。

第一,满足功能。即农村公共文化具有满足农民的精神和生活需要的功能。农村公共文化内涵农民对生命价值、人生意义、世界发展的相似理解,它能帮助农民消除孤独感与恐惧感,获得群体温暖和心理归属感,成为农民重要的精神支柱。另外,农村公共文化生活又是农民公共生活的重要组成部分,起到了丰富农民生活的作用。作为个体和自我而言,人应该有私人空间和领域,同时作为"社会人"存在,以及对私人生活的一种补充和修正,人也应该积极参与社会公共生活。对于个体而言,私人生活与公共生活都是非常重要且必不可少的,它们是个体获得正常、健康、圆满生活的保证。因此,农村公共文化生活作为农民私人生活的补充,使得农民生活更加丰富多彩。

第二,聚合功能。农民在农村公共文化影响下生活,同时又形塑和改变着农村公共文化,变动中的农村公共文化成为重要的纽带,联结着农民和各种社会关系,反映出农民共同的信念和意志,其本身逐渐成为一种凝聚人心的强大力量,把农民紧紧联系在一起,构建了农民和农村社会团结的重要基础。建立在公共文化基础上的,通过共同的"身份感"形成的农村社会团结十分牢固而稳定,也因此,农村公共文化建设得以被重视。

第三,规范功能。也即农村公共文化能够约束和引导人们的行为,调节成员关系,维持农村社会的秩序。农村公共文化是一个复杂的系统,包含了大量的行为规范,这些行为规范不仅是农民个体行动的准则,还是处理村民矛盾、调节村民关系的准则。如,农村公共文化中,农村风俗蕴含着婚丧嫁娶、待人接物的方式;农村的公共舆论是农村事务处理的重要影响因素,农村的伦理道德观和价值观是判断、评价事物的重要标准,集体主义的价值原则要求人们要以集体利益为重,要有奉献精神等,各类行为准则都对农民行为有规范和调适作用,最终形成合力,保证农村社会秩序的稳定。

第四,教化功能。农村公共文化对农村居民有教化作用。农民一出生就被置于特定的文化氛围中,随即开始经历文化的熏陶过程。除了耳濡目染地受到文化影响,社会组织也有意识地向农民传播公共文化,传播对象不仅包括年幼的孩童,还针对成人。农民通过各种"学习",接受公共文化的影响,最终成为特定的"文化人",打上特定的文化烙印,成为区分不同区域的标准。比起地域疆界,农村公共文化最能表现出不同农村和农民本质上的差异。同时,农民习得公共文化后,更好地适应了社会生活,公共文化的传递和延续也得以实现。

三、农村公共文化建设

因农村公共文化具有重要功能,农村公共文化建设即成为必须。农村公共文化建设,是指围绕农村公共文化而展开的一系列建设活动和制度的总称。"建设"一词又包含摒弃、保护、传承、弘扬等含义在内。农村公共文化建设可从以下方面进行深入理解:

第一,政治性。这是农村公共文化建设的重要特性。我国农村公共文化建设的政治性具体表现为意识形态性,因为反映统治阶级利益的是主流意识形态,作为社会主义国家,必须要用主流意识形态——马克思主义理论引领我国农村公共文化建设,我国主流意识形态的核心是社会主义核心价值,它不仅是我国农村公共文化建设的主要内容,也是我国农村公共文化建设的根本方向。

第二,多元性。我国农村公共文化建设的多元性表现为建设主体的多元和建设方式的多元两个方面。一是从建设主体看,当前农村公共文化建设的多元主体有基层政府、村镇党委、村委会、农村企业组织、农村志愿者组织、农民个体等。党委和政府依然是最重要的建设主体,起着决定性的引领作用,其他社会主体在党委政府的领导下发挥作用。这既与我国政府机构改革和职能转变相一致,也与我国缺乏市民社会的传统有关。当前我国社会力量的培育和塑造还是要依靠政府扶持。另外,我国农村的村民自治在实践中也遇到一些现实困难,农民的主体性作用没有真正发挥出来。虽然各个主体具体作用的发挥以及各自的职责区分,在实践运行当中需要逐步建构和体现,但农村公共文化建设不是依靠单一主体,而是依靠多元主体协作,这已经成为社会共识。二是从建设方式看,建设主体的多元决定了建设方式的多元,农村公共文化建设的各个主体本身即有不同的建设方式,主体之间又建构了多元协作方式,这在实践中已经有所体现。未来还将会有更多的具有创新意义的农村公共文化建设方式出现。

第三,系统性。农村公共文化建设的系统性包括两层含义,一是农村公共文化建设与其经济建设、政治建设是紧密相关的,是互相协调和共同推进的系统过程。二是农村公共文化本身即是有着复杂要素的系统,其建设也应该具有全面的系统性。当前我国农村公共文化建设包括物质设施、人才机构、资金投入、活动开展、公共文化服务等各个方面的建设,既要有硬件建设也要有软件建设。此种系统而全面的建设源于我国公共文化建设起步晚的现实状况,作为近几年才开始的实践活动,我国农村公共文化建设的各项基础都非常薄弱,这就势必要求农村公共文化建设既系统又全面。

第四,主次性。农村公共文化建设要全面推进,不过全面推进过程中应该重点突出、层次分明。比如,理念公共文化建设是农村公共文化建设的核心和重点,物质公共文化建设和制度公共文化建设最终都是为理念公共文化建设服务的,也即要注重培养农民的公共意识、公共责任感和作为社会主义国家公民的集体主义价值和奉献精神等,这是农村公共文化建设的旨归。再如,农村公共文化系统中,有一类民族亚文化领域,涉及少数民族的风俗习惯等,被称之为中性文化。中性文化绝不是我国农村公共文化建设的重点,对中性文化采取的应该是尊重的态度,而不是过多地干涉。在实践中,应该对农村公共文化建设的主次有一定的原则性认识,这样才能做到有的放矢。

第五,方向性。我国农村公共文化建设应该具有方向性,方向性既提供了公共文化建设的指向,又提供了建设的动力,同时也是衡量建设效果的标准。有中国特色的社会主义农村公共文化应该是我国农村公共文化建设的总方向。有中国特色的社会主义农村公共文化包括主流的社会主义公共文化、民族公共文化、传统公共文化、群体公共文化等,在不同历史阶段,公共文化的每一子系统建设要求、方向和目标也各不相同,建设主体应根据各自不同的发展特点设定合理可行的建设方向和目标,并采用相应的可行性措施,确保建设目标的实现。

农村公共文化建设是系统性建设,其内容可以从多个角度加以省察,本书主要从农村物质公共文化建设、农村制度公共文化建设、农村理念公共文化建设三大内容进行分类,这三大内容又具体表现为以下方面:

第一,农村公共文化的政策法规建设。政策和法规建设应该是农村公共文化建设的重点,也是农村公共文化建设效果的保证。但从现实状况看,当前我国农村公共文化建设的政策法规几乎空白。政策大多是关于公共文化建设而非专门针对农村公共文化建设的。换言之,农村公共文化政策是涵盖在城市公共文化建设政策中的,服从的是城市发展逻辑,这违背了农村作为独特场域的客观事实。"否认农民经济社会体系的独特性,试图按照从都市和工业现实出发建立的范畴和观念对它们进行分析。这种在知识体系上对农民的虚无化很值得细致分析。"①农村应该有针对性的公共文化发展的政策法规,而具体地域的基层农村还应因地制宜,出台与当地实情相符合的政策。

第二,农村公共文化设施、机构与人才队伍建设。农村公共文化设施建设包括农家书屋、老年活动中心、青少年活动中心、乡镇文化站、农村公共文化事业单位、公营性文化团体、民营性文化团体等设施建设。在数量方面,农村要实现公共文化设施从"无"到"有"和从"少"到"多"的转变;在管理方面,须注重公共文化设施的投入使用和运营情况;在建设效果方面,应注意收集农民的意见,并及时进行反馈,以便更好地发挥出机构和设施的基础性作用。人才队伍建设也应该引起重视。农村公共文化人才总体还比较缺乏,文化管理机构的工作人员存在年龄偏大、文化素质偏低、工资待遇较差等问题,无法吸引和留住人才。传统公共文化也面临无人传承的困境。

第三,农村公共文化活动和项目开展。农村公共文化活动的开展是农村公共文化建设的重要组成部分,从形式、种类、数量、效果等各方面都要对农村公共文化活动进行建设。例如,从形式看,公共文化活动有以政

---

① [法]H.孟德拉斯.农民的终结[M].李培林,译.北京:社会科学文献出版社,2010:5.

府为主体提供的文化活动,即"送文化";有农民群众自行组织的文化表演活动;有农村文化市场提供的活动,如录像厅、民营或公营文艺团体提供的活动。"送文化"活动的次数,农民对送文化活动的满意度,农民群众自行组织活动的次数、活动的主要内容,文化市场提供积极、健康、正面的公共文化的保证、公共文化活动中对社会主义价值观的弘扬,这些内容都是当前农村公共文化活动建设的具体表现。

第四,农村公共文化建设主体的作用。农村公共文化建设的主体主要分为政府、市场、社会、基层党委四大主体。政府类主体有乡镇政府、文化站等;市场类主体包含文化公司、影业公司、电影院等;社会类主体有村民委员会、学校、广播电视站、农村志愿者组织和农民。四大主体在农村公共文化建设过程中,职责应该各不相同,除了职能分工要明确,主体之间和主体内部还应该建立起有效的合作和协调机制。理论上,党委主要把握公共文化建设的主要方向。基层政府在党委领导下负责政策的制定和执行,调控和监管市场和社会主体行为,市场和社会在各自的领域发挥作用。但从实践层面看,四大主体的作用是随着历史发展的不同阶段而与时俱进的,与各主体自身的改革发展特点相一致,各主体的合理分工和有效协作在实践中还可能面临各种不确定性因素的影响,经受各种考验,从而发展和创造出创新模式。尤其需要指出的是,农民既是农村公共文化的实施主体,又是农村公共文化的建设主体,双重主体身份要求农民应该发挥出主体性、积极性、创造性。如何有效发挥出农民的主体作用因而成为农村公共文化建设的又一重要内容。

第五,农村公共文化的资金投入和管理。充足的资金投入是顺利开展农村公共文化建设的重要保障。农村地区总体上都面临着资金短缺问题。很多农村又分属于不同发展程度地区,农村公共文化建设成效与当地的经济发展状况和资金投入程度密切相连。从已有情况看,经济发达地区农村公共文化的财政投入高于不发达农村地区的财政投入。即使在经济发达地区的农村,政府的专项财政投入也相对较低,不发达甚至落后地区的农村公共文化建设资金的来源已经成为公共文化建设的难题。在资金来源方式上,农村地区如何发挥政府、市场、社会、个体的分担作用,利用自身优势吸引社会各类资金的加入就成了当前农村公共文化财政建设的重要内容。

第六,农村公共文化服务体系建设。作为农村公共文化建设的重要内容,农村公共文化服务体系建设包含农村公共文化服务的政策法规、设施机构、人才队伍、资金投入、服务主体的多元化、服务模式的建构等体制建设。相比农村公共文化建设而言,农村公共文化服务体系建设更注重"服务"方面,突出强调农民的主体地位、农民参与文化活动的热情、农民对公共文化建设的满意度等。

四、苏南农村

本研究中的苏南农村,特指江苏省苏州、无锡、常州的农村,苏南农村具备中国乡村的普遍属性,也富有特定的区域特色。目前中国的农村虽然是指行政村,但很多行政村是由村落合并而成,农村中依然保存若干传统的村落文化。中国农村的一般特性可以从以下方面加以认识:

第一,它是一种"共同体"。"共同体"是德国社会学家斐迪南·滕尼斯创造的概念,他通过对人类生活的观察,认为人类的群体生活有两种形式,即共同体和社会,乡村就是一种共同体。"一切对农村地区生活的颂扬总是指出,那里人们之间的共同体要强大得多,更为生机勃勃:共同体是持久的真正的共同生活,社会只不过是一种暂时的和表面的共同生活。因此,共同体本身应该被理解为一种生机勃勃的有机体,而社会应该被理解为一种机械的聚合和人工制品。"[①]共同体拥有的主要是"共同的思想记忆"和"精神的共同",通过人们形成的"默认一致"来体现。乡村成员拥有的"精神方面的共同感受或记忆",成了彼此紧密联系的关键纽带,彼此十分熟悉,能了解相互的全部个性,互动性强。对农村公共文化建设而言,村民们存有的"天然"紧密联系,消除了很多符号和意义理解上的障碍,奠定了村民们相互合作的重要基础,成为推动农村公共文化建设的有利因素。

第二,它是以"私"为根本的"熟人社会"和"半熟人社会"。传统的农村在滕尼斯眼中是"共同体",费孝通则用"熟人社会"来形容我国传统的乡村,虽然村与村之间有隔阂,但一个乡村内部是熟人社会。"在人和人的关系上也就发生了一种特色,每个孩子都是家人看着长大的,在孩子眼

---

① [德]斐迪南·滕尼斯.共同体与社会[M].林荣远,译.北京:北京大学出版社,2010:44-45.

里周围的人也是从小就看惯的。这是一个"熟悉"的社会,没有陌生人的社会。"① 当前我国有些农村还是熟人社会,有些已是"半熟人社会","村民住在一起,相互之间的交往却减少了,熟悉程度也降低了,村庄社会由以前的熟人社会变成了现在的半熟人社会。"② 但我国农村无论是"熟人社会"还是"半熟人社会",都是以"私"为根本。我国乡村和西方国家的乡村同属"共同体",但差异很大,表现之一就是在"公"与"私"关系的处理上,西方社会人与人之间关系的格局是"团体格局",团体界限分明,团体内的人熟知自己属于何种团体,这种区分也为周围人所了解。换言之,西方农村的"团体格局"的特点是公私分明。而中国乡村属于"差序格局""因为当他牺牲族时,他可以为了家,家在他看来是公的。当他牺牲国家为他小团体谋利益、争权利时,他也是为公,为了小团体的公。在差序格局里,公和私是相对而言的。"③ 而且,"团体道德的缺乏,在公私的冲突里更看得清楚。"④ 就本质而言,中国传统乡村里,私是根本,公是名义,即使有人谈论"公",标榜群体利益,这种"公"也只是表面的和形式的。新中国成立以后,我国农村在特定历史阶段实行过"大公无私"的农村公社制度,但因各种原因,"公共"和"公德"意识并没有真正建立,至今,村民们依然对农村公共事务存有冷漠态度。

第三,它是发展不平衡的场域。我国农村数量众多,发展不平衡的现实状况在全国各地都普遍存在。发展程度不同,表现出的农村发展态势也各异。经济相对发达的农村地区,一些农村已经纳入城乡一体化体系,另外一些农村在搞"田园乡村""美丽乡村"等特色建设。而经济落后的农村依然封闭。"空心化"曾经是很多农村地区的实际状况,若干惠民政策实施以后,现在农村又出现人口回流现象。此种人口回流包括曾经外出的农村劳动力的回流,又有从事非农业劳动的人口进入,我国农村总体上呈现人口外出与回流并存、从事农业劳动的农民人数下降和居住在农村地区的人口数量上升并存的交错现象。农村处在急速变动时期,一些地区的农村出现"复兴"现象,传统保留较多的农村,又受到现代元素的浸

---

① 费孝通.乡土中国[M].北京:外语教学与研究出版社,2012:9.
② 贺雪峰.乡村社会关键词[M].济南:山东人民出版社,2010:232.
③ 费孝通.乡土中国[M].北京:外语教学与研究出版社,2012:53.
④ 费孝通.乡土中国[M].北京:外语教学与研究出版社,2012:67.

润,各种因素已使农村成为复杂的场域。

苏南农村具备了中国农村的一般特性,也富有鲜明的区域特色。一是经济发展水平很高。苏南地区在中国历史上一直是鱼米之乡和工商业发达的富庶之地,新中国成立后,家庭联产承包责任制的推行,苏南乡镇企业的蓬勃发展,1990年以后市场经济的实行和现代企业制度的建立,使得苏南农村经济得到迅猛发展。二是苏南地区的历史文化资源极其丰富。苏南地区属于吴文化区域,历史悠久,文化底蕴深厚,历史上的无锡和常州是吴文化的发源地,苏州则是吴文化的核心区域和发祥地。"文化的差异性开始成为角逐进入全球化文化格局的重要砝码,是保障和建设国家或地区文化主体性的重要杠杆。"[1]苏南地区的特色文化是当地地域文明的展现,有利于唤起当地人民的自豪感和自信心,形成文化自觉和文化认同感。三是苏南地区是我国城市化进程较快、现代化程度较高的地区,最先面临传统公共文化的传承与发展问题。

概言之,农村的一般特性预示着农村公共文化建设应该异于城市公共文化建设,即使是城乡一体化地区的公共文化建设,也应该结合发展中农村的特点,在具体政策、方式和手段运用上与城市公共文化建设相区别。由于农村内部的发展也存在着不平衡,农村公共文化建设更应该结合各地农村实际情况,因势利导,在坚持原则性的同时保持一定的灵活性。

第二节　西方发达国家关于农村公共文化建设的理论资源

一、公共哲学理论

20世纪西方社会的公共生活出现了衰败现象,理论家们普遍对此进

---

[1] 林秀琴.20世纪80年代以来台湾文化政策的演变[J].福建论坛·人文社会科学版,2011(8):60.

行了深刻的反思。他们认为,导致西方经济取得极大发展的个人主义的文化基础是人们漠视公共生活的根本原因,为此,要复兴以往生动、丰富的公共生活,就需要对个人主义进行深刻地批判。正是在这样的背景下,公共哲学兴起继而发展,从一般的公共哲学到公共政治哲学,都围绕人类的公共生活展开讨论。

一般公共哲学的代表人物主要有李普曼和贝拉,他们都倡导公共生活对国家和社会发展具有重要意义。公共政治哲学主要包含自由主义、共和主义、社群主义几个块面。自由主义是西方社会的主流思想,在20世纪70年代发展为以罗尔斯为代表的新自由主义。自由主义和新自由主义的理论要旨是一致的,都表现为对个人权利的高度推崇,认为个人权利优先于善,以个人为出发点和价值旨归,善最终体现为个人追求的目标,个人价值高于一切,国家和其他的共同体只是个人价值目标实现的工具。共和主义理论强调,人们自由目标的实现取决于共同享有的自治,只有积极参与共和国的公共生活,人们才是真正自由的。社群主义也是20世纪80年代在批判新自由主义理论基础上兴起的,代表人物有泰勒、麦金太尔、桑德尔。在社群主义者看来,共同体的善高于个人的权利,共同体是先于个人而存在的,个人总是存在于特定的已有的群体环境中,社群公共利益和善的实现是个人权利实现的保证,共同体的善由此成为最根本的、也是最高目的。"离开相互依赖和交叠的各种社群,无论是人类的存在还是个人的自由都不可能维持很久",[①]"社群主义的理想强调,人既要有自己的生活,又需与安身立命的社群契合无间、唇齿相依,为这种理想辩护的理由是双重的……社群主义理想与社群主义本体论是等量齐观的,前者并非来自后者。"[②] 自由主义、共和主义、社群主义尽管在主要观点上存在明显差异,但共性表现为都探讨了人类的公共生活。只不过在自由主义者那里,公共生活是工具,是为个人权利的实现服务的;而共和主义和社群主义都强调共同体对个人权利的根本决定作用,也即在何为根本、何为优先、何为目的这些问题上,各派别的政治哲学理论持有不同

---

① 俞可平.社群主义[M].北京:中国社会科学出版社,1998:1.
② [美]丹尼尔·贝尔.社群主义及其批评者[M].李琨,译.北京:生活·读书·新知三联书店,2002:84.

看法。另一共性在于,几种理论都认为"公""私"概念彼此相互依存,"公"的概念建立在"私"的概念基础之上,是通过"私"来获得自身内涵的规定性的,无"私"则无"公"。除此,几种理论一致赞同,"私"与"个人"对应,"公"与"公共"对应,人类生活有私人生活和公共生活两大基本领域,这两者都是必需的。社群主义尊重个人权利,自由主义也承认公共生活的必需。对于个人和共同体之间的关系,理性地看,二者是相互依存、相互作用的辩证统一关系,不能作出非此即彼的简单论断。片面、绝对强调个人权利会导致人们远离和漠视公共生活,使公共伦理道德走向衰败。片面强调共同体则易造成国家公共权力沦为专断权力,造成个人正当利益被肆意践踏的严重后果。因此应该将二者兼顾、统一起来审视彼此的互动和影响。

总体而论,公共哲学都强调了人类公共生活的必要性和重要性。尽管很多思想家并没有明确以"公共文化"一词来阐述观点,但其中共同体的善和美德等内容本身即是公共文化。学者们对共同体的理解也各不相同。不可否认的是,共同体的规模有大小之分,大的共同体有城市和国家;村落、教区等属于中等规模的共同体;小规模的共同体,如家庭、实验室。社群主义者桑德尔论述的共同体,是在国家这一层面展开论述的。麦金太尔论述的共同体基本上都是规模偏小的共同体。无论规模大小,共同体都意味着非个体的公共,共同体的善、利益、生活就是一种公共的善、公共利益、公共生活。而建立在公共生活基础之上的公共精神、公共意识、共同的价值观、公共的善都属于公共文化。

公共哲学理论为人类公共生活在当代的重建奠定了重要的理论基础,也为丰富的公共文化的延续与发展提供了理论依据。农村是重要而独特的共同体,在现代化过程中,农村某些层面的公共性有所弱化,但依然不失共同体的特性,可以通过公共文化的建设加强农村公共性,最终显现出公共生活对农村生活和农村发展的重要意义。

二、现代化理论

现代化是用来描述16世纪以来人类社会变迁过程的术语,对这一历史过程全面、深入地描绘、解释、分析、预测形成了关于现代化的各种理论。20世纪50、60年代是西方现代化理论的繁盛时期,由于现代化进程的持续推进,人们愈益重视人类自身的发展方向。结合20世纪后半叶的世界现代化发展实践,人们已经认识到,现代化是全方位、多层次的变化过程,包括经济现代化、政治现代化、文化现代化、农业现代化、工业现代化、城市现代化等,彼此因交互作用构成复杂的现代化图景。其中,与本研究相关的是文化现代化和人的现代化,二者为文化建设、公共文化建设奠定了重要的理论基础。

无论是理论还是实践,人们将文化与现代化联系起来进行研究的开始时间较晚,虽早有韦伯关于新教伦理对资本主义生产有促进作用的著述,但把文化作为主位视角,来关注现代化的发展则是20世纪中后期的现代化理论的研究热点。当时,亚洲一些国家和地区的经济发展异常迅猛,引起了很多学者的关注,他们试图找到该种经济活力背后的因由。一些学者设想,东方独特的儒家文化也许是现代化发展的推力,为此,他们进行了相关的理论和经验研究。美国学者彼得·伯格借用了经济学上的"比较利益"概念,认为文化也具有"比较优势"的变量,也许在很长时间内,文化的作用并不明显,但在特定环境下,一旦具备合适的条件,文化就会爆发出巨大的威力。亚洲的儒家文化即是如此,它蕴含的节俭、勤奋、重视教育、注重和谐和秩序、对权威的忠诚等传统思想对现代化发展具有重大意义。上述内容都是对文化功能的一种探索。如今,文化的能动作用已然显现,正是基于文化的能动性作用,世界各国都加强了包括公共文化在内的文化建设。

作为现代化的主要内容和目标,文化现代化很难用数据等客观指标衡量。通常,人们认为文化现代化的内涵应该包括两个方面:一是文化多样性形态的存在,文化应该是多样的、丰富的。二是文化现代化强调文化的主体是类群体"人"。以类群体"人"为主体的文化,应该有共性的内在要求,如人们之间的互相尊重与理解、对他人的信任,"增强对他人和周围环境的关心;增强对自我发展和变动能力的评价;日益重视作为人类存在有意义的短暂一段的现在;日益意识到他人的尊严并日益注重尊重他人;个人日益感觉到'自己所生活的世界是可靠的,周围的人和体制是可信赖的,他们会履行自己的使命和责任';……学者们还含蓄地或明确地承认,理性主义、人道主义、适合时宜性,以及改善今世而非来世的人类生活条件的必要性,构成了现代化文化观的标志。"①理性主义、人道主义、适合时宜性都是对人的发展要求,体现了以人为本的理念,表明了一种节制的态度,包含了对他人的理解、同情、尊重。人类自身意识到人是在与他者的紧密依存关系中存在的,越来越关注类群体的"人"的关系,这是人类公共意识的提升和公共文化的展现,发展公共文化成为文化现代化的要义之一,通过建设公共文化实现公共文化的发展目标即不言而喻。

现代化进程中,不能忽视"人"的现代化。人的现代化是现代化的先决条件、基本内容、重要动力、根本指向。作为人类的历史进程,现代化的主体是人,最终的发展也是以人为本和为人服务。20世纪60年代,美国社会学家阿历克斯·英格尔斯提出了人的现代化理论。他强调,人的现代化不是现代化过程结束以后的附属物,而是现代化的经济和制度成功的先决条件,"在整个国家向现代化发展的进程中,人是一个基本的因素。一个国家,只有当它的人民是现代人,它的国民从心理和行为上都转变为现代的人格,它的现代政治、经济和文化管理机构中的工作人员都获得了某种与现代化发展相适应的现代性,这样的国家才可真正称之为现代化的国家。"②即现代化过程中,人也要从传统走向现代,要转变成具有现代人格、获得现代性的人。英格尔斯相应提出了现代化的人应该具备的一些特征。综合来看,学者们一致认为现代人起码应该具备主体意识、公民意识、公共意识、责任意识、创新意识、群体意识、平等意识等。其中的公共意识、责任意识、群体意识强调,现代化发展进程中的人不是单独存在,而是在各类复杂关系中存在和发展的。随着现代化向纵深发展,人们之间的关系愈加紧密。"关系"既是人类活动的形式,也是人类获得继续发展的保证,这种关系的基础即是"公共",是建立在一定数量的而非单一个体的"人"之上的联系。换言之,人的公共精神和公共责任感的培塑是人的现代化的基本内涵。由于现代化包含城市化的推进,人的现代化既有城市人的思想观念的转变,也包括农民的现代人格的确立。一国的农民是否具有宽容、理性、人道主义、公共精神、公共责任等意识,关乎整个国

---

① [美]塞缪尔·亨廷顿,等.现代化:理论与历史经验的再探讨[M].张景明,译.上海:上海译文出版社,1993:33.
② [美]阿历克斯·英格尔斯.人的现代化[M].殷陆君,译.成都:四川人民出版社,1985:5.

家的现代化进程的推进,农村公共文化建设即成了人的现代化建设的题中之义。

三、文化可持续发展理论

继社会可持续发展成为人类共识之后,文化的可持续发展也逐渐为人所认识。文化的可持续发展指的是文化在演变过程中,要保持内在优良品质的持久,以达到文化价值的自我实现,为此人们必须采用有效的、长远的方法,来维护文化系统的平衡。可以从以下三个角度详细了解文化发展的可持续性:

1. 文化变迁角度

文化变迁的方向和结果有多种可能性,一些古老灿烂的文化或文明走向了消亡,一些文化则凭借顽强的生命力持续至今,还有一些文化与其他形态的文化相融合以新的面貌出现。今天,人类对于文化变迁的理智态度是尽力保持和实现文化的可持续发展。此种目标的实现取决于对于文化变迁问题能否有效处理,而文化变迁本身的复杂性使得人类实现可持续发展的目标并非易事。不过,随着人的主观能动性的增强,文化可持续发展也可以成为现实。美国社会学家威廉·奥格本指出,文化在变迁过程中,文化的各个组成部分的变迁速度是不一致的,物质文化的变迁速度快于非物质文化。非物质文化的变迁过程中,制度首先发生变化,其次是风俗、民德发生变化,最后是价值观念发生变化。由于文化各组成部分变迁速度的差异导致了一些社会问题的出现。解决问题的关键是人类主体行为的施行。因此,人们可以通过有意识、有目的的社会实践活动参与到文化变迁过程中,把握和引领文化变迁的方向。这一过程也是文化建设过程。

2. 文化生态学角度

文化产生于特定的环境,其发展也依存于特定环境。对文化可持续发展的考量则必须关注文化环境,把文化和环境联系起来的文化生态学理论对文化可持续发展有重要的启迪意义。文化生态学(Cultural Ecology)是产生于20世纪中叶的跨学科研究领域,是生态学研究和人类学研究融合的产物。美国人类学家斯图尔德被公认为是此理论的创立者,他于1955年在其著作《文化变迁的理论》中首次提出文化生态学概念。不仅如此,他还详细阐述了文化生态学理论的内容。他认为,文化生态学是"解释那些具有不同地方特色的独特的文化形貌和模式的起源"[1]的理论,两个关键词"文化内核"和"文化生态适应"可以概括斯图尔德理论的基本内容。文化内核是文化系统中最核心的部分,即生产和生活方式。文化生态适应的意思是文化要适应其所存在的环境。后来人们对于文化生态学理论的批评也是聚焦于"适应"一词。进化论的"适者生存"原则曾经被应用于人类社会,产生了社会进化论学说,由于忽视了政府和社会的能动作用,社会进化论一直为人所诟病。显然,人们对于文化生态适应的批评也集中在对"适应"的理解,认为"文化生态学"过于强调文化对环境的适应,忽略了文化对环境的影响和改造的能动作用,文化被看成了被动因素。一些学者认为文化生态学不过是环境决定论的变种。这种批评实际上并不客观,文化和环境之间存在复杂的交互作用和因果关系,这种常识斯图尔德当然明了,他只是站在文化变迁的角度,强调文化生存发展必须的适应性,不能因为他没有过多阐述另一面就认为他有此理论缺陷。还有一类批评是对于文化生态学研究的批评,认为文化生态学的研究过于具体,研究内容偏重某一具体环境中的文化,或者是文化的某一方面,且文化生态环境大多是在农村区域。无论是对斯图尔德理论的误读,还是存在中肯的批评,20世纪后半叶的文化生态学继续发展,它立足于文化和环境的相互作用和互为因果的关系,开始注重文化生态系统的动态平衡,由此导致文化和公共文化建设实践中,文化生态平衡成了文化可持续发展的重要衡量标准和体现。

3. 文化多样性角度

保持文化的多样性是文化可持续发展的内容之一。多样的生态环境产生了多样的文化,不同的国家、民族、地区存有相异的文化。随着全球化进程的推进,一方面大量传统文化面临消亡的困境,如农村数量急剧减少,带来了附着于农村场域的物质和非物质传统文化的消逝。技术文化却表现出趋同的发展景象,如飞机场和地铁站等设施建设的标准化和统一化。另一方面,文化之间的碰撞、交流、融合又提供了若干契机,促成各

---

[1] [美]唐纳德·L.哈迪斯蒂.生态人类学[M].郭凡,邹和,译.北京:文物出版社,2002:8.

类混合文化新形态的出现。这两股潮流相伴而生,并行不悖。人们担心全球化会使文化同质化和单一化,更希望保留文化的丰富多样,这是人类对于文化巨变的理性反应。文化多样性的益处也日益显现。首先,它是创造力的源泉。正是由于不同文化之间的联系、交流、合作,才促使新创意的不断产生;其次,文化多样性可以使人们感受到不同文化的特色美,激起人们审美意识上的愉悦。文化多样性还能让人们感受到不同文化适应环境的不同能力和技术,能够启迪自身思维;最后,文化多样性是文化生态系统维持平衡和人类社会充满活力的保障。对于有能力控制社会变迁的人类而言,应该尊重他者文化,通过尊重民族性、地域性、差异性的文化等实践行为,来保持文化的多样性和文化的可持续发展。这在实践中已有体现,正是由于人类采取积极的行动,制定各项文化保护的法律政策,才有效保护并传承了传统文化。

西方的文化可持续发展理论,不仅推动了文化学理论研究的发展,还成了重要的方法论,广泛应用于西方公共文化建设领域,用来指导公共文化设施建设,历史名城、名镇、名村的规划,公共文化活动的开展,传统文化遗产的保护等实践活动都获益于此。

四、社会资本理论

社会资本是 20 世纪后半叶西方学术界普遍关注的跨学科研究对象,涉及经济学、政治学、社会学等多个学科研究领域。主要代表性研究者有布迪厄、科尔曼、普特南、福山、奥斯特罗姆等。他们围绕社会资本的概念界定、主要内容、形成条件、主要功能等进行了系统研究。从社会资本理论的内容分析来看,社会资本理论实质上是一种关于"公共"的理论,尤其是社会资本与公共文化之间,存在着天然、紧密、细致的复杂关系,从而使得社会资本成了西方公共文化实践考量的重要因素,社会资本理论由此也成为西方公共文化建设实践遵循的重要理论。

布迪厄是人们谈论社会资本问题时必须要提及的重要学者,是他把资本这一经济学概念引入到社会学的研究领域,提出了资本有经济资本、文化资本、社会资本之分。三者在其论述中的地位并不相等,相比其他两者,社会资本是次要的。布迪厄是著名的文化社会学学者,他的研究兴趣主要在于文化,着力说明的也是文化资本,社会资本只是附带论述,属于边缘性概念,但布迪厄的社会资本概念无意中为后来的研究提供了重要的理论视角与分析框架。布氏理论的核心概念"文化资本",大意是指主体积累起来的与文化有关的资源与资产,表现为知识、修养、绘画、书籍、文凭、学历等形态,这与本书的研究主题几无关联,在此不作赘述。科尔曼进一步拓展了社会资本的内涵和功能。他强调,社会资本不仅有益于个体利益的增加,更可有效解决集体的公共麻烦,这凸显了社会资本与公共领域的紧密联系。继前人学者们的学术铺垫,美国哈佛大学教授普特南对社会资本概念的界定广为人们接受。他通过对意大利的实证研究发现,制度绩效的关键就在于社会资本。"社会资本是指社会组织的特征,诸如信任、规范以及网络,它们能够促进合作行为来提高社会的效率。"[1]信任、规范、网络成为后来人们分析社会资本的三个向度,三者都是针对非个体的"关系",表明一种"公共"领域的存在,也即社会资本自始至终是在公共关系中产生、运作和发挥作用的。普特南的研究还揭示了社会资本和公共文化的关系。他在研究中注意到,意大利治理较好的地区正是历史上存在"公民共同体"(各类社团组织)较多的地区,这些地区有公民文化的传统,群体的公共文化是社会资本产生的重要基础。在共同文化的背景下,人们对群体内语言、手势、表情等符号的含义有一致的理解,彼此容易信任和沟通,能形成各种非正式规范,最终达成有效合作。埃莉诺·奥斯特罗姆对此也有过明确阐释,她通过对历史上各类公共资源问题的解决方式的调查研究指出,人类是有能力解决公共资源被滥用的"公共地"悲剧的,非正式规范的自行组合即是表现,这种自行组合是灵活多样的,在不同时期不同领域,人类都可以自由创造。自行组合的过程也就是社会资本的形成过程。奥斯特罗姆还提出了实现自行组合也即社会资本的形成条件,如群体规模不能过大、群体界限分明、群体成员要有长期的经常的交往、群体共同文化的先存等。其中群体公共文化的先存是社会资本形成的基础性条件之一。"建立合作规范,往往有一个前提,即群体的成员先前已有一套共同遵守的规范。……文化有助于人们识别真假,认出谁是合作者、谁是骗子,以及传递行为规则,使得群体内部的行动

---

[1] [美]罗伯特·D.帕特南.使民主运转起来[M].王列,赖海榕,译.南昌:江西人民出版社,2001:195.

易于预测。"①

既然公共文化是社会资本产生的必要条件,建设公共文化无疑可以创造社会资本。西方公共文化实践已经把形塑社会资本作为重要目标应用其中。比如,公共文化设施具有把人们联系到一起的功能,成了创造社会资本的重要环境,在公共文化场馆的建设方面,无论是硬件建设还是软件建设,始终都要注意公众对"公共"理念的感受和需求,再通过公共文化活动的开展,加强人们之间的互动、交往,培养彼此的信任感,最终实现合作。我国农村无疑是具有悠久公共文化和丰富社会资本的场域,今天农村很多问题的解决还是依靠非正式规范和传统习惯,表明了传统社会资本力量的强大,当前通过建设农村公共文化来培育新的社会资本,已经是我国政府实现农村和社会善治的理性选择。

五、治理理论

治理(Governance)并不是一个新词,早在14世纪就已经开始被人们使用。传统含义是指国家、政府或君王的统治、管辖、控制与支配。从20世纪70年代开始,伴随全球化进程的加速推进,治理一词被赋予新的含义,各学科领域的学者们纷纷从不同角度对治理加以阐释和解读。治理理论家罗伯特·罗茨认为:"治理标志着政府管理含义的变化,指的是一种新的管理过程,或者是一种改变了的有序统治状态,又或是一种新的管理社会的方式。"②英国学者格里·斯托克概括了治理的五方面特征:第一,治理指出自政府,但又不仅限于政府的一套社会公共机构和行为者,即治理主体构成超出政府的组织体系;第二,治理是指在为社会和经济问题寻求解答的过程中,存在着行动界限和责任方面的重新分配,即公开政策执行走向分散化,多个行动主体分担管理职能;第三,治理一定是在涉及集体行动的各个社会公共机构之间存在着权力的相互依赖关系;第四,治理指社会中行为组织者的自主、自治管理;第五,治理观念认定,提高公共服务的能力并不只在于政府是否下命令或运用其权威,而在于政府与

---

① [美]塞缪尔·亨廷顿,劳伦斯·哈里森.文化的重要作用[M].程克雄,译.北京:新华出版社,2013:156.
② [英]罗伯特·罗茨.新的治理[A].俞可平.治理与善治[M].北京:社会科学文献出版社,2000:86.

公民社会之间广泛的公共关系,但政府可以动用新的治理工具和技术来控制和引导其发展,政府的能力和责任就在于此。①

可见,治理的基本内核可以概括为三个方面:其一,治理具有多元主体。政府不再是公共事务管理的唯一主体,参与治理活动的组织和机构等都是主体,包括国家的、非国家的、政府的、非政府的、营利的、非营利的组织机构。其二,治理是一个包含各种复杂关系的网络。其三,治理蕴含着高度的授权和分权,组织高效运转的实现取决于分离的权力须有机有效地整合。

托马斯·库恩在其经典著作《科学革命的结构》中提出"范式"一词并作出界定:"按照其已确定的用法,一个范式就是一个公认的模型或模式(Pattern),在这一意义上,在我找不出更好的词汇的情况下,使用'Paradigm'(范式)一词似颇合适。"②"我选择这个术语,意欲提示出某些实际科学实践的公认范例——它们包括定律、理论、应用和仪器在一起——为特定的连贯的科学研究的传统提供模型。"③他认为,思想和科学的进步是由新范式代替旧范式所构成的,当旧的范式不能更好地描述、解释和说明新的情况时,就需要一种更加令人信服的范式来取代它。治理无疑已经成为这样一种范式。"治理"的演进中,治理理论和治理实践早已彼此交融、相互补充和促进,可以断言,"治理"已经成为概括、说明、阐释、引领社会发展的理论和实践范式。④ 治理范式早已突破政府主体的领域,进入更加广阔的领域。如今,国家治理、社会治理、文化治理等众多术语的出现都表明了治理范式应用领域的拓展。

西方公共文化建设中融入了丰富的治理理念,公共文化建设主体的多元化、公共文化建设资金来源的多元化、私人组织、志愿组织和公民等社会力量的积极参与、多种社会组织和关系的紧密协作形式的出现都受

---

① [英]格里·斯托克.作为理论的治理:五个论点[A].俞可平.治理与善治[M].北京:社会科学文献出版社,2000:34.
② [美]托马斯·库恩.科学革命的结构[M].金吾伦,胡新和,译.北京:北京大学出版社,2003:21.
③ [美]托马斯·库恩.科学革命的结构[M].金吾伦,胡新和,译.北京:北京大学出版社,2003:9.
④ 纪丽萍.我国文化建设中的地方政府职能分解与重构——基于治理范式[J].兰州学刊,2013(6):197.

到治理理论的启迪,也是治理理论的实际应用。在此仅举一例加以说明,即公共文化设施或活动的资金来源。众所周知,文化虽然可以带来丰厚的利润,但文化不能沦为营利的工具,否则会失去自身的价值与意义,特别是公共文化设施的建设和公共文化活动的举办,需要投入的成本很高,而其自身又不属于商业目的的领域,资金来源则成了难题。欧洲一直有国家或政府资助公共文化事务的传统,国家的财政投入对公共文化事务的发展起了决定性的保障作用,但当前,完全由政府来承担公共文化事务的资金投入也造成了政府的财政压力。而且,政府权力的参与对公共文化事务也不是全然有益,容易导致政治权力过渡干预和控制公共文化事务,甚至出现为了特别的政治目的,主观编造虚有的群体文化历史或民族文化历史的现象,使得公共文化沦为服务政治权力的工具。不过,应该生产什么样的公共文化,不应该生产何种公共文化,最终还是应该由政府决定,也即在公共文化事务的道德评判机制上,政府承担理所应当的责任。换言之,政府在公共文化事务上有自己应该明确的责任和职责范围。市场是公共文化事务资金投入的又一来源,但是公共文化关乎社会利益,也不能全部交由市场负责,因为市场最关心何种文化能够赚钱,此种规则也容易扭曲公共文化活动。当前,西方国家的公共文化建设的资金来源,就是在治理理念的指导下,由政府、市场、社会(社会组织、志愿组织、公民个人)共同分担,而且他们之间创建了各种促进彼此有效协作的机制和模式。例如,建造一个城市公园,建造资金来源于政府拨款、企业赞助、社会资助、私人捐献等途径,公园建成以后,在公园管理制度上,让邻里、社会组织或公民个人共同参与维护和管理,政府提供膳食费用,用来支付给志愿组织和个人,个人或组织进行日常的维护和管理,相关的职责以制度方式一一明确。通过这样的合作,不仅减轻了某一主体的压力,而且培养了协作能力,更重要的是,通过参与公共设施的管理,个人或组织意识到,公共设施是"我们的",从而培养了主人翁意识和提升了公共责任感。治理理念使得公共文化设施的建设和公共精神的建设很好地融为一体。

第三节　马克思列宁主义农村公共文化建设思想的产生及发展

马克思主义农村公共文化建设思想的产生要追溯到马克思。马克思的著述看似主要论述经济和政治问题,实际上,丰富深邃的文化与公共文化思想也蕴含其中。马克思对文化问题的阐述是以系统的方式进行的,即从文化与经济、政治、社会的复杂关系中去把握文化,这既展现了其文化理论研究视野的广阔,更是马克思倡导的辩证唯物主义的生动体现。在马克思的公共文化思想基础上,列宁进一步发展了马克思的公共文化思想,他结合苏维埃俄国的社会主义建设实践,明确提出了农村公共文化建设思想,不仅实现了理论与实践的紧密结合,也展现了从一般性公共文化思想到专门性公共文化建设思想的理论转变。

一、马克思的公共文化思想的五大内核

在马克思、恩格斯的经典著作中,明确以"文化"或"公共文化"出现的论述很少,大多时候,以其他一些表征词语,如意识、精神、思想、意识形态来指代,由于公共文化是文化的重要类型,文化的特性同样涵盖公共文化,由此可以梳理出马克思关于公共文化的五大思想内核。

(一)公共文化理论的唯物主义解释

辩证唯物主义是马克思主义理论的基本逻辑,马克思正是在对以往的唯心主义和机械唯物主义进行批判的基础上建构了其辩证唯物主义的文化观。他强调,社会的经济结构决定社会的政治和文化,文化是在一定的物质生产结构上产生并为之服务的。马克思偶尔用"制约"来描述经济因素的作用,"权利绝不能超出社会的经济结构以及由经济结构所制约的社会的文化发展。"[①]但绝大多数时候他用"决定"来形容相互关系,明确表达了他的经济决定论观点。他认为,物质生产决定精神生产,精神生产

---

① 马克思,恩格斯.马克思恩格斯文集(第三卷)[M].北京:人民出版社,2009:435.

是物质生产的产物。"思想、观念、意识的生产最初是直接与人们的物质活动,与人们的物质交往,与现实生活的语言交织在一起的。人们的想象、思维、精神交往在这里还是人们物质行动的直接产物。表现在某一民族的政治、法律、道德、宗教、形而上学等的语言中的精神生产也是这样。"①"而发展着自己的物质生产和物质交往的人们,在改变自己的这个现实的同时也改变着自己的思维和思维的产物。不是意识决定生活,而是生活决定意识。"②除了强调物质生产对文化的决定作用,马克思还辩证地阐明了文化的巨大能动作用。文化产生以后,不是消极被动的,而是具有了相对的独立性和巨大的能动性,反作用于经济基础和政治上层建筑,并与之相互推动或牵制,开始了文化、经济、政治之间盘根错节的互动历程。"政治、法律、哲学、宗教、文学、艺术等的发展是以经济发展为基础的。但是,它们又都互相影响并对经济基础发生作用。这并不是说,只有经济状况才是原因,才是积极的,其余一切都不过是消极的结果,而是说,这是在归根到底不断为自己开辟道路的经济必然性的基础上的相互作用。"③经济基础对于包含文化在内的上层建筑起着"决定性"作用,而文化也对经济基础等要素存在反作用,这是马克思辩证唯物主义文化观的体现,也是区别于唯心主义和其他文化观的重要标志。韦伯的著作《新教伦理和资本主义精神》使其声名远播,但韦伯只不过发现了美国的基督教文化对美国资本主义生产力发展具有的巨大推动作用,也即,韦伯局限性地看到了文化的反作用,而对于美国基督教文化来源于特定的物质形态这一事实,他完全忽视。马克思却用独特的眼光,全面、深刻地洞悉了文化与其他因素之间的错综复杂的关系,并明确形象地揭示出来。

马克思的文化观不仅是辩证唯物主义的文化观,还是实践的文化观。马克思特别强调实践在人类历史发展和文化发展过程中的作用。离开了实践,一切都无从谈起,起决定作用的物质生产活动本身即是实践活动。意识产生于实践,也只有在现实实践活动中,意识才会真正发展。"在思辨终止的地方,在现实生活面前,正是描述人们实践活动和实际发展过程

---

① 马克思,恩格斯.马克思恩格斯文集(第一卷)[M].北京:人民出版社,2009:524.
② 马克思,恩格斯.马克思恩格斯文集(第一卷)[M].北京:人民出版社,2009:525.
③ 马克思,恩格斯.马克思恩格斯文集(第一卷)[M].北京:人民出版社,2009:526.

的真正的实证科学开始的地方。关于意识的空话将终止,它们一定会被真正的知识所代替。"①在实践基础上展开的人类活动,带来了各种变化,包括物质生产的发展、分工的变化、意识的进步,到一定历史时期,城乡对立也相应出现,"一个民族内部的分工,首先引起工商业劳动同农业劳动的分离,从而也引起城乡的分离和城乡利益的对立。分工的进一步发展导致商业劳动同工业劳动的分离。"②"分工只是从物质劳动和精神劳动分离的时候起才真正成为分工。从这时候起意识才能现实地想象:它是和现存实践的意识不同的某种东西;它不用想象某种现实的东西就能现实地想象某种东西。从这时候起,意识才能摆脱世界而去构造'纯粹的'理论、神学、哲学、道德,等等。"可见,在实践基础上,物质生产、分工、意识等相互作用,共同成长,文化的发展轨迹必须从人类实践活动中去寻找。

马克思辩证的、实践的唯物主义文化观意味着,公共文化作为文化的一部分,无疑也是产生于特定的物质基础之上,同时反作用于经济基础,也即马克思公共文化观也是实践的、辩证唯物主义的文化观,这应当成为当前我国农村公共文化建设的重要理论指导。农村公共文化建设是实实在在的实践活动,只有在农村公共文化建设实践活动落实和开展的现实基础上,农村公共文化建设才会取得良好效果。另外,还要关注经济的基础性保障作用和公共文化的能动反作用,在公共文化建设和经济建设、政治建设之间建构起良性关系,促使农村社会的文化、经济、政治协同发展。

(二)以"人"为主体的公共文化生成与发展论

如上所述,马克思主义的文化观是实践的、辩证的、唯物主义的文化观。马克思对人类意识、文化的论述都是围绕着人的物质生产和实践活动而展开的,文化是在物质生产实践基础上逐渐形成的,并与物质生产相适应。文化一经形成,就产生了对物质生产活动的反作用,在相互作用的复杂关系中,物质生产活动、文化都得到了发展,这一过程自始至终都离不开"人"这一主体。无论是物质生产活动、实践活动,还是意识,其主体都是"人"。意识只是"人"的意识,在自然界中,除了"人"之外的动物行为

---

① 马克思,恩格斯.马克思恩格斯文集(第一卷)[M].北京:人民出版社,2009:520.
② 马克思,恩格斯.马克思恩格斯文集(第一卷)[M].北京:人民出版社,2009:534.

和简单的本能反应,都不能称之为实践或意识。意识和人不可分离,相互依存,在"人"这一指称形成时,意识也形成了。这一过程伴随着思维、语言、手势、意义、符号、认知、情感、意志等的产生与发展,最终促成了统一体"意识"的产生。人脑作为意识产生的物质器官也得到了发展,一些动物的"聪明"的活动都只是简单的行为重复,其大脑发育无法达至人脑的智慧。换言之,物质生产发展过程、人类实践活动、人脑的发展、意识的形成、人类文明或文化的形成过程,都属于同一过程的不同层面。物质生产实践是基础,决定了其他因素的产生,但其他因素产生后,与物质生产和实践的关系就愈加错综复杂,甚至形成互为因果的关系。但各种关系都是以"人"为中心展开的,"人"是马克思阐述所有社会问题的逻辑基点。"我们的出发点是从事实际活动的人,而且从他们的现实生活过程中还可以描绘出这一生活过程在意识形态上的反射和反响的发展。甚至人们头脑中的模糊幻象也是可以通过经验来确认的、与物质前提相联系的物质生活过程的必然升华物。因此,道德、宗教、形而上学和其他意识形态,以及与它们相适应的意识形态便不再保留独立性的外观了。"[①]通过人的实践活动、打上人类活动印迹的世界成了人化的文明世界,人类通过物质实践活动改造了自然,"人"自身也得到了改造,"人"进一步获得内涵和能力的提升,由最初的弱小、被动逐渐变得强大、主动,"人"的主体性也继续拓展,更具备了创造性和能动性。人化的结果或状态即是文化,文化是"人"的文化,"人"是文化的主体,离开了"人",无文化可言,也无法想象脱离文化的抽象的"人"存在,"人"与文化相伴而生、互相作用、共同发展。人由此成了文化产生与发展的主体,同时,"人"不是离群索居、虚幻、固定不变的人,而是处于特定环境中的、不断发展的大写的"人",是包含各种关系的类群体的"人",各种关系的存在即是"公共"存在。因此,人无疑也是公共文化产生与发展的主体。

在农村公共文化建设中,人是农村公共文化建设的主体和价值旨归。在主体性上,人既是公共文化建设的主体,也是公共文化的主体,承担公共文化建设政策的制定者、执行者、监督者等各种角色。双重主体、多重角色的特性要求农村公共文化建设必须始终以人为核心,以人为根本,为

[①] 马克思,恩格斯.马克思恩格斯文集(第一卷)[M].北京:人民出版社,2009:525.

人服务。人自身存在的积极性、创造性、能动性等属性,又成了重要的人力资源和资本,对农村公共文化建设起着推动作用。因此,在农村公共文化建设中,要注意调动人的积极性,发挥人的创造性,同时彰显为人服务的目的性。

(三)作为意识形态的公共文化是"阶级利益的维护"意识

意识形态是个历史概念,其内涵也存在复杂的嬗变过程。今天人们只是取其内涵的不同层面加以应用。我们主要考察马克思的意识形态理论和文化观的核心要义。马克思的文化理论里面,意识形态是"文化"的众多表征词语之一,有时候其等同于文化,有时又内涵于文化。马克思在批判德国青年黑格尔派的错误思想——以"意识"反对"意识"的唯心主义观时,他称德国青年黑格尔派为意识形态家,从而提出了意识形态概念。"既然根据青年黑格尔派的设想,人们之间的关系、他们的一切举止行为、他们受到的束缚和限制,都是他们意识的产物,那么青年黑格尔派完全合乎逻辑地向人们提出一种道德要求,要用人的、批判的或利己的意识来代替他们现在的意识,从而消除束缚他们的限制。"[①]马克思意在表明,德国青年黑格尔派认为一切问题的根源是意识错了,如果意识正确了,问题就解决了,他们解决问题的方式是以正确的"思想"取代错误的"思想"。在马克思看来,这种看法终究是一种脱离实践的唯心主义观点。在对唯心主义错误观点进行批判和对物质生产实践活动进行阐释的基础上,马克思表明了他的意识形态内涵。意识形态指的是建立在有限的物质生产实践基础上的思想,该思想因为要维护统治阶级的利益,对社会矛盾没有正确揭示。由此可见,马克思的意识形态概念是从否定的、批判的意义上提出的。换言之,意识形态术语在马克思那里,它指的是一种思想,是一种维护统治阶级利益的思想,而且这种思想可能是错误的思想。意识形态作为维护统治阶级的思想形态,这一思想精髓被后来的学者继承和发展,仅"错误思想"的否定内涵被后来有些学者加以批评。一些学者认为,到了列宁那里,意识形态概念才变得中性化。"无产阶级的意识形态是先进的科学的意识形态,代表了人民的根本利益;资产阶级的意识形态是虚假

[①] 马克思,恩格斯.马克思恩格斯文集(第一卷)[M].北京:人民出版社,2009:515.

的、落后的。"①意识形态在这里可解读成一种理论,"资产阶级"和"无产阶级"成了核心的限定词。意识形态词语用在此处,原来的否定性、批判性含义只是转化为对系统性的区别、差异的强调,并未完全丧失其批判性意味。而且马克思的意识形态概念的内涵被误解的部分,即意识形态可能是一种错误思想的认知并未有错,维护统治阶级利益的种种意识形态不可能都是正确的。由于历史阶段的变迁,原先即使正确的理论也可能会演变成错误的思想。所以马克思针对德国的现实状况,在特定层面诠释了这一概念,造成了误解。无论如何,马克思的意识形态内涵的思想精华最终还是被延续,而否定内涵也被重新认识。曼海姆后来总结意识形态存在两个概念,他认为,特定的意识形态概念是有明确的否定性内容,而总体的概念里面包含的尖锐对立成份转化成了和缓的差异,"当意识形态表达的是我们对对手提出的思想和描述表示怀疑时,这个术语的特定概念也就被表明了。这时,我们认为这些思想和描述是对状态的真实本质的或多或少的故意伪装,其实是承认了一种不符合他们利益的东西。……对意识形态的总体性概念而言……那我们指的不是有关思想内容的孤立的案例,而是根本不同的思想体系,是存在着广泛差异的经验和诠释模式。"②从意识形态内涵的考量来看,马克思所强调的批判性内涵一直或隐或现,从未根本丧失,即使把其等同于一种理论,也具有强化自身、否认他者的意味。因此,"批判性""否定性"是马克思的意识形态术语的固有属性。

马克思的理论视域中,意识形态术语天然的批判性内涵赋予了意识形态特定的功能,即意识形态有维护特定阶级利益的强大功能。意识形态作为特定阶级的意识,维护的是特定阶级的利益,它是一种重要的思想武器和斗争工具。意识形态领域不仅是战场,更成了斗争工具,不仅是理论,也是行动指南。"这样的领域——人们在其中进行活动并获得对其所处地位的意识,从而进行斗争。"③关于意识形态的巨大力量,连宣称意识

---

① 孙民.政治哲学视阈中的意识形态领导权——从葛兰西到拉克劳·墨菲[M].北京:人民出版社,2012:46.
② [德]卡尔·曼海姆.意识形态与乌托邦[M].南昌:江西教育出版社,2014:44-45.
③ [意]葛兰西.狱中札记[M].曹雷雨,姜丽,张跃,译.北京:中国社会科学出版社,2000:292.

形态终结论的丹尼尔·贝尔也如此描述:"意识形态最重要的、潜在的作用就在于诱发情感。除了宗教(及战争和民族主义)以外,很少有哪种形式能够把情感能量引发出来。意识形态则使这些情感融合到一起并把它们引向了政治。"①现实已经有力地抨击了他的妄语,丹尼尔·贝尔实质上宣称的意识形态终结是他特指的社会主义意识形态终结,社会主义意识形态不仅没有终结而且充满力量,某种程度上也表明了丹尼尔·贝尔对社会主义意识形态力量的恐惧。

马克思是通过意识形态和其他表征词语的内容阐述来展现其文化观的。意识形态无疑是文化的一种,作为意识形态的文化实质上属于公共文化,反映的是特定阶级和群体的公共利益。也即,马克思的意识形态理论本质上是公共文化论。他强调,作为意识形态的公共文化有维护群体和阶级利益的强大功能,任何形态的社会都不可忽视这一事实。对一个国家而言,主流意识形态因其特殊地位——反映统治阶级的利益而更应该被重视,统治阶级利益是通过维护国家的主流意识形态实现的,资产阶级统治延续至今恰恰也是其进行了主流意识形态即资产阶级意识形态的建设和维护。社会主义国家的主流意识形态是社会主义意识形态,维护的是我国广大人民的利益,在我国农村公共文化建设中,要保持社会主义意识形态的主导地位,要弘扬社会主义价值观,发掘出社会主义意识形态的巨大作用,这也是马克思主义意识形态和文化理论对社会主义建设者的重大启示。

(四)特定形态的公共文化是现代化实现的先决条件

现代化是人类历史发展的一个特定阶段,有关这一历史进程的著述非常丰富,马克思关于现代化的论述蕴含于其历史唯物主义理论之中。马克思的现代化理论内容极其深邃,也一直被西方流行的现代化理论遮蔽。因此,一些人认为,马克思的人类历史发展论是一种简单的单向度观点,这是对马克思历史唯物主义的曲解。

马克思认为,人类社会发展是由社会基本矛盾推动的,在生产力和生

---

① [美]丹尼尔·贝尔.意识形态的终结——50年代政治观念衰微之考察[M].张国清,译. 北京:中国社会科学出版社,2013:385.

产关系、经济基础和上层建筑的矛盾运动基础上,欧洲社会从封建农业社会进入资本主义工业社会,开始了现代化的历程,最终也将被更高的共产主义社会形态取代。非欧洲社会,特别是亚细亚生产方式的亚洲社会,由于缺乏现代化产生的条件,无法实现现代化或者进程更加缓慢,这是马克思对历史发展的总体性和一般性概括,但这并不意味着社会发展同质化的发展势态。马克思同时提醒:"极为相似的事变发生在不同的历史环境中就引起了完全不同的结果。如果把这些演变中的每一个都分别加以研究,然后再把它们加以比较,我们就会很容易地找到理解这种现象的钥匙;但是,使用一般历史哲学理论这一把万能钥匙,那是永远达不到这种目的的,这种历史哲学理论的最大长处就在于它是超历史的。"①马克思关于现代化的理论分为欧洲社会和非欧洲社会两种不同论述,对于欧洲社会,马克思通过对其历史过程的分析,认为现代化的条件有两个:一是经济条件,包括土地的私有化和商品化;二是文化条件,即城市的"市民"文化。"在马克思看来,并不是这样一种都市化,而是具有个人主义伦理观的自主、自治群体的创立,才是出现'市民社会'与随之而来的现代化所必要的先决条件。因此,即使是在其他方面非常有利的情况下,如果没有这样的城市市民文化,现代化也是要失败的。"②这里的城市市民文化,是与欧洲历史上的城市公社运动密不可分的。城市公社运动的兴起最初源于市民阶级追求利润的经济需要,在这一经济目的的驱动下,封建的、宗教的道德戒律被打破,传统的、旧的、反商业的社会习俗被摒弃,经济要求和文化运动二者紧密结合、相互促进,形成现代化的巨大推力,最终促使现代化的成功实现。欧洲社会的一些国家,仅仅具有经济条件,缺乏相应的文化基础,最终是无法实现现代化的。非欧洲社会由于生产方式的根本差异,也无法进入现代化。换言之,经济条件和文化条件的兼具是进入现代化的先决条件,而非现代化的结果,这是马克思现代化理论的主要内容。虽然存在时代的局限,但马克思的现代化理论的精髓明晰可见,依然体现了辩证唯物主义的历史观;除了凸显经济基础的决定作用,马克思还

---

① 马克思,恩格斯.马克思恩格斯文集(第三卷)[M].北京:人民出版社,2009:466.
② [美]塞缪尔·亨廷顿,等.现代化:理论与历史经验的再探讨[M].张景明,译.上海:上海译文出版社,1993:11.

强调了传统习俗、制度、文化的重要性。现代化不仅是经济生产方式的转变,还与文化的铺垫紧密相连。马克思所强调的城市市民文化,虽然是以个人为本位的文化,但因表达的是特定群体的共同利益诉求,而形成了一种公共文化和公民文化。也或者说,马克思认为,拥有特定形态的公共文化是现代化实现的先决条件之一。

市民文化对于现代化成功起着至关重要的决定性作用,马克思的这一结论在他关于亚细亚生产方式的阐述中进一步得以佐证。亚细亚生产方式是马克思对中国、印度等亚洲国家的经济组织形式的一种概括。马克思认为,因为土地归属国家所有和落后的文化意识,在亚细亚生产方式的地区,其社会内部结构不存在变化的可能,因而现代化也不可能在这些地区产生。他在对亚细亚生产方式特征加以描述的同时,严厉批评了建立在此生产方式基础之上的落后社会意识。"我们不应该忘记那些不开化的人的利己主义,他们把全部注意力集中在一块小得可怜的土地上,静静地看着一个个帝国的崩溃、各种难以形容的残暴行为和大城市居民的被屠杀,就像观看自然现象那样无动于衷;至于他们自己,只要哪个侵略者肯于垂顾他们一下,他们就成为这个侵略者的驯顺的猎获物。"①利己、狭隘、封闭、孤立成了亚细亚生产方式基础之上的社会意识的代名词。毫无疑问,这绝非市民文化,而是小农意识,与现代化所要求的公共意识、公共精神、公共责任相距甚远并且全然相悖。也即,在马克思看来,亚细亚生产方式的地区,没有土地的私有化和商品化,也无代表公共需求的市民文化,最终也不会从内部产生现代化。他通过对亚细亚生产方式的阐析,进一步从经济和文化两个层面诠释了他的现代化理论,凸显了一定形态的公共文化对于现代化实现的重要性。

马克思的现代化理论,对城市公共文化的建设有直接的指导意义。西方发达国家的现代化建设实践,确是与经济建设与城市公共文化建设并行不悖,共同推进的。我国农村公共文化建设也应该受到启发,通过农村公共文化建设实践活动的开展,主动塑造农民的公共意识和公共精神,加快农民的市民化进程,为我国城市化的推进和现代化目标的实现进行文化铺垫。

---

① 马克思,恩格斯.马克思恩格斯文集(第二卷)[M].北京:人民出版社,2009:683.

（五）公共文化发展是人的全面发展的必然要求和结果

1894年，有人要求恩格斯找一段话概括马克思主义的基本思想，恩格斯找到了如下的著名论述："代替那存在着阶级和阶级对立的资产阶级旧社会的，将是这样一个联合体，在那里，每个人的自由发展是一切人的自由发展的条件。"①这段被视为马克思主义基本思想概括的著名论述出自《共产党宣言》，也为后人熟知，它揭示出了马克思理论的核心。在马克思看来，人是历史发展的主体和最终目的。人类产生以后，力量由弱小走向强大，人与人的关系由不平等走向平等，社会形态由野蛮走向文明，理想的最高级的社会形态是"自由人的联合"，在那里，每个人都得到自由、全面的发展。可见，马克思的理论实质上是关于人的发展的理论。

人的发展首先涉及对人的追问，马克思对人的描述从来就不是孤立的，他从物质生产实践活动、精神意识活动的发展、人与自然、社会共生的状态——文化等各个层面来探讨人的产生与发展，从"关系"中把握人的存在和界定人的内涵。马克思用经典的一句话诠释了他对人的本质的理解，即"它是一切社会关系的总和"②，突出强调了人的存在是一种社会性和关系性的存在。就社会性而言，类群体的"人"本身包含社会关系，个体的人也是各种社会关系的集合，绝不是孤立而抽象的。从关系而言，有三重关系，分别是人与自然的关系、人与人的关系、人与自我（群体的自我和个体的自我）的关系。人的发展应该是人的本质的全面展现，是社会性和关系性的展现。自从人类产生开始，就已经体现了社会关系，不过这种所谓的社会关系在马克思看来是不正常的。换句话说，人类产生以后，开始建构的社会关系是不自由的，人处于被奴役的状态，这并不是人的社会性的真正体现。也即，需要区分人的应然和实然状态，从应然状态来说，人应该越来越自由，而人的实然状态是人依然受到各种限制和束缚，马克思传神地用了"异化"一词来形容此种奴役状态。人的受奴役状态包括受到自然、别的类群体、人自身的奴役，也即人与自然、人与社会、人与自身的关系处于异化状态。这是马克思所言的必然王国。但自由王国必然战胜

---

① 马克思，恩格斯.马克思恩格斯文集(第十卷)[M].北京:人民出版社,2009:666.
② 马克思，恩格斯.马克思恩格斯文集(第一卷)[M].北京:人民出版社,2009:505.

必然王国，这一过程就是人逐渐获得解放、实现自由的发展过程。发展也就包括重新建构人与自然、人与社会、人与自身的和谐关系。人类产生之初，人是自然的从属，受自然的控制，随着人自身能力的发展，人由被动地服从自然转变为积极主动的力量，在一定程度上能够参与自然与社会的变迁过程，引领其发展方向。人控制自然和被自然控制都不是理想状态，在尊重自然的前提下，适度而有序地改造自然，实现二者的和谐共生才是人脱离自然限制、获得发展的内涵之一；在人与人的社会关系上，由于物质生活资料的匮乏和人类自身意识的局限，早期的人与人之间的关系是残暴的人压迫人、人剥削人的敌对关系，经过人类的实践活动和人类自身意识的提高，人与人之间的关系也逐渐转变为相互理解和尊重的平等亲密关系。平等、自由、公平、正义成了人类社会发展追求的价值目标；在人与自我的相处上，人对自身的了解由开始的无知、愚昧到过度夸大人的能力或过于轻视自身等不正确的认知，逐渐过渡到客观理性地看待人自身，看到人身上的社会性和动物性并存的现实，也通过各种实践的努力来尽力克服自身的动物性而充分彰显人的社会性。显然，人的这一系列发展过程是全面的发展过程。

进而言之，人的全面发展不仅是理想目标，也是一个逐渐实现的过程，不仅包括人摆脱物质限制的努力，而且蕴含人的精神意识的解放。此种解放包括对人与人之间关系的认知更加理性化，会意识到人们生活的世界是相互依存的世界。这种依存性在当代变得更加前所未有的紧密，任何人都不可能孤立地存在和发展，无论是类群体的人的发展，还是个体的人的发展，都是在各种错综复杂的关系网中获得的。那么，这形成了实际上存在并且运转的公共生活和公共领域，也意味着人在尊重自我的同时，也要尊重他者，树立公共意识和形成公共精神，这既是人类历史发展的公共文化展示，也是人类历史进程的产物。换言之，公共文化的发展是人类历史发展和人的发展的产物，同时也是人进一步全面发展的前提基础。"正是人的物质的、精神的、文化的活动及其相互渗透、相互作用统一于人的整个实践活动之中，才统一了人的存在的客观性与主观性、现实的有限性与可能的无限性的矛盾，从而为我们提供了一个完整而全面的人的形象,而免于分裂为具体领域里的'片面人'。"①因此,实现人类由必然王国向自由王国的飞跃,对人的公共文化领域进行有目的、有意识地建设,应该是人的全面发展的要义,农村场域的人的全面发展也不应该仅仅只是物质领域的建设,还应该包括人的精神文明和公共文化建设。

二、列宁的农村公共文化建设思想

在领导苏维埃俄国进行社会主义建设的实践过程中,列宁进一步阐释了其关于社会主义建设的丰富思想。其中的文化建设思想令人瞩目,发人深省。从列宁的信件、谈话、讲话、著作的内容阐述来看,列宁的文化观经历了一个从零散到系统的发展历程。特别是俄国的十月革命取得胜利以后,其文化观逐渐落实到实践层面,为1936年社会主义在苏联的基本建立奠定了极其重要的基础,取得了显著的实效。列宁的文化观内容丰富,他理解的"文化"是宽泛的概念,包括人们接受文化教育的情况、人们的思想道德意识、民族文化、文艺工作者的创作原则、无产阶级文化等内容。从公共文化和农村公共文化角度,可以梳理出以下主要内容:

(一)农民必须接受公共文化知识教育

列宁对公共文化知识的教育非常重视。他指出,苏俄的社会主义建设成效不仅取决于经济发展和政治建设,文化建设也至关重要。识字和接受基本文化知识教育是文化建设的基础。针对当时俄国文盲率很高的实际情形,列宁尤其强调识字的重要性和紧迫性。19世纪末20世纪初的俄国是一个小农国家,绝大多数社会成员是不识字的文盲。不仅农民,国家军队、党的干部队伍、工人阶级中的文盲率都很高。较高的文盲率的存在,使得人们的思想僵化,难以对新事物形成客观全面的认识,势必会影响到苏俄社会主义建设进程,最终影响共产主义社会建设。为此,列宁在各种场合多次论及不识字的危害和识字的重要,"问题就在于我们直到今天还没有摆脱半亚洲式的不文明状态,如果我们不作重大的努力,是不能摆脱的,虽然我们有可能摆脱,因为没有哪一个地方的人民群众像我国的人民群众这样关心真正的文化;没有哪一个地方像我国这样把文化问

---

① 张文喜.马克思论"大写的人"[M].北京:社会科学文献出版社,2004:95.

题提得这样深刻,这样彻底;没有哪一个地方、哪一个国家像我国那样,国家政权掌握在工人阶级手里,而大多数工人深知自己的——且不说在文化方面,而是在识字方面——不足;"①不识字不仅阻碍人们的文化进步,而且还会影响政治活动的开展,由于不识字,很多人会丧失参与政治事务的能力,无法表达自己的政见,政治参与热情也会下降,最终不利于政治发展。"文盲是处在政治之外的,必须先教他们识字。不识字就不可能有政治,不识字只能有流言蜚语、谎话偏见,而没有政治。"②不过,列宁也强调,仅仅识字还不够,在识字基础上,应该学会灵活运用所学知识。

列宁不仅从理论上阐述了文盲的危害,提出必须尽快开展扫盲活动的政策建议,还提出了消除文盲的各项措施。这些措施落实到苏俄的社会主义建设实践以后,收效良好,为后来的社会主义在苏联的基本建成奠定了重要基础。当时采取的扫盲措施主要有:提高教师的地位和创办讲习所、识字学校、成人学校等组织两方面。

俄国十月革命以前,教师的地位很低、收入较少,而且是剥削阶级主导价值观的传播者。而苏俄的教师是社会主义国家的"人民教师",代表了最广大人民的公共利益,作为知识的传播者,人民教师的作用重大。"应当不断地加强组织国民教师的工作,以便使他们从资产阶级制度的支柱(在无一例外的所有资本主义国家里,他们一直是资产阶级制度的支柱)变成苏维埃制度的支柱,以便通过他们去争取农民,使农民脱离同资产阶级的联盟而同无产阶级结成联盟。"③要发挥出教师的作用,就必须提高教师的地位。列宁提出,要把教师的地位提到在旧社会所没有达到的高度,提高其社会地位;改善教师的物质经济待遇,提高其经济地位;对教师的政治思想进行改造和再教育,并给予其高度的政治信任,提高其政治地位。苏俄教师得到国家和政府充分的尊重和信任之后,工作热情高涨,积极性得到极大提高,充分发挥出了其在扫盲活动中的重要主体作用。

在列宁的号召下,扫盲活动在苏俄全国范围内开展,迅速成为一项规

---

① 列宁.列宁选集(第四卷)[M].北京:人民出版社,2012:763.
② 列宁.列宁选集(第四卷)[M].北京:人民出版社,2012:590.
③ 列宁.列宁选集(第四卷)[M].北京:人民出版社,2012:764.

模较大、人数众多,参与者热情高涨的运动。为了配合扫盲运动的开展,在组织机构方面,苏俄政府开办了众多的各个类型的识字学校、讲习所和成人学校,帮助人民群众接受识字教育。到1921年年底,上百万人从文盲发展到能够看书写字,扫盲运动成效斐然。扫盲运动即是一场规模较大的公共文化建设活动,其活动的开展方式、实施路径对当代的公共文化建设和农村公共文化建设都有启发和指导意义。在公共文化建设的保障体制上,应该注重建设主体积极性的发挥和人才机制的培养,如提高教师地位、利用学校是半强制性的机构这些优势,有意识、有目的、有系统地进行公共文化传播,充分发挥出学校的主导作用,这些做法能够使公共文化建设的效果事半功倍。

(二) 批判地继承传统公共文化遗产

人类在发展过程中,创造了精华和糟粕并存的文化。每个国家在其历史发展过程中,都存在着对本国文化传统和他国的文化成果采取何种态度的问题。正确的态度是批判地继承传统文化遗产,吸收本国和其他国家文化的优秀成果。但实践中,人类历史上却一直或隐或现地存在着"文化中心主义"的极端思想和有害实践。列宁对此有清醒的认识。在革命斗争过程中,他一再提醒,俄国的大国沙文主义的民族心理和落后的宗法式的农民意识等传统公共文化存在极大危害,在批判资产阶级的自私自利的文化和错误的"民族文化"观的基础上,他提出了创建无产阶级文化、加强意识形态建设等睿智观点。

第一,他批判了俄国宗法式的农村公共文化传统与落后的农民意识。俄国十月革命以后,建立了社会主义制度,但是旧社会的文化影响不会因为新的社会制度的建立而立刻消失。旧社会指的是俄国封建主义社会和资本主义社会,"而群众是在这个旧制度下教养出来的,他们从吃母乳的时候起就接受了这个制度的原则、习惯、传统和信仰。"[①]封建社会的传统价值观、风俗习惯和资本主义社会的制度和价值原则依然根深蒂固地存在于人们的思想和行为中,发挥着巨大作用。尤其是其中落后保守的文化,其消极影响深远。列宁着重批判了俄国宗法式的农村文化传统和落

---

① 列宁.列宁全集(第二十卷)[M].北京:人民出版社,1989:102.

后的农民意识。列宁认为,宗教信仰的传统深深扎根于其国民的思想意识中,形成了宗法式的农村和农民意识。表现为:农民生性胆小、软弱、保守、愚昧,他们虽然仇恨地主和资本家的压迫,向往未来的美好生活,但对于邪恶的态度是忍让的,反对用暴力抵制邪恶,祈望通过道德修养来摆脱现实困境,寄希望于"万物本源"的拯救,如此不切实际的幻想和悲观主义的宿命论是典型的宗法式农村文化的传统。这种传统公共文化意识负面影响很大,容易导致革命失败,发生于1905—1907年的俄国第一次资产阶级革命的失败即是一例。"大部分农民则是哭泣、祈祷、空谈和梦想,写请愿书和派'请愿代表'。这真是完全符合列夫·尼古拉耶维奇·托尔斯泰的精神!……结果只有少数农民跟着觉悟的革命的无产阶级走,大多数农民则成了无原则的、卑躬屈节的资产阶级知识分子的俘虏,而这些被称为立宪民主党人的知识分子,从劳动派的集会中出来跑到斯托雷平的前厅哀告央求,讨价还价,促使讲和,答应调解,最后还是被士兵的皮靴踢了出来。托尔斯泰的思想是我国农民起义的弱点和缺陷的一面镜子,是宗法式农村的软弱和"善于经营的农夫"迟钝胆小的反映。"①"历史条件和经济条件既说明发生群众革命斗争的必然性,也说明他们缺乏斗争的准备,像托尔斯泰那样对邪恶不抵抗;而这种不抵抗是第一次革命运动失败的极重要的原因。"②列宁对传统的落后的公共文化意识进行了形象生动的批判,但他的态度是乐观的,他用发展的眼光、辩证地分析了由于实践的变化,而带来的公共文化变化。他认为,随着经济力量的变化和人们团结意识的增强,宗法式的农村公共文化传统也被一步步打破,农民群众身上的散漫和软弱会受到致命打击,革命的政治素养终会提高。

第二,他批判了旧社会的道德,提出共产主义的公共道德要求和特性。在谈到苏俄青年一代如何成为合格的共产主义者时,列宁强调,青年一代首先要认清楚什么是共产主义道德。而列宁对共产主义道德内容的详细阐述,是建立在他对旧社会道德的深刻揭露和形象批判基础之上的。"旧社会依据的原则是:不是你掠夺别人,就是别人掠夺你;不是你给别人做工,就是别人给你做工;你不是奴隶主,就是奴隶。可见,凡是在这个社

---

① 列宁.列宁选集(第二卷)[M].北京:人民出版社,2012:244.
② 列宁.列宁选集(第二卷)[M].北京:人民出版社,2012:245.

会里教养出来的人,可以说从吃母乳的时候起就接受了这种心理、习惯和观点——不是奴隶主,就是奴隶,或者是小私有者、小职员、小官吏、知识分子,总之,是一个只关心自己而不顾别人的人。"① 显然,这种旧社会的道德是赤裸裸的自私自利的道德,是狭隘的个人主义和利己主义的道德,是建立在私有制经济基础之上并且与其相适应的道德,是损人利己、投机取巧,不顾别人死活的心理、情绪和行为。共产主义道德本质上是与此种道德相悖,共产主义道德要求人们在考虑自身的时候,也兼顾考虑他人,要认识到人与人之间的平等、互助、尊重的关系。列宁认为,共产主义道德是一种团结的道德。列宁的认识包含了相互关爱的人道主义精神,这是社会进步必然需要的公共文化要求。列宁明确论及,共产主义实质就是"公共","我们把自己叫作共产主义者。什么是共产主义者呢?共产主义者是个拉丁词,communis一词是'公共'的意思。"② 由此,共产主义道德即是一种公共道德,是人类公共文化的体现。列宁对共产主义道德的论述,包含了极为丰富的公共文化内容,也是"公共"概念延伸的最大范畴。

第三,他批判了大俄罗斯沙文主义民族心理。列宁对于传统公共文化的态度还表现在他对俄罗斯民族心理和民族性格的批判上。民族心理是指渗透了该民族的历史文化传统,对该民族人民的性格和行为模式起决定作用的共同心理倾向与精神结构。特定的民族在特定的历史阶段会形成特定的民族心理和民族性格,展现为一定的国民性。形成于沙俄时代的大俄罗斯沙文主义,主要内容是推行民族殖民统治,认为俄罗斯民族是优等民族,在国家中应该处于统治地位,其他民族是劣等民族、异民族,是"历史废物",理所应当接受俄罗斯民族的统治。由此可见,大俄罗斯沙文主义的实质是种族和民族中心主义。列宁对此种民族心理及其恶劣影响有清醒的认识,他批评道:"大俄罗斯沙文主义者,实质上是受恶棍和暴徒的侵害。毫无疑问,在苏维埃的和苏维埃化了的工人中,会有很少一部分人沉没在这个大俄罗斯沙文主义垃圾的大海里,就像苍蝇沉没在牛奶

---

① 列宁.列宁选集(第四卷)[M].北京:人民出版社,2012:291.
② 列宁.列宁选集(第四卷)[M].北京:人民出版社,2012:293.

里一样。"①从产生根源来看,大俄罗斯沙文主义是沙皇制度下施行的殖民政策的产物,列宁对此进行了深刻的分析,"这在很大程度上是由于旧的偏见,即认为除了大俄罗斯民族以外俄国的其他民族都是大俄罗斯人的某种私有财产或世袭领地。沙皇制度卑鄙地腐蚀大俄罗斯民族,使大俄罗斯人习惯于把其他民族都看成一种下等人,'理应'受大俄罗斯支配,这种腐蚀作用是不能一下子就消除的。"②列宁对待大俄罗斯沙文主义此种民族心理的态度明确而坚决,他认为要与其彻底决裂、决一死战。当前,民族心理建设是公共文化和农村公共文化建设中的重要内容,鉴于民族心理包含合理而珍贵的成分,也掺杂着偏见、傲慢等糟粕。因此有必要对其进行建设,加上民族心理具有社会历史性的特点,尽管在文化变迁过程中,其变化速度极其缓慢,但它终是可以发生改变的。列宁的如上思想在当代依然具有重要的启迪意义。

第四,他批判了资产阶级的"民族文化"观念。资产阶级的"民族文化"观认为,每一个民族的文化是"统一的""整体的"超阶级民族文化,应该实行文化自治。这是一种极其有害的错误观点。马克思主义认为,在阶级社会里,根本不存在抽象的、超阶级的、普遍的"民族文化"。在资本主义社会,民族文化中有处于主要位置、占统治地位的文化,即代表地主和资产阶级利益的剥削阶级文化,也有处于次要的被统治地位的文化,即被剥削阶级文化。列宁揭示,在阶级社会里,"每个民族文化,都有一些民主主义的和社会主义的,即使是不发达的文化成分,因为每个民族都有被剥削劳动群众,他们的生活条件必然会产生民主主义的和社会主义的意识形态。但是每个民族也都有资产阶级的文化(大多数还是黑帮的和教权派的),而且这不仅表现为一些'成分',而表现为占统治地位的文化。因此,笼统说的'民族文化'就是地主、神父、资产阶级的文化。"③他指出,资产阶级的"民族文化"观有极大的欺骗性和危害性,资产阶级妄图用本阶级的利益冒充全民利益,把自己装扮成全民思想的代表,鼓吹民族文化,向工人阶级灌输狭隘的民族意识,转移无产阶级的斗争视线,破坏各

---

① 列宁.列宁选集(第四卷)[M].北京:人民出版社,2012:756.
② 列宁.列宁选集(第三卷)[M].北京:人民出版社,2012:45.
③ 列宁.列宁选集(第二卷)[M].北京:人民出版社,2012:336.

民族无产阶级之间的相互团结,瓦解他们的统一战线。"资产阶级的民族文化就是一个事实(而且我还要重说一遍,资产阶级到处在同地主和神父勾结)。气焰嚣张的资产阶级民族主义麻醉、愚弄和分化工人,使工人听任资产阶级摆布,——这就是当代的基本事实。"①民族文化是一种公共文化,而这种"公共"应该是有层次性的,列宁对资产阶级"民族文化"观的批判,加深了人们对公共文化中的"公共"的深入理解,在公共文化的系统中,存在与政治几无关联的中性文化,也存在与政治紧密相连的阶级文化,同时存在作为反映类群体"人"的公共要求的超阶级文化成分,不能笼统地来定性公共文化。在公共文化的建设实践中,应针对不同成分,根据公共范畴的范围差异,采取不同的建设态度和方式,这也是列宁主义文化观的当代价值所在。

第五,他学习了西方资本主义的先进技术和管理制度。在对待人类优秀文化成果时,列宁认为,应该吸取一切人类文明的精华,而不必教条地拘泥于国家和制度的差异,即使是资本主义社会,也有我们应该学习和借鉴之处。比如资本主义国家发达的科技、先进的管理制度等,都可以拿来为其他国家所用。列宁认为,实现社会主义需要很多必备条件,其中国家垄断资本主义意味着比较充分的物质准备,国家资本主义包含了建立在现代科学新成就基础上的大资本主义,而德国的国家资本主义值得学习,这种学习的态度并不是"妥协","不要害怕让共产党员去向资产阶级专家'学习',其中也包括向商人,向办合作社的小资本家,向资本家'学习'。"②列宁高度评价了马克思善于学习的态度和他天才的理论,进一步强调了他对人类优秀公共文化的态度。他认为,马克思主义学说是伟大的学说,这种伟大是建立在马克思对以往一切社会形态进行考察的基础之上,包括对资本主义社会形态的深刻、缜密、确切的研究和分析基础之上,正是吸取了以往的文化精髓,洞察了人类社会发展的客观规律,马克思才创立了科学社会主义理论。列宁对待人类公共文化成果的明确、坚定、睿智的态度,对当代的公共文化建设也具有指导意义。

---

① 列宁.列宁选集(第二卷)[M].北京:人民出版社,2012:337.
② 列宁.列宁选集(第四卷)[M].北京:人民出版社,2012:525.

（三）发展无产阶级文化和加强社会主义意识形态建设

1920年后，苏俄工作重点逐渐转向经济建设，但当时思想文化领域的斗争也异常激烈，为了给经济建设扫除思想上的障碍，列宁提出要进行文化革命，"我们的敌人曾不止一次地对我们说，我们在一个文化不够发达的国家里推行社会主义是冒失行为。但是他们错了，我们没有从理论（一切书呆子的理论）所规定的那一端开始，我们的政治和社会变革成了我们目前正面临的文化变革、文化革命的先导。"①列宁所谓的文化变革和文化革命，指的是发展无产阶级文化，加强社会主义意识形态建设。

无产阶级文化是社会主义国家的主流意识形态，加强社会主义意识形态建设，就必须发展无产阶级文化，确保社会主义意识形态的领导地位。意识形态术语在列宁的理论阐述里，是个中性词语，指思想体系。"既然工人群众自己决不能在他们的运动进程中创造出独立的思想体系（Ideology），那么问题只能是这样：或者是资产阶级的思想体系，或者是社会主义的思想体系。这里中间的东西是没有的（因为人类没有创造过任何'第三种'思想体系），而且一般说来，在为阶级矛盾所分裂的社会中，任何时候也不能有非阶级的或超阶级的思想体系。"②列宁在此明确表示，代表工人阶级利益的是社会主义的思想体系，他进一步论证，文化职能是统治阶级的重要职能，统治阶级为了维护自己的统治地位，必须进行文化建设，以确保主流意识形态的领导权。压迫阶级就是如此，"所有一切压迫阶级，为了维持自己的统治，都需要两种社会职能：一种是刽子手的职能，另一种是牧师的职能。刽子手的任务是镇压被压迫者的反抗和暴乱；牧师的使命是安慰被压迫者，给他们描绘一幅在保存阶级统治的条件下减少苦难和牺牲的前景（这做起来特别方便，只要不担保这种前景一定能'实现'……），从而使他们顺从这种统治，使他们放弃革命行动，打消他们的革命热情，破坏他们的革命决心。"③社会主义国家也应该确保主流意识形态——社会主义思想体系的统治地位，对此，列宁提出建设和发

---

① 列宁.列宁选集（第四卷）[M].北京：人民出版社，2012：773.
② [英]乔治·拉雷恩.马克思主义与意识形态：马克思主义意识形态论研究[M].北京：北京师范大学出版社，2013：69.
③ 列宁.列宁选集（第二卷）[M].北京：人民出版社，2012：478.

展无产阶级文化。列宁强调,发展无产阶级文化,离不开对旧文化的批判和继承。他对待旧文化的态度是审慎的,既反对否定一切的文化虚无主义,也反对肯定一切的文化国粹主义。他指出,旧文化虽然有很大的欺骗性,但也不乏存在有价值的思想成分,必须加以甄别和选择,批判地继承优秀的文化遗产。马克思主义世界观正是对历史文化进行批判地继承,才成为了科学的思想体系。"是因为它并没有抛弃资产阶级时代最宝贵的成就,相反却吸收和改造了两千多年来人类思想和文化发展中一切有价值的东西。只有在这个基础上,按照这个方向,在无产阶级专政(这是无产阶级反对一切剥削的最后的斗争)的实际经验的鼓舞下继续进行工作,才能认为是发展真正的无产阶级文化。"①

意识形态建设是任何国家公共文化建设的重点。社会根本制度不同,主流意识形态也不同。我国是社会主义国家,在公共文化建设中,要确保马克思主义的理论引领,彰显社会主义核心价值,这就是列宁以上思想的当代意义。

第四节　中国特色社会主义农村公共文化建设思想的形成与发展

从毛泽东到邓小平再到第三代国家领导人和当前中央领导集体,我国党和政府在农村公共文化建设思想上,也经历了中国特色社会主义农村公共文化建设思想从萌芽到初步形成再到丰富发展的阶段。虽然很多历史时期都没有以"公共文化"和"农村公共文化"的术语明确表述,但事实上包含了农村公共文化建设思想逐步成熟的历程。

一、毛泽东以农民为主体和对象的公共文化建设思想

毛泽东思想是对马克思列宁主义的继承与发展,是对中国新民主主义革命战争和社会主义建设实践问题的理论总结,其内容丰富,影响深

---

① 列宁.列宁选集(第四卷)[M].北京:人民出版社,2012:299.

远。其中,毛泽东的文化观及文化建设思想,经过实践的检验,也发展成为完整的理论体系。从公共文化的角度审视,毛泽东的文化思想大多是关于公共文化的理论阐释,鉴于当时中国社会还是以农民为主体的社会现实,毛泽东的公共文化及其建设思想也可以理解为农村公共文化建设思想。

(一)社会主义公共文化建设的基本内容和原则要求

毛泽东对文化的本质和功能做出了深刻的论述。他指出,文化是在一定经济基础之上产生的,它产生以后,反过来会对经济和政治产生巨大的反作用。"一定的文化(当作观念形态的文化)是一定社会的政治和经济的反映,又给予伟大影响和作用于一定社会的政治和经济;而经济是基础,政治则是经济的集中的表现。这是我们对于文化和政治、经济的关系及政治和经济的关系的基本观点。"[①]由此可见,毛泽东的文化观是辩证唯物主义的能动的反映论。由于文化和经济之间存在的复杂互动关系,毛泽东依据中国社会发展的不同历史阶段,阐述了不同时期文化的具体功能。在抗日战争时期,他强调通过"文"的宣传,动员全中国人民一起抗日;在新民主主义革命时期,他强调必须建立不同以往的新文化——新民主主义文化,这是无产阶级领导下的反帝反封建的文化,是民族的、科学的、大众的文化。毛泽东指出,新建立的文化应该有中华民族自己的特色,同时要从根本上区别于旧的封建迷信文化。新建立的文化应主张实事求是的精神,主张客观真理,新文化服务的对象也不再是少数特权阶级,而是广大受苦受难的工农群众。在 1942 年的延安文艺座谈会上,毛泽东明确指出了作为文艺的文化具有的战斗武器作用,可以"团结人民""教育人民""打击敌人""消灭敌人";在取得全国胜利的社会主义建设时期,毛泽东继续强调社会主义文化建设的重要,他号召全国人民要尽全力克服一切艰难险阻,"进行大规模的经济建设和文化建设,扫除旧中国所留下来的贫困和愚昧,逐步地改善人民的物质生活和提高人民的文化生活。"[②]毛泽东阐述的不同时期的文化基本上都是特定经济基础之上的公

---

① 毛泽东.毛泽东选集(第二卷)[M].北京:人民出版社,1991:663.
② 毛泽东.毛泽东文集(第五卷)[M].北京:人民出版社,1996:348.

共文化,公共文化具有的重要功能使得各个时期的公共文化建设都必不可少。

毛泽东认为,社会主义文艺应当坚持"二为"方向,坚持群众路线。在文艺工作为谁服务这个根本问题上,毛泽东曾经做出过明确说明,文艺工作"为什么人的问题,是一个根本的问题,原则的问题"。"文艺不是为上述种种人,而是为人民的。……真正人民大众的东西,现在一定是无产阶级领导的。资产阶级领导的东西,不可能属于人民大众。"①这里的人民,指的是处于1942年的中国的最广大的人民群众,是指占当时人口百分之九十以上的农民、工人、士兵和小资产阶级。毛泽东指出,文艺应该为人民群众服务,但立场是无产阶级的立场,尤其是要为工农兵服务。针对当时延安文艺界,因没有真正明确"文艺为什么人"而出现的各种问题,毛泽东提出了文艺为群众服务和主要为工农兵服务的要求。毛泽东分析此问题是紧密联系社会实际来阐述的,在当时的社会历史环境里,这样的要求和提法是正确的。后来有人攻击毛泽东的文艺为工农兵的思想,实际上是对毛泽东文艺思想的误解和歪曲。《在延安文艺座谈会上的讲话》的开头部分,毛泽东就强调,真正的马克思主义者,看问题不能从抽象的定义出发,而应该从客观存在的事实出发,如果客观事实发生变化,工作的方针、政策、办法都应随之改变。因此,我们可以看出,毛泽东认为文艺服务的对象是人民群众,人民群众在不同历史时期有不同的内涵,它是对最广大人民群众的概括。新中国成立以后,地主阶级和资产阶级都不复存在,人民只存在工人阶级、农民阶级,以及知识分子了。到了1956年,毛泽东提出了社会主义文艺为人民服务、为社会主义服务的明确方向。至于在文艺如何为人民群众服务的问题上,毛泽东提出要密切联系群众的群众路线。他指出,既然文艺是为人民服务的,人民生活才是文艺创作的源泉,文艺创作不能脱离实际生活,专门的文艺工作者必须深入到群众中去,去了解群众的生活和他们的需求,这样他们的艺术创作才不脱离群众和毫无生气。"我们应该尊重专门家,……但是我们应该告诉他们说,一切革命的文学家、艺术家只有联系群众,表现群众,把自己当作群众的忠实的代言人,他们的工作才有意义。只有代表群众才能教育群众,只有做

---

① 毛泽东.毛泽东选集(第三卷)[M].北京:人民出版社,1991:855.

群众的学生才能做群众的先生。"①毛泽东坚持的文艺为人民服务的思想对今天的公共文化建设工作也有指导意义。文艺工作是当前我国公共文化建设的重要领域,当前的文艺创作出现的空洞乏味等问题,正是背离了文艺为人民服务的目的,偏离了群众路线的结果。公共文化建设应该深入人民群众,了解人民群众的所思所想,反映他们的生活,才能真正取得实效。

毛泽东对社会主义公共文化工作者的思想素质也提出了要求。关于从事公共文化活动工作者的素质要求主要体现在他对文艺工作者的若干要求上。毛泽东认为,文艺工作者的立场、态度、工作对象、学习内容都是应该明确的问题。立场上,文艺工作者要站在无产阶级和人民群众的立场,是党员的文艺工作者要站在党的立场,始终注意保持立场的正确。态度上,对待不同的对象要采取不同的态度。比如,在革命战争时期,对敌人,文艺工作者的任务是揭露他们的欺骗和残暴;对于同盟者,有批判也有联合;对人民群众,要赞扬或者耐心地教育。工作对象上,不同时期,文艺工作的对象也不相同。学习上,要学习马列主义,还要学习社会。"但是马克思列宁主义是一切革命者都应该学习的科学,文艺工作者不能是例外。文艺工作者要学习社会,这就是说,要研究社会上的各个阶级,研究它们的相互关系和各自状况,研究它们的面貌和它们的心理。只有把这些弄清楚了,我们的文艺才能有丰富的内容和正确的方向。"②文艺工作者的思想素质直接影响到文艺工作的成效,当前我国公共文化建设中,社会主义公共文化建设的方向和成效很大程度上取决于文艺工作者的素质,他们是否坚持正确而坚定的立场,围绕我国的社会主义制度和为人民服务的宗旨,创作出反映我国社会主义制度优越性的公共文化,都与他们的思想政治素质紧密相关。无疑,毛泽东对于文艺工作者的要求启迪人们,公共文化的建设不能忽视对公共文化工作者的思想和素质教育。

(二)社会主义公共文化建设应当遵循"双百"和"二用"方针

社会主义文化建设过程中,如何在社会发展的特定阶段推进社会主

---

① 毛泽东.毛泽东选集(第三卷)[M].北京:人民出版社,1991:864.
② 毛泽东.毛泽东选集(第三卷)[M].北京:人民出版社,1991:852.

义文化发展和繁荣？如何对待文化遗产？毛泽东提出的"双百"和"二用"方针，言简意赅地做出了正确的回答。1956年，我国社会主义改造基本完成，毛泽东也正式提出了社会主义文化建设的"双百"方针。他特别强调："'百花齐放，百家争鸣'，这是一个基本性的、同时也是长期性的方针，不是一个暂时性的方针。"[1]毛泽东一直重视文化的巨大能动作用，在新中国成立以后，中国建立起社会主义制度，在开始经济建设的同时，毛泽东也十分重视文化建设，他提出了"双百"方针，作为社会主义文化继续发展的方针。1957年，周恩来在同电影工作者的座谈会上明确说明，"双百"方针不是任何时期都适用的方针，应该是在社会主义制度建立以后实行的文化建设方针。只有社会主义大旗竖起来以后，才有可能提出"百花齐放、百家争鸣"方针，在民主革命还没有取得胜利的时候提"双百"方针，完全等于替国民党粉饰太平。在社会主义制度建立以后，实行"双百"方针才不会削弱马克思主义在思想文化领域的领导地位。

社会主义制度确立以后，社会主义文化建设和繁荣应遵循"百花齐放，百家争鸣"的方针，这是毛泽东联系实际做出的正确的理论总结，也是马克思主义的社会主义文化建设思想的进一步发展。1956年以后，由于政治斗争的过度扩大，"双百"方针在实践中并没有很好地发挥作用，这说明了那时文化政策施行的基础还没有完全具备，但这不能掩盖毛泽东文化建设思想的重大意义。社会主义文化本身即是公共文化，毛泽东提出的"双百"方针为当前我国公共文化建设实践提供了一定的理论指导。党的十七届六中全会提出，我国社会主义文化建设要继续遵循"双百"方针，即是对毛泽东文化建设思想的继承和发扬。

在对待传统公共文化和外国公共文化问题上，毛泽东提出了"古为今用、洋为中用"的原则和方针。他认为，任何文化都包含着精华和糟粕部分，既不能全盘否定某一文化，也不能全盘肯定某一文化，对其要认真地加以鉴别和取舍。简言之，对于传统或他国公共文化的正确态度是取其精华，去其糟粕。取舍的依据是是否能为人民群众的利益服务。"对于中国和外国过去时代所遗留下来的丰富的文学艺术遗产和优良的文学艺术传统，我们是要继承的，但是目的仍然是为了人民大众，对于过去时代的

---

[1] 毛泽东.毛泽东文集(第七卷)[M].北京：人民出版社，1999：278.

文艺形式,我们也不拒绝利用,但这些旧形式到了我们手里,给了改造,增加了新内容,也就变成革命的为人民服务的东西了。"①换言之,毛泽东强调,即使是利用传统文化的优质因子,也不是照搬照抄,而是推陈出新,要加以积极地改造。这种文化借鉴在毛泽东看来,更多的是形式上的借鉴,内容上应该是社会主义的。可见,毛泽东对待文化遗产的态度,不仅强调批判地继承,更强调结合现实,结合社会主义制度,加以积极的文化创造。1956年在同音乐工作者的谈话中,毛泽东指出,中国在文化上的发展,应该持有虚心"学习"的态度,向古人学习是为了现在活着的人,向外国人学习是为了现今的中国人,他提出了要反对教条主义和保守主义的错误做法。"中国的面貌,无论是政治、经济、文化,都不应该是旧的,都应该改变,但中国的特点要保存。应该是在中国的基础上面,吸取外国的东西。……应该学习外国的长处,来整理中国的,创造出中国自己的、有独特的民族风格的东西。这样道理才能讲通,也才不会丧失民族信心。"②毛泽东对待传统公共文化和他国公共文化的态度在今天也值得借鉴。我国当前的公共文化建设和农村公共文化建设中,都存在盲目模仿西方国家或者某一地区的公共文化建设的问题,而缺乏仔细研究和认真甄别的钻研精神。对于我国悠久的历史传统文化,也没有摆正态度,或错误保留糟粕,忘却精华,或全盘否定加以抛弃,或没有了解其精髓而妄加评论,这都需要我们重新回顾毛泽东的文化思想,认真学习我国传统文化的丰富内涵,形成文化自觉的主动意识,树立起民族文化自豪感和民族文化自信心,传承并弘扬优质的传统公共文化,为当前的公共文化建设和农村公共文化建设实践奠定良好的精神基础。

（三）社会主义公共文化建设应当坚持马克思主义的指导地位

无论是革命战争时期,还是社会主义建设时期,毛泽东一直强调马克思主义必须作为各项工作的指导思想,文化建设上也不例外。他曾指出:"现时代的中国新文化也不能离开中国无产阶级文化思想的领导,即不能

---

① 毛泽东.毛泽东选集(第三卷)[M].北京:人民出版社,1991:855.
② 毛泽东.毛泽东文集(第七卷)[M].北京:人民出版社,1999:82-83.

离开共产主义思想的领导。"[①]此处的共产主义思想也即马克思列宁主义。毛泽东极其重视马列主义在文化领域中的领导地位和指导作用,早在革命战争时期,他就强调文艺服从于政治,提出文艺批评的标准分为政治标准和艺术标准,政治标准第一,艺术标准第二的观点,这种分析与当时的社会革命任务的要求是分不开的,符合当时社会发展的要求。到了社会主义文化建设时期,毛泽东更加辩证地看待政治与文化之间的关系,他提出了社会主义文化繁荣的方针——百花齐放、百家争鸣。他认为,艺术与科学可以自由发展、自由争论,不能利用行政力量强制推行一种艺术学派或一种艺术风格。他同时指出,"实行百花齐放、百家争鸣的方针,并不会削弱马克思主义在思想界的领导地位,相反地正是会加强它的这种地位。"[②]毛泽东正确处理了"双百"方针与保持马克思主义思想指导地位之间的复杂关系。现今,不管如何界定文化的内涵,任何国家的文化建设都是具有政治性的。我国是社会主义国家,依然有非马克思主义思想存在,但主流意识形态是马克思主义,应该借鉴毛泽东文化领导权的思想,确保主流意识形态——马克思主义思想在文化建设领域的指导地位。

(四)农村公共文化建设应当以农民为主体和对象

毛泽东认为,中国农村文化建设的主体是农民,农村文化建设必须依靠农民自身。毛泽东对农民的态度明确而乐观。一方面,他对农民思想上的保守、愚昧、落后等特性有深刻的认识;另一方面,他相信,通过对其进行思想文化改造,到特定阶段,农民的自觉性会提高,最终能够发挥出自身在农村文化建设运动中的积极性和主动性。他用了形象的例子阐述了他的思想,"菩萨是农民立起来的,到了一定的时期农民会用自己的双手丢开这些菩萨,无须旁人过早地代庖丢菩萨。……菩萨要农民自己去丢,烈女祠、孝节坊要农民自己去摧毁,别人代庖是不对的。"[③]农村文化建设活动是为农民服务的,毛泽东预见到农村文化活动中农民即将获得的成长和进步,看到了农民身上潜藏的主体性,这种主体性的发挥反过来

---

① 毛泽东.毛泽东选集(第二卷)[M].北京:人民出版社,1991:705.
② 毛泽东.毛泽东文集(第七卷)[M].北京:人民出版社,1999:232.
③ 毛泽东.毛泽东选集(第一卷)[M].北京:人民出版社,1991:33.

会迅速推进农村文化建设的进程,并使农村文化建设取得显著的效果。毛泽东对于农村文化建设活动的主体的明确对当前的农村公共文化建设有思想指导意义,当前我国农村公共文化建设中,由于各种原因,农民的主体性基本上还是缺失的。如何在农村公共文化建设中切实有效地发挥出农民的主体作用是亟须解决的现实问题。

在毛泽东看来,农民不仅是农村文化建设的主体,农民还是农村文化建设运动的对象。毛泽东于1945年在《论联合政府》中明确指出:"农民——这是现阶段中国文化运动的主要对象。所谓扫除文盲,所谓普及教育,所谓大众文艺,所谓国民卫生,离开了三亿六千万农民,岂非大半成了空话?"①农村文化建设运动的对象是农民,具体可以从以下两个方面来理解。首先,农民是公共文化知识教育的主要对象。旧社会的农民生活极其贫困,更被剥夺了接受文化教育的机会,基本上都是文盲。这就使得旧文化在其思想中愈加根深蒂固,毛泽东对此有深刻的了解,他很早就强调对农民进行扫盲,让农民识字,然后普及基本文化知识,逐渐提高农民的知识水平。毛泽东在农村开展扫盲运动是从20世纪20年代即已开始,后来在中央苏区、延安革命根据地陆续进行过扫盲活动。新中国成立以后,1952年、1955年、1958年、1959年先后在农村举行了四次规模较大的继续扫盲运动。毛泽东希望,通过扫盲运动来消除文盲,他动员依靠正规的中小学、组建非正规的读报组和识字组来开展文化教育活动,同时强调扫盲活动中,要将文化教育与实践劳动相结合、知识教育与思想教育相结合。其次,农民是传统落后思想的重点改造对象。农民是农村文化建设的主体,也是农村文化的主体,农村社会中的陈规陋习都是农民落后思想意识的展现,受传统文化的影响,农民表现出各种落后的特性,这不利于社会主义各项建设活动的开展。毛泽东强调,在农村也要搞社会主义教育运动,对农民的旧思想、封建意识进行改造,用平等、民主、科学等新思想教育农民。20世纪60年代扫盲运动基本结束,在农民思想有了很大进步以后,我国还专门在农村进行了各项社会主义教育运动,极大地提高了农民的思想认识和文化素质。

---

① 毛泽东.毛泽东选集(第三卷)[M].北京:人民出版社,1991:1078.

（五）农村公共文化建设应当处理好文艺普及和提高之间的辩证关系

我国革命战争时期，毛泽东针对主要为工农兵服务的文艺小组提出了处理好文艺普及和文艺提高关系的要求。当时的革命根据地，工农兵的主体还是农民，所以毛泽东提出的深入群众、为群众服务的文艺基本上是农村文艺，由于服务的对象主体是农民，当时的农民思想文化素质很低，文艺服务存在是着眼于普及还是着眼于提高的问题。毛泽东对农村文艺的普及和提高做出了精彩的论述和明确的指示，他认为，普及的东西简单浅显，容易为群众迅速接受；高级的文艺作品比较细致，本身也比较难以迅速流传。结合工农兵的实际状况，农村文艺应该先普及，再提高。毛泽东用了形象生动的比喻来形容普及和提高的关系，即"雪中送炭"和"锦上添花"，第一步是"雪中送炭"，然后再是"锦上添花"，不过这二者不是截然分开的。农村文艺普及到一定基础上，随着农民文化水平的不断提高，他们必然要求文艺内容也相应提高。毛泽东认为，我们应该动态地、辩证地理解普及和提高之间的关系："我们的提高，是在普及基础上的提高；我们的普及，是在提高指导下的普及。正因为这样，我们所说的普及工作不但不是妨碍提高，而且是给目前的范围有限的提高工作以基础，也是给将来的范围大为广阔的提高工作准备必要的条件。"①

毛泽东对农村文艺普及和提高关系的辩证论述不仅为当时的农村文艺实践工作指明了方向，也能指导当前的农村公共文化建设实践。公共文化领域也存在内容上的浅显和精致之分，在文化建设实践过程中，应根据实际的不同而采用不同的建设方式，总体上遵循先简单普及，然后逐渐提高，最后边普及边提高的灵活做法。

二、邓小平的中国特色社会主义农村公共文化建设思想

邓小平的文化理论主要表现为他提出了有中国特色的社会主义文化建设理论，是对中国在特定历史时期社会主义建设的任务、目标、特征的理论总结。与毛泽东的文化理论不同，邓小平的文化建设理论主要不是

---

① 毛泽东.毛泽东选集(第三卷)[M].北京：人民出版社，1991：862.

直接针对农村的,而是涵盖农村文化建设思想在内的文化建设理论。或者说,邓小平也提出了中国特色社会主义农村文化建设的理论。社会主义农村公共文化建设作为社会主义农村文化建设的一部分,也应当遵循中国特色社会主义农村文化建设的指导思想和原则方针,将邓小平的农村公共文化建设思想进行归纳,具体有四个方面。

（一）中国特色社会主义农村公共文化建设的意义和基本内容

1978年党的十一届三中全会以后,邓小平把马克思主义基本原理与中国的现实国情相结合,创造性地提出建设有中国特色的社会主义文化理论。他用精神文明建设来凸显中国特色社会主义文化建设,明确了社会主义文化建设的重点和方向。当时的社会主义农村面临的首要任务是发展生产力,提高农民的物质生活水平,但是邓小平没有因此忽视农村的文化建设,他明确提出"两手都要抓,两手都要硬"的社会主义建设要求。"我们的人民生活水平和文化水平还不高,这也不能靠谈论人的价值和人道主义来解决,主要地只能靠积极建设物质文明和精神文明来解决。"[①]也即农村的物质生活和精神生活的提高都必须要依靠实践建设来推动。同时,邓小平对社会主义作了界定,他认为,兼具高度的物质文明和精神文明才能称之为社会主义,否则很难体现社会主义制度的优越性。社会主义国家的农村也必须兼顾物质文明和精神文明建设。邓小平还进一步阐释了社会主义农村精神文明建设的主要内容,即农民的思想道德建设和科学文化建设,"我们要建设的社会主义国家,不但要有高度的物质文明,而且要有高度的精神文明。所谓精神文明,不但是指教育、科学、文化（这是完全必要的）,而且是指共产主义的思想、理想、信念、道德、纪律……"[②]无论是科学文化建设还是思想道德建设,都属于公共文化建设的范畴。换言之,邓小平阐明了在特定时期,中国特色社会主义农村公共文化建设的意义和重点内容。科学文化建设上,邓小平认识到当时农民的整体文化水平偏低,迫切需要对农民进行公共文化知识的基础教育,让

---

① 邓小平.邓小平文选(第三卷)[M].北京:人民出版社,1993:41.
② 邓小平.邓小平文选(第二卷)[M].北京:人民出版社,1994:367.

农民懂科技、有文化，为此，他提出利用各种教育设施和手段，发展农村教育和提高农村教师的地位，尽快实现农民文化素质的提高。同时他还强调，农村教育也要遵循"面向现代化、面向世界、面向未来"的战略，表明了他对我国农村农民的殷切期望和坚定信心。农民的思想道德建设是邓小平尤为重视的农村公共文化建设内容，他认为："现在群众中需要解决的思想问题很多，……我们一定要把思想政治工作放在非常重要的地位，切实认真做好，不能放松。"①对农民不仅要进行社会主义和共产主义信念和理想的教育，也包括集体主义教育、道德教育、人际关系和谐的教育，让农民在生活中形成家庭和睦、邻里和谐、人与人互相友爱的同志式关系。邓小平强调的我国农村公共文化建设，一方面是农民的公共文化知识普及和教育，更要注意社会主义价值观的引领和传播，这也是邓小平的社会主义农村公共文化建设思想的继续践行。

（二）中国特色社会主义农村公共文化建设要以马克思主义理论为指导思想

邓小平始终强调，中国特色社会主义文化建设的指导思想是马克思主义理论。革命战争时期，文化与政治的关系表现为文化服从于政治，文化为政治服务，这是特定历史时期的斗争任务和要求决定的。继"文化大革命"对文化造成极大破坏之后，邓小平认识到，在新的历史时期，必须调整政治与文化之间的关系。他指出，文化产生以后就具有自己的相对独立性，文化虽然与政治有关，但是不能完全从属于政治，特别是在社会主义建设时期，"文化从属于政治"的思想在实践中容易造成危害，会形成文化建设的行政化，使得文化建设沦为某些别有用心的政治斗争的工具。"文化大革命"对农村传统公共文化的破坏是惊人的，只要是传统文化，不分青红皂白，统统加以批判和抛弃，这也是农村公共文化建设缺失明确方向指引的结果。党的十一届三中全会以后，邓小平提出，我国处于社会主义建设的新时期，要在实事求是的基础上，坚持"百花齐放、百家争鸣"的文化建设方针，同时他还说，"我们坚持'双百'方针和'三不主义'，不继续提文艺从属于政治这样的口号，因为这个口号容易成为对文艺横加干涉

---

① 邓小平.邓小平文选(第二卷)[M].北京：人民出版社，1994：342.

的理论根据,长期的实践证明它对文艺的发展利少害多。但是,这当然不是说文艺可以脱离政治。文艺是不可能脱离政治的。"①邓小平在文化建设和政治关系的处理上,既提出了要坚持"双百"方针,又提出了"坚持社会主义道路、坚持无产阶级专政、坚持共产党的领导、坚持马列主义、毛泽东思想"四项基本原则,四项基本原则为文化建设作了政治上的规定。另外,他还用"为人民服务、为社会主义服务"对中国特色社会主义的文化建设指明了方向,他坚持,要实现社会主义文化建设为社会主义服务的目的,就要与形形色色的资产阶级腐朽的没落的思想做斗争,反对资产阶级自由化思潮,对国内"左"和"右"的思想倾向保持警惕。"属于文化领域的东西,一定要用马克思主义对它们的思想内容和表现方法进行分析、鉴别和批判。"②"双百"方针和坚持四项基本原则虽然是针对中国特色社会主义文化建设的总体提出的,也一样适用于农村公共文化建设。只是当时并没有用"公共文化"一词加以明确说明而已。总之,明确以马克思主义作为文化建设和公共文化建设的指导思想,为我国农村公共文化建设实践指明了方向。在文化建设与政治发展之间的关系上,邓小平实现了原则性与灵活性的统一、民族性和创新性的统一、时代要求和历史经验的统一,正确地处理了文化与政治之间错综复杂的关系,为实践中的中国特色社会主义文化建设指明了方向。

(三) 中国特色社会主义农村公共文化建设的主体和对象是农民

邓小平认为,农民是中国特色社会主义农村公共文化建设的主体,要依靠农民的智慧和力量,调动他们的积极性、主动性和创造性。他对此作了充分的肯定,"农村改革中的好多东西,都是基层创造出来,我们把它拿来加工提高作为全国的指导。"③由此可见,邓小平认为,农村基层是有创新性的,归根结底还是人的作用,是农民的作用。农民不仅是农村公共文化建设的主体,还是农村公共文化建设的对象。一方面,农村公共文化建设活动是围绕农民展开的,通过社会主义农村公共文化活动的开展,促使

---

① 邓小平.邓小平文选(第二卷)[M].北京:人民出版社,1994:255.
② 邓小平.邓小平文选(第三卷)[M].北京:人民出版社,1993:44.
③ 邓小平.邓小平文选(第三卷)[M].北京:人民出版社,1993:382.

农民的文化素质和思想意识得到提高,使得农民最终成为"有理想、有道德、有文化、有纪律"的四有新农民;另一方面,农民是中国特色社会主义农村公共文化建设的服务对象。邓小平继承了毛泽东的文化为人民服务、为社会主义服务的思想,进一步强调了农村公共文化建设为农民服务的宗旨。1979年召开的全国文学艺术工作者第四次全国代表大会上,他指出社会主义文艺是属于人民,也是为人民服务的,文艺工作者和文化建设不能脱离人民的生活,"要教育人民,必须自己先受教育。要给人民以营养,必须自己先吸收营养。由谁来教育文艺工作者,给他们以营养呢?马克思主义的回答只能是:人民。人民是文艺工作者的母亲。"①可见,农民是社会主义农村公共文化建设的核心和根本。同时,邓小平还强调了我国农村的丰富多样性,在公共文化建设活动过程中,要密切注意到地区的差异,采用灵活的方式,不能拘泥于某一种整齐划一的单调形式。"我国历史悠久,地域辽阔,人口众多,不同民族、不同职业、不同年龄、不同经历和不同教育程度的人们,有多样的生活习俗、文化传统和艺术爱好。"②他还指出,农民是农村公共文化建设活动成效的评定者。邓小平这些睿智的思想对当前的农村公共文化建设具有非常重要的指导意义。

(四)中国特色社会主义农村公共文化建设要坚持"双百"和"二用"方针

邓小平继承了毛泽东的文化建设思想,明确了中国特色社会主义农村公共文化建设的"百花齐放、百家争鸣"和"古为今用、洋为中用"方针。毛泽东虽然提出了"双百"和"二用"方针,但是受到阶级斗争扩大化的影响,新中国成立初期的社会主义文化建设实践中并没有很好地践行这一宝贵思想。邓小平结合成熟的社会现实条件,提出了坚持"双百"和"二用"的文化建设方针。"我们要继续坚持毛泽东同志提出的文艺为最广大的人民群众、首先为工农兵服务的方向,坚持百花齐放、推陈出新、洋为中用、古为今用的方针,在艺术创作上提倡不同形式和风格的自由发展,在艺术理论上提倡不同观点和学派的自由讨论。"③

---

① 邓小平.邓小平文选(第二卷)[M].北京:人民出版社,1994:211.
② 邓小平.邓小平文选(第二卷)[M].北京:人民出版社,1994:210.
③ 邓小平.邓小平文选(第二卷)[M].北京:人民出版社,1994:210.

在我国农村公共文化建设过程中,依然会碰到如何对待传统公共文化和外来公共文化的问题,农村是保留文化传统最多的场域,不仅包含中国文化的一般传统,还保留着各个地区的地区传统和文化特色,这其中的传统文化要素品质良莠不齐,需要认真区分和鉴别,必须做到去伪存真,保留优秀传统文化,也只有优秀的传统公共文化才能为后来的农村公共文化建设提供宝贵资源。邓小平在此方面的态度是明确的。他认为,对待传统公共文化,要进行客观的历史的分析,要联系实际,结合所处的时代特点和社会现实,结合国家的根本制度进行分析。在我国实行改革开放政策以后,文化交流进一步加强,农村公共文化建设同样不可避免地遇到国外文化的碰撞和交流。邓小平强调,一定要用马克思主义立场、观点和方法对外来文化进行分析和鉴别,然后积极借鉴和吸收外来文化的优质成分。这一点上,邓小平继承和发展了毛泽东的洋为中用的思想。他指出:"我们要向资本主义发达国家学习先进的科学、技术、经营管理方法以及其他一切对我们有益的知识和文化,闭关自守、故步自封是愚蠢的。"[1]"社会主义要赢得与资本主义相比较的优势,就必须大胆吸收和借鉴人类社会创造的一切文明成果,吸收和借鉴当今世界各国包括资本主义发达国家的一切反映现代社会化生产规律的先进经营方式、管理方法。"[2]

三、第三代中央领导集体及当前中央的农村公共文化建设思想

1997年,党的十五大报告系统地阐述了建设有中国特色社会主义文化理论,这是对邓小平的中国特色社会主义文化思想的系统总结和进一步发展。江泽民在十五大报告中指出:"有中国特色社会主义的文化,就其主要内容来说,同改革开放以来我们一贯倡导的社会主义精神文明是一致的。文化是相对于经济、政治而言;精神文明相对于物质文明而言。只有经济、政治、文化协调发展,只有两个文明都搞好,才是有中国特色社会主义。"[3]他进一步明确了中国特色社会主义文化建设的纲领、方针、政

---

[1] 邓小平.邓小平文选(第三卷)[M].北京:人民出版社,1993:44.
[2] 邓小平.邓小平文选(第三卷)[M].北京:人民出版社,1993:373.
[3] 江泽民.江泽民文选(第二卷)[M].北京:人民出版社,2006:32.

策、任务等内容,"建设有中国特色的社会主义,就是以马克思主义为指导,以培育有理想、有道德、有文化、有纪律的公民为目标,发展面向现代化、面向世界、面向未来的民族的、科学的、大众的社会主义文化。"[1]可见,十五大报告阐述的中国特色社会主义文化建设理论,其指导思想、主要内容、方针路线等内容都是邓小平文化思想的延续和系统总结。以江泽民为核心的第三代中央领导集体在文化建设上也有创新和发展,即提出了"先进文化"的概念和发展思路,并且把文化建设和党的建设联系起来,强调党对文化建设的领导,指出党始终代表中国先进文化的前进方向。先进文化其实就是社会主义意识形态方面的文化,也是邓小平强调的思想道德文化建设的具体表现。总体上,21世纪前的最后十年期间,农村公共文化建设思想是遵循了与中国特色社会主义文化建设相同的原则、方针和政策,农村公共文化建设实践被总体的中国特色社会主义文化建设实践所涵盖。

21世纪以来,中国特色社会主义农村公共文化建设思想进一步明确,这与整体的社会环境和各方面条件的成熟密不可分。总体而言,文化建设经过前期的发展,进入了大发展大繁荣时期,在遵循以往文化建设原则方针和指导思想不变的前提下,亟须进行的是文化建设制度的改革、调整、完善。对此,我国提出了建设有中国特色的社会主义文化强国的战略目标,要求进行文化体制改革、强调区分公益性文化事业和经营性文化产业的发展方式,突出了公共文化建设等重点内容。就公共文化建设而言,最近几年的公共文化和农村公共文化建设高潮属于实践高潮,是中国特色社会主义公共文化建设基本理论提升下的实践繁荣。新时期农村公共文化建设具体理论的发展可以归结为以下两大部分:一是明确了农村公共文化建设的意义和要求。把农村公共文化建设作为中国特色社会主义农村文化建设的重点内容提炼出来,这是党和政府领导者在思想认识上逐步深化的结果。农村公共文化建设是伴随我国整体公共文化建设得以明确而被明确的。2002年,党的十六大报告即明确强调,国家应该支持和保障文化公益事业蓬勃发展。在我国农村区域,农民的物质生活水平提高以后,精神文化需求也不断提高,这就需要发展农村的公共文化事业

---

[1] 江泽民.江泽民文选(第二卷)[M].北京:人民出版社,2006:17-18.

和经营性文化产业,公益性文化事业满足农民的基本文化需求,市场上经营性的文化产业则满足农民多样的文化需求。同时,建设农村公共文化也是为了保障农民的文化权益。2007年,十七大报告指出,发展公益性文化事业是保障人民基本文化权益的重要途径。在农村公共文化建设的具体要求上,中央领导集体明确提出,农村公共文化建设是政府主导,主要依靠公共财政的支持,以建立覆盖全社会的公共文化服务体系为目标,坚持以社会主义核心价值观为引领,加快加强农村公共文化的基础设施建设、推行文化行政体制改革、动员社会力量参与等。2008年,中共中央明确提出繁荣农村公共文化的号召,2012年党的十八大报告对农村公共文化建设的具体思想加以完善,提出要充分发挥农民群众的主体作用,"坚持面向基层、服务群众,加快推进重点文化惠民工程,加大对农村和欠发达地区文化建设的帮扶力度,继续推动公共文化服务设施向社会免费开放。……开辟群众性文化活动,引导群众在文化建设中自我表现、自我教育、自我服务。"[①]并把社会效益作为繁荣农村公共文化事业的首要目标和评价标准。二是强调社会主义核心价值体系的建设是农村公共文化建设的重要内容。我国在重点建设公益性文化事业的同时,特别强调社会主义核心价值体系的建设,这是社会主义思想道德建设作为文化建设重点政策的一贯延伸。在21世纪,社会主义思想道德建设逐渐升华为社会主义核心价值体系建设,也成了中国特色社会主义农村公共文化建设的重要内容。2006年,党的十六届六中全会明确阐述了建设社会主义核心价值体系的任务要求。2008年,中央提出要用社会主义荣辱观引领农村社会思想价值风尚,明确在农村公共文化建设中,社会主义核心价值观的引领作用。2011年,党的十七届六中全会强调,社会主义核心价值体系是中国的"兴国之魂"。2012年,党的十八大提出最新的"24字"的社会主义核心价值的概括,即"富强、民主、文明、和谐、自由、平等、公正、法治、爱国、敬业、诚信、友善"。社会主义核心价值作为社会主义意识形态的本质表现,既是社会主义农村公共文化建设的重点和目标,同时又可以发挥其本身的正面作用,引领农村的公共文化建设。

---

① 胡锦涛.坚定不移沿着中国特色社会主义道路前进为全面建成小康社会而奋斗——在中国共产党第十八次全国代表大会上的报告[M].北京:人民出版社,2012:32.

第五节　社会主义农村公共文化建设思想的重要启示

马克思主义经典作家关于社会主义农村公共文化建设的思想非常丰富,从中可以归纳出以下重要启示:

一、社会主义农村公共文化建设必须始终坚持以马克思主义理论为指导

马克思主义经典思想家一致强调,社会主义国家各项建设事业的指导思想是马克思主义理论,要始终坚持马克思主义理论的指导地位。社会主义国家的农村公共文化建设也必须以马克思主义理论作为指导思想。由于马克思主义理论是科学的世界观和方法论,其本身是开放的、发展的、与时俱进的思想体系,这一点在社会主义制度的历史实践中得到了充分体现。比如,我国在农村公共文化建设实践中,作为指导思想的马克思主义理论本身是不断丰富和发展的,从马克思的思想到列宁主义、毛泽东思想、邓小平理论、"三个代表"思想、科学发展观等,都属于马克思主义理论的范畴,是对马克思主义的进一步继承和发展,是马克思主义基本原理在中国的实际应用。因而,农村公共文化建设的指导思想总体上坚持以马克思主义理论为前提,并有机结合了毛泽东思想和邓小平理论以及有中国特色的社会主义理论。

社会主义农村公共文化建设在以马克思主义理论作为指导思想时,应该依据不同历史时期的社会现实,始终坚持马克思主义的基本立场,用辩证唯物主义的方法论思考和处理问题。社会主义农村公共文化建设以马克思主义为指导,主要表现为马克思主义科学地阐述了文化和政治的关系,并且坚持党在文化建设中的领导地位,这两点为公共文化实践指明了方向。首先,文化和政治的关系错综复杂,马克思主义关于二者关系的基本原理表述为,文化和政治都是在一定的经济基础之上产生的,并为特定的经济基础服务,文化产生以后就具有了独立性和能动性,会对经济基础和政治产生巨大的能动作用。这是马克思主义关于二者关系的科学概

括，在实践运用中要结合现实去灵活运用。比如，中国在革命战争时期，农村文化建设是为政治服务的，是从属于政治的，这是建立在当时革命形势基础上的正确的文化政策，确实发挥出了文化的斗争作用。当时的农村公共文化建设还一再被要求不能脱离农村和农民群众，文艺工作被要求深入群众、深入农村、了解农民，这都是马克思主义理论联系实际的具体体现。新中国成立以后，结合新的社会现实，就需要调整文化和政治关系，当时的中央领导集体就作出文化建设不能从属于政治的政策声明，更加注重文化自身独立性和主动性的发挥。同时坚持文化建设不能脱离政治，农村公共文化建设要坚持"为人民服务、为社会主义服务"的"二为"方向，坚持四项基本原则，农村公共文化建设的政治性得到彰显，同时，农民的主体力量、农民的积极性和创造性被强调。在马克思主义理论指导下，社会主义农村公共文化建设实践有效进行，同时实践又丰富了马克思主义理论，很多实践经验的理论总结发展成为马克思主义理论的一部分，升华为指导思想，这正是社会主义农村公共文化建设始终坚持马克思主义理论指导的灵活运用。

二、社会主义农村公共文化建设必须以社会主义意识形态建设为核心

从马克思和其后来的思想承继者的理论内容来看，社会主义国家文化建设的重要核心是意识形态建设。马克思认为，意识形态维护的是特定阶级的利益；列宁强调社会主义国家意识形态的领导权；毛泽东坚持社会主义国家的主流意识形态——马克思主义的领导地位和指导作用；邓小平进一步肯定马克思主义的指导作用；我国第三代及后来的中央领导集体以意识形态建设作为文化建设的核心内容的实践成效都表明，社会主义国家文化建设必须以主流意识形态的建设为核心，这样才能确保社会主义国家发展的正确方向和体现出社会主义制度的优越性。社会主义国家的农村公共文化建设也不例外，主流意识形态的建设是其核心内容。

社会主义农村公共文化建设是内容极其丰富的系统建设工程，按照前文所下的定义，它不仅有物质公共文化建设，也有制度公共文化和理念公共文化的建设；在理念公共文化建设中，既包括一般公共文化理念建设，也有社会主义意识形态建设，而社会主义意识形态建设是农村公共文

化建设的重点,其他的公共文化设施、公共文化人才、公共文化管理机构、公共文化相关制度的建设都是为社会主义意识形态建设服务的。或者说,社会主义意识形态建设是农村公共文化建设的根本目的,而其他公共文化建设内容则是手段,这是由我国的社会主义制度决定的。世界上任何一个国家,都有其主流意识形态,在其文化建设中,都要确保主流意识形态的领导地位。社会主义国家的主流意识形态就是马克思主义。实践证明,如果在文化建设上不能维护主流意识形态的领导地位,国家的根本制度就容易改变,苏联解体和东欧剧变的重要原因就是主流意识形态建设的缺失。作为社会主义国家,中国在经济、政治、文化、社会各个领域取得的进步世界瞩目,这也是源于我国社会主义主流意识形态的持续建设。在我国文化领域,从邓小平强调社会主义精神文明建设,强调精神文明建设中的思想道德建设,到第三代中共领导集体强调建设社会主义核心价值体系,都是我国注重社会主义意识形态建设的重要表现。

我国农村公共文化建设必须以社会主义意识形态建设为核心内容,在农村公共文化活动开展过程中,要注重社会主义核心价值观的传播和弘扬,展现出社会主义农民的精神追求和风貌,要突出社会主义农村的发展特点,把传播社会主义核心价值作为公共文化活动开展的一个评估标准,同时创新更多的灵活新颖的社会主义核心价值的传播方法,有效开展社会主义主流意识形态的建设,到特定时期,社会主义核心价值又能发挥出自身巨大的正能量,成为农村公共文化建设活动的引领,确保社会主义文化安全,加快实现中国特色社会主义的文化强国目标。

三、社会主义农村公共文化建设必须以农民为主体和服务对象

从马克思的以"人"为主体的公共文化生成与发展论,到列宁对苏维埃俄国农民接受公共文化知识教育的重视,再到我国中央几代领导集体明确强调农民是农村公共文化建设的主体和对象的思想和实践,可以看出,马克思主义理论家共同强调了人的主体地位,强调了农村公共文化建设中农民的核心作用。这既是思想家们和人民群众集体智慧的结晶,也是被历史实践所证明的正确的理论总结。马克思主义认为,人类历史的展开是围绕着"人"这一中心主体展开的,社会主义农村公共文化建设也

必须围绕着人来展开,以人为本的发展理念应该始终贯穿于农村公共文化建设中,表现为农村公共文化建设要以农民为根本,围绕农民而展开,农民既是农村公共文化建设的主体,也是农村公共文化建设的对象,更是农村公共文化建设的价值旨归。

农民作为农村公共文化建设的主体,包含着两层含义:首先是农民的主体作用的发挥。农民的主体作用一方面表现为农民是农村公共文化的主要建设者,在农村公共文化建设政策的制定、制度的执行中要充分发挥出主体意识、主人翁意识、公共意识、创造意识;此外,公共文化不是抽象地存在的,它是通过依附于主体的人而展现其存在的,是人的创造。换言之,农民又是农村公共文化的主体,对农村公共文化进行建设,实际上也就是对农民的公共文化进行建设,农民也就成了农村公共文化建设的对象。通过建设社会主义新农村公共文化,最终提高农民的思想道德水平和文化素质。其次是农村公共文化活动不能脱离农民。农村公共文化活动要围绕农民而进行,要反映农民的所知、所想、所求,要以为农民服务为根本目的,这也是对老一辈思想家提出的"二为"文化方针的继承和弘扬。

我国是社会主义国家,社会主义农村文化建设也必须充分发挥农民的建设主体作用,实现为农民服务的目的和要求。但在实际的建设实践过程中,大多农民处于被动、消极、冷漠的"旁观者""他者"状态,许多学者用"失语"来形容农民主体性的缺失。张鸣认为:"在过去,虽然不充分,但农民一向都是有话语权的,……从 1990 年以后,从前的政治性道德话语失去了其对农民自身和农村干部的约束力,致使农民在自己的生存半径内处于失语状态。"[1]梁卫星提出疑问,他认为农民本就缺乏主体意识,那种"精神的焦虑""对土地的厌恶"都是生存危机中的本能反应[2]。无疑,无论是农民关于文化建设话语权的丧失,还是农民对于文化建设的冷漠态度,都是主体性缺失的表现及后果。农民主体性的缺失已是我国农村公共文化建设中不争的事实。在我国社会主义农村公共文化建设中,能

---

① 张鸣.农民"失语症"的病史考察[EB/OL].http://www.aisixiang.com/data/3069.html,2006-11-08/2015-12-21.
② 梁卫星.质疑农村的"文化殖民"[J].天涯,2005(3):73.

否充分发挥出农民群众的主体作用,最终会影响"为农民所有"和"为农民服务"的社会主义农村公共文化建设的成效。

四、社会主义农村公共文化建设必须以遵循群众路线为路径

农村公共文化建设要实现为农民服务的目标要求,必须坚持贯彻群众路线,这是农村公共文化建设取得成效的重要保证,也是继承马克思主义的伟大思想家们留给后人的宝贵思想遗产。"从群众中来,到群众中去"的群众路线经过实践的检验,已经成为建设社会主义各项事业必须贯彻的正确路线。历史实践证明,在社会主义农村各个发展阶段中,只要偏离了群众路线,就不能创作出农民真正所需要的文化作品,发挥不了文化竞争的武器作用,更无法提高农民的思想道德素质。社会主义农村公共文化建设坚持贯彻群众路线,意即在社会主义农村公共文化建设中,要密切联系农民群众,积极听取农民的心声,根据他们的要求开展农村公共文化建设活动。

贯彻群众路线是对所有的农村公共文化建设主体的要求,包括政府、社会组织、文艺创作人员等。对于政府而言,农村公共文化本身就是政府主导的公益性事业,政府在履行农村公共文化建设职能的时候,出于对社会主义文化安全、社会主义意识形态建设、公共财政的文化投入、公共文化建设实效的考虑,都应该深入群众了解实际情况,进行有针对性的农村公共文化建设,实现为农民、为农村提供现代的完善的农村公共文化服务的目的。农村公共文化建设的其他主体也应该深入了解农村,根据不同农村地区的发展状况和文化特色,结合当地农民的特点,开展符合当地农村实际和农民要求的公共文化建设活动。尤其是对文艺工作者,更是要经常深入农村,走访农民,倾听农民,然后创作出能够反映农村和农民生产、生活实际的、反映农民需求的公共文化作品。我国当前农村公共文化建设实践中,群众路线没有得到深入贯彻,如一些农村干部不再关注农民的思想和行动,其行为准则是"唯上唯己",不再是为农民服务,而是为自己谋利,唯领导至上。农村公共文化建设中的送文化工程、村村通工程等,多成了面子工程,成了用于应付上级检查的摆设和道具,成了帮助自身升迁的业绩,国家投入大量经费的文化设施大多难以发挥出应有功用。

另外，农村公共文化被城市公共文化所遮蔽，在农村推行的大量精神文化产品都是针对城市生活的，与农村现实与农民的生活严重脱节，专门针对农村现实发展的精神文化产品很少，农民对此不感兴趣且感到陌生遥远，这些都是偏离群众路线的具体表现。

第三章 苏南农村公共文化及建设的历史嬗变

鸦片战争以前,中国农村的变化极其缓慢,农村生产和生活基本属于周而复始的循环往复。鸦片战争伊始,中国第一次遭遇现代性,由此开启了西方现代性与我国农村生活之间的碰撞、交融、博弈的历史进程。中国农村公共文化也开始了抵制与适应、变化与创新、成效和代价并存的变迁历程。本研究中的苏南农村,特指江苏省苏州、无锡、常州地区的农村,苏锡常地区历史上属于江南,本研究里论及的江南乡村,也仅仅指苏州、无锡、常州地区的农村区域。早从明朝中期开始,江南地区就有了鲜明的经济特色,即商品经济很发达,出现了很多"市镇",农民生活也开始了与"市镇""市场"的各类联系。因此,在梳理苏南农村公共文化变迁历程时,应注意到,苏南农村不仅具备中国乡村的普遍属性,也存在着特定的区域特色,而这些特色与当地发达的经济基础密不可分。苏南农村公共文化变迁历程,可以从以下历史阶段去省察。[①]

第一节 1840—1949年苏南农村公共文化及建设的变迁

如前所述,借鉴日本社会学家横山宁夫的文化分类法[②],农村公共文化被划分为农村物质公共文化、农村制度公共文化、农村理念公共文化三

---

① 纪丽萍.变迁视阈中的现代性与中国乡村文化[J].理论月刊,2013(5):176-179.
② 文化一般分为物质文化和非物质文化,日本社会学家横山宁夫把非物质文化分为制度文化和理念文化。参看1983年由上海译文出版社出版的横山宁夫著作《社会学概论》第168页内容。

第三章 苏南农村公共文化及建设的历史嬗变

大领域,以下关于农村公共文化变迁内容即从这三个方面进行论述。

一、鸦片战争以后晚清时期的苏南农村公共文化变迁

鸦片战争后,我国沦为半殖民地半封建社会,因封建势力的强大,晚清政府的洋务运动和戊戌变法先后失败,使得广大农村公共文化的变化速度极其缓慢。这一时期,乡村公共文化仍然是以儒家思想为主流的制度和理念体系,传统的制度公共文化是理念公共文化的体现,起着传承和维护理念公共文化的作用。按照"文化堕距"理论,制度公共文化容易变迁,而理念公共文化则很难变化。在这一时期,制度公共文化的典型是维护封建统治秩序的科举制。晚清时期的科举制衍生和加重了各种腐化,如官员捐纳和捐卖之风盛行、贪污腐败严重。这本是太平天国运动的重要缘由,但在太平天国运动失败后,由于封建势力的强大,尽管存在诸多缺陷,科举制还是被保留下来继续运转。由于战争,科举考试被迫中断。战争结束后,缺失的科举考试陆续被补齐。李鸿章、曾国藩、冯桂芬等人也都意识到了科举制的缺陷,对此提出了一些革新建议,但都被清政府漠视和拒绝。总之,晚清时期,由于西方入侵,让中国社会看到自身的弱小与西方国家的强大,社会的有识之士提出了"自强"的愿望和相关措施,其中包括对旧制度的调整革新,也积极向朝廷进行上书建议,遗憾的是很多可贵的真知灼见并未被清政府采纳。清朝政府最终于1906年废除了科举制,制度公共文化的变化带来的理念公共文化变化的效果还未显现,清朝就覆亡了。因而,无论是农村物质公共文化方面、农村制度公共文化方面,还是农村理念公共文化方面,依然是旧制度在持续运转。"以自强的名义作出的一些革新确实产生了意义深远的成果。新政策必然导致对传统的经世致用说的背离;追求富强的行动逐渐压倒了儒家偏重德政的传统。当然,所采取的妥协性措施从来没有达到引起制度方面重大变革的程度。"①包括乡风、民俗、民德、农民的价值观念等在内的与封建主义相适应的传统儒家文化依旧占统治地位,农民在思想上表现出迷信、愚昧、无知和"事不关己,高高挂起"的冷漠等特性。总体而言,晚清时期的中国乡村

---

① [美]费正清,刘广京.剑桥中国晚清史[M].郭沂纹,译.北京:中国社会科学出版社,1985:479.

生活贫乏而单调,直至辛亥革命,乡村生活几无变化,此阶段"中国的一个个村庄无论在实体上还是精神上都是一个固定物。"①苏南农村亦是如此。

二、辛亥革命以后民国时期的苏南农村公共文化建设变迁

在西方的民主、人权等现代性观念影响下,1912年辛亥革命爆发,推翻了清朝封建统治,建立了中华民国。从1912—1949年,大致可以分为以下阶段:1920—1930年,中国军阀混战激烈,同时受西方世界经济危机的影响,中国农村经济萧条,饥荒不断;1937—1945年,是日本侵华战争时期;1946—1949年又是国内战争时期。总体而言,战争与饥荒是旧中国农村的主旋律。战争和饥荒并存的社会大环境的影响是巨大的,而对农村公共文化的影响则表现出复杂性。旧的传统的公共文化逐渐被解构,但结果却未建构起良善的文化和道德,反而趋于恶化。"一个战争中的国家不仅损失许多正常生产的货物和劳务,也要冒丧失将来生产能力所依靠的资本的风险。战争的时间越长,要求人民为填补损失或消耗掉的资本作出的牺牲也就越大。生产和经济组织的破坏,伴随着社会的变化,使人们逐渐无视道德和习俗,并趋向以强凌弱。"②梳理民国时期乡村历史脉络可见,虽有新文化运动、乡村建设运动、共产主义农民运动等实践探索,但由于旧中国农村的特殊性和文化变迁速度极其缓慢的特性的双重影响,乡村的设施和制度公共文化虽然在表面上有了些许改变,但是理念公共文化的价值体系并没有被真正触动。从总体上和根本上看,此种大环境对农村公共文化的影响,几乎是微乎其微的,"权力的文化网络只是在组织和关系形式上被刷新了,被破坏的是表面的制度、等级组织以及国家、乡绅和地方社会之间的角色关系,而价值观念和规范所内衍的文化深层的象征生产体系并没有改变,因此并没有真正建立起新型的制度和价值观念。"③鉴于各式有意义的运动开展时期的交叉,以及运动开展区域的局部性,以下阶段的划分是以运动作为中心来对苏南农村公共文化变迁的历史进程作详细探析:

---

① [美]明恩溥.中国乡村生活[M].陈午晴,唐军,译.北京:中华书局,2006:245.
② [美]费正清,费维恺.剑桥中华民国史[M].刘敬坤,译.北京:中国社会科学出版社,1994:269.
③ 张小军.象征资本的再生产——从阳村宗族论民国基层社会[J].社会学研究,2001(3):53.

（一）新文化运动时期

随着新文化运动的推行，政府和社会阶层都倡导科学和理性的文化理念，开始了破除传统陋习的进程。政府和社会首先在制度公共文化上进行调整，力求伴随着物质公共文化设施的创建或拆除，达到树立新的理念公共文化的目的。民国时期，乡村公共文化依然是以儒家思想为核心，兼蓄共同的民间信仰、习俗、价值观在内的思想体系以及相应的制度、设施的总和。"愚昧、贫穷、体弱、缺乏公共精神"被公认为是旧中国乡村的四大疾患，其中，愚昧和缺乏公共精神概括的是旧中国农村的文化状况。中华民国建立以后，政府在乡村文化上采取的新举措就是消除愚昧与建构公共精神，这也成了新文化运动在农村的文化革新实践。

在江南农村，消除愚昧主要是通过取缔当地历史悠久、活动频繁的巫术和拜神的庙会。1913年8月，南京临时政府颁布通令："协同各自治机关，将各庙所有刊列方单，及排印各板，立即销毁，以绝根株。至女巫左道以术为市，亦予一并查禁。"[①]巫术和庙会在江南农村尤为兴盛，从民国政府颁布法令起，对巫术和庙会的批判和取缔一直在进行，但由于江南农村地区也难逃战争和饥荒如此交替或并存的恶劣社会环境，巫术活动和庙会活动最终没有被完全废止，一直以或隐或现的方式在持续，这也说明了文化强大的惯性和影响力。

家是中国农村最重要的社会单位，20世纪上半叶旧中国的农民持有的多是"私"的理念文化，"公"的理念极少，从家到家族到宗族和村落，形式上好似区域各异的"公共"领域，但私才是根本。庙会、祠堂等公共空间展现的是"共同体"的各类信仰，而最终必然是落实到"私"利，以"公"之名，行"私"之实。如此，就不难理解以下的例子。例如，遇到灾年，一些储存足够粮食的村落，都会拒绝卖多余的粮食给邻村，哪怕邻村面临村民饿死的困境。美国传教士明恩溥通过对20世纪初中国农村的观察，尤其是在考察了农村的公路、渡口这些无人问津的公共设施之后，对中国农民做出了如下结论："中国人很难一下子理解'为了公益'这样的观念。他们从

[①] 沈洁.反对迷信与民间信仰的现代形态——兼读杜赞奇"从民族国家拯救历史"[J].社会科学，2008(9):170.

来没有听说过这样的事情,更糟糕的是,他们压根儿不想听说。"①农民对公共事务的态度总体上是漠视的,虽然有类似于"村防团""联合会"这样的合作组织,参加的村民也是因有利可图,或是为了保护他们土地的完整,或是为了收地租,总体的、常见的、常规的公共合作极少。晚清时期,缺乏对中国农民唯"私"的文化疾患进行改造的意识和制度,对江南农村村民进行公共精神的培育则主要体现在乡村建设运动时期了。

(二)乡村建设运动时期

20世纪20年代末30年代初,乡村建设运动在中国乡村兴起。从根本性质而言,乡村建设运动是一种社会改良运动,运动主体从少数知识分子群体逐渐过渡到民国政府的介入。由于运动以承认并维护当时政治和社会秩序为前提,所以乡村运动虽然在乡村地区的部分领域取得些许成效,但最终因动乱的年代和腐败的政府统治而以失败告终。江苏苏南部分乡村也是乡村建设运动的实验地,苏南乡村于20世纪20年代也建立了很多乡村建设运动的实验区,如江苏省立教育学院于1929年选取了无锡黄巷村作为其第一个开展乡村建设运动的实验区,然后又陆续在无锡建立了北夏、惠北实验区,中华职业教育社在昆山徐公桥、苏州的善人桥建立了农村教育改进实验区进行农村职业培训与教育,1932年武进成立了"武进县农村改进指导委员会",作为开展武进地区农村实验工作的领导机构。从这些地区开展的乡村建设内容来看,尽管存在区域特色,但基本内容大同小异,都是围绕发展农村经济、兴办农村各类教育、改善农民社会生活、更新农村文化生活来进行的,这也体现了针对旧中国的"贫、病、弱、私"四大疾患所做的努力。从公共文化视角梳理,如前所述,物质公共文化、制度公共文化、理念公共文化是三个分析向度,但同时也要看到,彼此之间也有联结,在特定场合,各自的界限也并非泾渭分明。

从物质公共文化方面审视,苏南乡村建设时期,各种乡村公共文化设施纷纷建立,且数量众多,形式多样,这是苏南乡村的各个实验区的普遍情况。比如,黄巷创办了托儿所、小学、图书阅览处、民众俱乐部,惠北实验区建立了面积有几百亩的乡村体育场。"惠北实验区重视开展农村群

---

① [美]明恩溥.中国乡村生活[M].陈午晴,唐军,译.北京:中华书局,2006:26.

众性的体育、练武运动,建立了面积有几百亩地的乡村体育场,设有足球场、篮球场、排球场、跑道、单杠、双杠、撑杆跳高架、木马等。还利用寺庙、祠堂等场地开辟小型体育活动场,聘有专职及兼职教师辅导练习。"①北夏实验区设立了民众俱乐部、民众图书馆,"在蠡降"设立了一个民众图书馆,藏书 3 150 册,在隔墙村、王岸圩、查家桥、南钱等 10 个村设立巡回书库,向青年学园、儿童学园、成人班级的师生以及附近的农民开放。"②徐公桥成立了娱乐部,武进实验区建立了民众学校等,总体而言,苏南乡村的公共文化设施经历了从无到有、从少到多的发展历程,最重要的是伴随着这些设施的创建,乡村实验区同时开展了大量丰富的公共文化活动。比如在体育健身场馆常常举办各类综合型和专门的运动会和体育比赛,在图书馆组织读书会,还采用讨论读书心得的方式增强农民的阅读兴趣和热情。各类学校的建立为乡村的全面教育提供了必需的场地,最直接体现公共文化发展的是各类休闲文化活动的开展,比如排演音乐剧、放映电影、纳凉会、消寒会、同乐会、儿童幸福展览会等,组织农工业余剧社,自编自演,进行多次戏剧演出。昆山徐公桥乡村实验区根据"季节变化组织不同的文化活动,如春节时举行新年同乐大会,组织通俗新剧社表演戏剧,每日到场的观众达六七百人;夏季组织纳凉会,村民聚集在广场,开留声机、唱歌、讲笑话、讲故事、讲时事新闻,等等;冬季组织消寒会,在会所中间放一个大火炉,村民围着火炉唱歌、说书、讲笑话等,常常满屋笑语,在轻松愉快的氛围中实施教育"。③

  从制度公共文化方面审视,乡村公共文化各项活动在开展时,都离不开相关制度的建构,涉及人员、机构、活动经费等各项规定,除了这些非常具体的制度以外,在此主要分析比较具有系统性的有指导作用的公共文化制度。

  一是各类乡村建设运动的组织领导制度。苏南乡村开展建设运动时,都成立了相关的管理组织。如黄巷改进会,成员主要是村内热心公益的村民,改进会属于村自治性质的组织,凡是村务改革事宜,都要经过改

---

① 朱考金.民国时期江苏乡村建设运动研究[M].北京:中国三峡出版社,2009:127.
② 朱考金.民国时期江苏乡村建设运动研究[M].北京:中国三峡出版社,2009:141.
③ 朱考金.民国时期江苏乡村建设运动研究[M].北京:中国三峡出版社,2009:161.

进会商讨和作出最终决议。惠北实验区的高长岸于 1930 年也成立了乡村改进会，凡是居住在高长岸的年满 16 岁、没有不良嗜好、无犯罪记录的居民都可以参加。北夏实验区、徐公桥实验区也成立了改进会，武进县成立了农村改进委员会，下设 6 个农村改进实验区。农村改进会的功能综合，是集经济、政治、文化管理职能于一身的组织机构，其中文化职能是非常核心的工作职能之一。比如武进农改区的文化工作方面有具体细致的制度规定，内容包括"举行各种纪念集会、定立全区公民信条、开办流动学校、组建图书馆或流动图书馆、设立民众运动场、举行国耻画片展览会、开办民众茶园、组织民众茶园轮流演讲及时事报告、出版壁报并设立图书报社、办理民众代笔事宜、组织剧社、组织球队、组织青年服务团以及调查并设计改进私塾。"[①]从此意义上看，改进会的成立与运作也是制度公共文化的展现。

二是乡村教育制度。乡村教育是乡村建设运动的核心环节，范围广泛，内容丰富，形式多样，从最基础的识字教育到根据社会不同需求开展的教育，涵盖健康卫生教育、家事教育、识字教育、公民教育、艺术教育、社会教育、政治教育等。教育方式方法更是灵活多样，很多教育内容都与公共文化建设息息相关，这区别于当今乡村学校以知识教育为主体的教育内容，可以说，乡村建设运动时期的乡村教育是乡村公共文化建设的集中体现。例如政治教育的开展从未被忽视，在课堂内外，通过知识传授、唱爱国歌曲、进行爱国内容的戏曲演出、组织国庆纪念大会等形式，培养农民的爱国主义精神；组织儿童团、青年团、儿童学园、青年学园、妇女学园等组织，制定公约，在学校教育内外定期集会，从日常生活的行为规范、礼仪规则、自身品德的塑造、家庭美德的宣传、公共事业的关注等内容的教育，来提高农民的道德品性和公共意识。

三是消除农村封建迷信与愚昧的制度。几千年的封建统治和落后的生产力水平导致了落后的思想文化意识的形成，封建的、愚昧的、迷信的思想和信仰在民间盛行，苏南农村，如前所述，有各类巫术和繁杂的庙会信仰的传统，这不利于村民树立健康的、科学的意识。在乡村建设运动时期，各地改进会的一项重要工作就是建立相关制度，破除封建迷信思想。

---

① 朱考金.民国时期江苏乡村建设运动研究[M].北京：中国三峡出版社，2009：266.

比如,要求村民取消供神费用,禁绝供神行为,但由于遭到当地村民的强烈反对,改进会调整了工作方式和进度,采取和缓的方式,劝解村民缩减供神费用,减少庙会活动,再通过医药治病的效果逐步改变村民的思想。采用行政力量和说服教育并举的方式,禁烟禁赌,改良茶馆,关闭赌馆、宗庙、祠堂,树立合理操办婚嫁丧葬的新风尚。

四是合作社制度和公民教育制度。乡村建设运动时期,苏南乡村创建了大量的合作社,如无锡谢巷村的信用合作社;惠北实验区的高长岸创建的信用合作社、养鱼合作社、运销合作社;南徐巷有水利合作社;墩上有养猪合作社;许巷有养蚕合作社等;徐公桥和武进实验区也都建立了数量众多的各种类型的合作社。从性质而言,合作社属于把弱小的、分散的个体力量集合起来,形成更大的集体力量,从而有效解决困难的互助组织。从形式上看,合作社制度是为了满足农民的经济与生产的需要,但实际上,对于乡村建设运动的主体——政府和社会而言,他们积极倡导乡村合作事业,一方面是为了解决现实面临的经济和生产难题,另一方面也是为了培育村民互助、合作、集体、公共的意识和责任。从合作社制度运作的内容和效果看,乡村建设运动主体们的意图得到了部分实现。各地合作社在开展合作活动过程中,都有意识地训练合作社的社员,从合作意义、合作方法、合作规则等方面,通过各种讲习来培养村民的合作意识、诚信意识、自治意识。公民教育是乡村运动时期各个乡村实验区有意识进行的活动,旨在通过教育让农民形成平等、独立的主体意识,使他们对自己的权利和义务有客观正确的认识,抛弃以往的"奴性"和"臣民"形象。在无锡惠北实验区,工作的一项重要内容就是公民品格训练指导,采取的工作方法是"平时举行精神教育之讲演并指导村民组织励志会、体育会及其他有益心身之团体俾自动改进品格"。[①] 在其他实验区,也有很多公民教育活动,向村民普及公民常识和公民道德,指引他们的实践行为。

从理念公共文化方面审视,思想和价值观的转变虽然难以把握,但也还是可以通过其他方面来实现的。比如通过移风易俗的制度和活动,逐渐破除了封建迷信,村民开始相信医药的科学性,树立了一定的科学意识;通过《卫生公约》的制定与施行,村民的公共卫生意识有了提高;通过

---

① 朱考金.民国时期江苏乡村建设运动研究[M].北京:中国三峡出版社,2009:113.

合作社的建立和合作活动的开展,农民开始形成公共意识、诚信意识、责任意识;通过爱国主义教育,农民逐渐增强了爱国意识;通过公民教育,农民树立了一定的自强自立的责任意识等。但作为公共文化的核心,思想和价值观的转变极其缓慢,即使有连贯性的制度支撑,理念文化的转变也需要极长的时间。因此,通过乡村建设运动的开展,村民的思想意识形态虽然发生了一些转变,但是此种转变也是表面的、临时的,文化传统依然以潜在的方式存在着,一旦条件具备,又会反转和表现出来。更何况,由于国民党的腐败统治和日本侵略战争的爆发,乡村建设运动纷纷中断并以失败终结,乡村建设运动没能获得连续而充裕的时间,略加改变的村民理念公共文化又基本复归原位。孙冶方感慨道:"一切乡村改良主义运动,不论它的实际工作是从哪一方面着手,但是都有一个共同的特征,即是都以承认现存的社会政治机构为先决条件,对于阻碍中国农村以致阻碍整个中国社会发展的帝国主义侵略和封建残余势力之统治,是秋毫无犯的。"①当然,苏南乡村建设运动实验区也有个别乡村形成了重视教育的风气。

在苏南,没有开展乡村建设运动的其余乡村,因南京政府的文化和社会政策,虽然也进行了成立合作社、减少庙会活动、革除巫术的行动,但是与实验区相比,总体的文化活动少而单调,基本延续着晚清时期的乡村文化秩序。

(三)农村共产主义运动时期

早在20世纪20年代,中国海陆丰地区就产生过农村共产主义运动,其中的重要内容就是与封建残余势力作斗争。比如,共产主义者对封建思想及行为进行了抨击,修改了城镇和街道的名称,以"赤""红""马克思""列宁"等对城镇和街道进行新命名。"孔庙被更名为红宫。这只是从这儿向偶像进攻的一小步。这是赤卫队、先锋队和共青团的支队很快对偶像采取的一步,他们在'文化大革命'前40年发动了一次小型的"文化革命",摧毁了庙堂里的神像,烧毁了宗教建筑物,并向依赖农民的轻信而生

---

① 郑大华.关于民国乡村建设运动的几个问题[J].史学月刊,2006(2):52.

第三章 苏南农村公共文化及建设的历史嬗变

活的一切算命先生、巫师或风水先生进攻。"①1928年,常熟横泾(沙家浜)就成立了农村土改支部,并进行了相应的反封建文化活动。这些经验为以后的江西农村和陕北农村的革命根据地文化工作建设所借鉴并加以完善。江南乡村,继乡村建设运动失败后,1937—1945年在新四军领导下,进行了抗日战争,常熟的沙家浜地区当时是苏州、常熟、太仓抗日游击根据地的中心地区,抗日战争结束以后又进入解放战争时期,苏南乡村地区的武工队也十分活跃。总体而言,1938年后中国共产党在农村根据地虽然建立了党组织和群众组织,不过"在进行反复村权改造之后,中共发现,乡里社会'上层是共产党专政,下层是豪绅专政'。血缘与地缘密不可分的宗族打不破,乡里社会就永远是水泼不进、针插不进的独立王国。"②,这都表明了在动荡的社会政治环境下,即使有文化建设主体的努力,中国乡村公共文化变迁速度依然极其缓慢。国民党统治时期,苏南乡村又因地域和经济等因素,成为国民党政权牢牢统治的地区,并未发展成为农村革命根据地的重心,其旧文化的势力一直根深蒂固,在1949年4月、5月获得解放之前,苏南乡村公共文化从根本上没有变化。

第二节 1949—1978年苏南农村公共文化及建设的变迁

1949年10月,中华人民共和国成立,刚成立的新中国面临着很多棘手难题:经济上通货膨胀严重,大批人民失业;新政权还不稳固,各种敌对势力伺机反扑;社会风气和道德败坏;社会秩序混乱,旧的社会制度和思想亟须改造等。为此,国家全力投入到社会主义各项工作的建设当中,社会主义农村文化建设工作也是建设工作的一环,尽管并未以"农村公共文化"一词明确,但事实上,"农村公共文化"建设或内涵于整个国家的各项建设工作当中,从未被忽略。到1978年党的十一届三中全会召开之前,

---

① [美]费正清,费维恺.剑桥中华民国史[M].刘敬坤,译.北京:中国社会科学出版社,1994:315.
② 李长莉,左玉河.近代中国的城市与乡村[M].北京:社会科学文献出版社,2006:267.

我国苏南农村的公共文化建设取得了初步成就,也经受了曲折困难的探索进程。

一、过渡时期(1949—1956 年)苏南农村公共文化建设的变迁

农村公共文化变迁无法脱离政策和制度的影响,新中国在 1949—1956 年通过社会主义改造,从根本上建立了社会主义制度。这一时期,国家在农村施行的土地、经济、政治、社会、文化、教育的政策和制度都在改变着农村公共文化。1949—1952 年,农村首先进行了土地改革运动,1953—1956 年,农村土地由私有逐渐变为国家和集体所有。1956 年底,农业合作化,农民组成"互助组",过渡到低级农业合作社,再发展成为高级农业合作社。1956 年发起了"整风运动"和"百花运动"。有些运动从性质上看,是经济运动和政治运动,但结果是农民的理念公共文化随着经济和政治制度的改变而逐渐改变。换言之,社会主义意识形态是伴随经济和政治的建设过程而逐步确立的,农民正是通过新中国成立初期的各种运动迅速建立起了社会主义价值观。苏南农村也不例外,不过,苏南农村属于"新解放区",旧社会的影响根深蒂固,传统顽固势力力量强大,在对苏南农村进行工作时,"必须注意掌握其经济政治文化等情况的复杂性及其与北方土改前农村的不同特征,在执行党的农村政策领导农民运动时,必须采取稳进步骤,在情况未弄清、条件不成熟、准备未充分的时候,每一措施不宜轻易普遍推广"。[①] 在一系列的运动中,方式更为灵活和彻底,比如苏南农村土地改革运动,整个运动始终贯穿反封建的思想教育,工作队通过"诉苦会"让农民反对地主,农民诉苦的时候,会逐渐提升到揭露旧社会制度和思想的毒害,宣传新社会的公正和平等的层面。值得注意的是,"诉苦会""批斗会"一开始并不为农民接受,很多农民顾虑重重,态度消极,有人认为和地主之间还有一些乡里乡亲的"感情",有人害怕以后地主会重新掌权进行报复。而这种所谓村民之间的"感情"是个复杂的术语,事实上包含着各种乡村生活的联系,有经济上的、地域上的,甚至还有血缘上的密切联系,"感情"成为农民与地主之间复杂交错关系的表述,

---

① 中共华东局.关于江南农村情况的几点意见[J].江苏省档案馆资料:12-77.

也同时掩盖了阶级差异和剥削。所以,土改过程不仅触及农村社会生活的经济结构,也触及了农村的社会文化结构,土改的结果导致社会文化结构发生变化。也由于触及社会文化结构,要求运动方式既要有原则性也要保持灵活性,这在苏南农村土改运动中都得以体现。"如在吴县枫桥区斗争恶霸地主大会上,受难农民拿出血衣和被打断的臂膀控诉。昆山县茜墩一个70岁的烈属张老太诉苦时泣不成声,要向恶霸索回儿子,这些深仇血泪,使全场激动,人人愤怒,个个振臂高呼'打倒地主阶级'。"① 因此,苏南农村的土改运动重要影响之一是摧毁了传统的"封建家长式"的权力结构,在农民心中树立了社会主义新社会的平等意识,而且这一过程不是一蹴而就的。土改运动还包含着农村物质公共文化设施的拆除和传统公共文化活动的废除,如氏族、宗庙等被拆除或者转换用途。据1950年数据统计,土改前苏南的公共土地有1 581 219.88亩,包括宗族土地、宗教土地、慈善团体土地、学田、农场等,约占苏南耕地总面积的6.54%。② 土改取消了这些公地,原有的宗教观念、地方信仰也趋向淡薄,取而代之的是农民阶级意识的兴起,阶级觉悟和爱国思想大大提高。"吴江一带的农民原来烧香拜佛的风气很盛,震泽镇街上香店生意逐渐清淡下来,许多农民自动退出道、门会,不再烧香拜佛供灶神,而改为敬奉毛主席像。"③

"土改"以后,苏南农民并没有立刻富裕起来,依然生活贫困,原因是他们虽然拥有了自己的土地,却缺乏农具和牲口,也没有途径和偿还能力通过借贷去购买相关生产资料,因此无法有效地对他们所获土地进行耕作。为了克服这一普遍困难,国家倡导在农村建立互助组,集合分散的力量进行合作互助。苏南农村也纷纷响应,各县积极引导农民建立互助组,开展互助合作的农业生产。1952年春,当时苏州专区下辖的常熟、太仓、昆山、吴县、吴江5县采取典型示范、逐渐推广的方法,由点到面发展农业生产互助组,到年末,5县已发展互助组38 979个,到1956年末,苏州

---

① 张一平.地权变动与社会重构——苏南土地改革研究(1949-1952)[D].上海:复旦大学,2007:110.

② 张一平.地权变动与社会重构——苏南土地改革研究(1949-1952)[D].上海:复旦大学,2007:53.

③ 张一平.地权变动与社会重构——苏南土地改革研究(1949-1952)[D].上海:复旦大学,2007:166.

6县共有农业合作社5 596个,入社农户占总农户的98%,其中初级社1 964个,占20.2%,高级社3 632个,占77.8%。① 由互助组到初级合作社再到高级合作社的建立,实际上培养了农民互助合作的公共意识、集体意识、责任意识,这属于社会主义意识形态的初步建设时期。解放初期的农村文化建设方面,苏南农村普遍成立了业余剧团和文艺宣传队,如常州瀛平乡的群声剧团,配合土改运动排演了《积善人家》,配合农业合作化而排演的《两兄弟》、《走上新路》等剧,在群众中产生了巨大影响。高昌乡于1950年由丁炳惠等筹组的"人民剧团",为配合土改、反霸,演出《仇与恨》,配合新婚姻法宣传演出了《孝子良医》。② 总体而论,从1949—1956年,苏南农村经济、政治制度到文化制度本身的变革,导致了农村物质公共文化、制度公共文化、理念公共文化都有了根本改观,农民初步形成了社会主义价值观(集体主义精神、公共责任感、爱国主义、平等意识),另外还树立了一定的科学意识和进步意识。

二、社会主义建设探索时期(1957—1965年)苏南农村公共文化建设的变迁

针对合作社建立所衍生的"平均主义",自1957年下半年开始,我国农村开展了几次全国规模的社会主义教育运动,尽管一些社会主义教育运动也存在错把农民对高级合作社的正确意见当成修正主义和资本主义加以清理的缺陷,但这是建设社会主义摸索过程中必然经历的一些曲折。1958年我国开始进入"大跃进"时期,为了"多快好省"地建设社会主义,农村开始实行人民公社制度。按照毛泽东对人民公社的概括,他认为人民公社有两个特点:"大"和"公"。"大"指的就是规模;"公"指的是农村合作社和农民的财产归公社所有,由公社统一分配使用、统一管理、统一核算。人民公社既是经济组织、也是政治组织和社会组织,实行的制度是集体化制度和平均分配制度。这一时期农村公共文化建设主要表现为:一方面在推行人民公社制度的同时,配合开展农村社会主义教育运动,另外一方面就是农村教育也推行"大跃进"计划。

---

① 陈晖.苏州市志[M].南京:江苏人民出版社,1995:135.
② 薛家乡编史修志领导小组.薛家乡志[M].常州:常州日报,1985:202.

人民公社时期,农民的土地、粮食、资金、房屋包括农民家里的生活用品都成了公社所有,公社名义和实际上都有权调用以上物品。根据1960年的《昆山县周庄公社一平二调材料汇总中》的材料记载,当时平调的钱财物竟有734笔,记了整整32页。其中小到1把泥刀、1瓶1 059农药、15颗小铁钉,大到被县钢铁厂调走的折合19 664元工资的劳力和被邻社调走的455亩秧田。1958年周庄公社赤手空拳办"千百"头养猪场,拆除社员房屋133间、坟墓482个、车棚43个、船坊36个,砍树1 453棵,平调农具1 381件、平调社员生猪2 164头。① 人民公社制度的顺利实施,是否意味着传统的以"私"为基础的小农意识顺利转变为以"公"为基础的集体意识和共产主义意识? 实际上并非如此,一开始农民并不愿意自己的家庭财产被任意调用或者"公有",但个人意愿并不足以与政府政策相抗衡。私有物品充公的结果就是,人们对公有物品不如对私有物品一般珍视,而是任意无度滥用,如此一来,对私的占有,转化为对公的依赖;而对公的依赖从本质上说又丝毫没有损伤对私的占有。进一步来看,"公"与"私"的混淆和转化,还产生了责任不清、平均主义和"等、靠、要"的懒惰思想。② 承继以往农村的社会主义教育运动,人民公社时期农村多次开展社会主义教育运动。1961年11月,中央要求结合"农业六十条"的相关规定,在农村继续开展社会主义教育,"向农民宣传社会主义、集体主义和爱国主义;要向农民宣传工农联盟,城乡互动,以及兼顾国家、集体和个人利益的重要意义;要向农民宣传艰苦奋斗、自力更生的革命传统。"③ 如果说1960年以前,农村的社会主义教育运动取得了良好的效果,初步奠定了农民的社会主义价值观,那么,作为社会主义制度的进一步探索,"大跃进"时期农村人民公社制度的实施,则不仅导致了农业经济生产水平的后退,在人们的思想意识方面,也弱化了农民的集体意识,损公肥私的道德衰败也悄然滋生。当农民进行集体劳动的时候,出现了消极怠工情况,农

---

① 周晓虹.传统与变迁—江浙农民的社会心理及其近代以来的嬗变[M].北京:生活·读书·新知三联书店,1998:177.

② 周晓虹.传统与变迁—江浙农民的社会心理及其近代以来的嬗变[M].北京:生活·读书·新知三联书店,1998:178.

③ 中共中央文献研究室编.建国以来重要文献选编(1949-1965)(第十四册)[M].北京:中央文献出版社,2011:766.

民无论干活多少,最后都是平均分配,虽有农民觉得不公平,但缺乏有效措施加以应对,结果则是大家都消极怠工,一有机会就偷窃集体物资。"尤其是如果卖力气干并不比偷懒的邻居能多给家里带来好处时,便很少有农民再关心公共利益。在集体田里干活的农民在收割东西的时候常常偷偷地给自己留下一部分。"①

1958年,我国农村教育也实行了"大跃进"计划。国务院颁布了"关于教育工作的指示",号召在农村开展"文化革命",对农村教育中存在的忽视政治、忽视党的领导、偏重书本教育、脱离生产劳动的问题进行了严厉批评,要求坚决与资产阶级的"劳心与劳力分离"的教育思想划清界限,指出教育的目的是培养有文化的有社会主义觉悟的劳动者。在新的教育指示影响下,农村民办学校数量急剧增多。如常州湟里地区在1964年和1965年两年中,又办起了11所农业初中(民办)②。农村教育课程进行了修改,苏南农村教育的科目主要是政治课、语言、数学、农业生产技术课,劳动时间占了教育时间的很大一部分。苏南农村学校采用了两种教育制度,即全日制教育制度和半工半读教育制度。实际上,很多农村孩子都选择在家劳动,少数半工半读的农家子弟注意力也不在学习上,这些都源于家长精打细算的选择和说教,儿童选择在家劳动可以为家庭带来立竿见影的效果。到1966年前,儿童在劳动时间上有逐渐缩短的趋势,在此基础上还出台了一些关于劳动时间比例的严格规定。在常州薛家镇,1963年10月12日,根据县人委决定,在办薛家农中,有4个班级,7位教师,160多位学生。教学上采用农闲多学(全天上课),小忙农学(一般半天上课),大忙放假的形式。③

三、"文化大革命"时期(1966—1976年)苏南农村公共文化的变迁

1966年8月,中国共产党八届十一中全会通过《关于无产阶级文化大革命的决定》(简称《16条》),要求把社会主义教育运动在农村进行到

---

① [美]R.麦克法夸尔,费正清.剑桥中华人民共和国史[M].谢亮生,译.北京:中国社会科学出版社,1992:643.
② 湟里镇志编纂委员会.湟里镇志[M].南京:南京大学出版社,2011:746.
③ 薛家乡编史修志领导小组.薛家乡志[M].常州:常州日报,1985:210.

底,内容就是继续开展清思想、清政治、清组织、清经济的"四清"运动。在农村,"四清"运动的对象是农村干部,目的是整顿和打倒党内的走资本主义道路的当权派,巩固和发展城乡社会主义阵地。当时农村工作中,少数农村干部工作方式粗暴,对农民颐指气使,也存在多吃多占问题,不过总体而言这还是少数现象。而中央高层对农村基层干部工作和思想上出现的问题估计过于严重,"四清"运动很快发展成群众运动。苏南农村也是如此,例如周庄,在运动中体罚、乱斗、乱扣帽子的现象非常普遍,很多无辜的村干部被批斗。这些都表明,农民的思想出现了一些混乱。当时农村公共文化建设的主要方式是学习毛泽东著作。苏南农村的农民组织了各类规模的学习小组,背诵毛泽东著作中的段落和语句,在学习和工作实践中随时能够灵活运用毛泽东语录,学习吟唱革命歌曲,开展忆苦思甜会议并讨论为人民服务的伟大意义。比如,成立于1950年的常州湟里镇的农村俱乐部,在"文革"时期,易名为文化室,开展的所有文化活动内容都集中于学习毛泽东选集、唱毛主席语录歌、排演样板戏等。农村各个大队纷纷成立"毛泽东思想文艺宣传队",排演革命样板戏《沙家浜》《红灯记》《红色娘子军》《智取威虎山》《奇袭白虎团》等。农民在若干次社会主义教育运动之后,心中对神的偶像崇拜意识已经淡薄,但毛泽东无形中又成了农民心中的新偶像,当个人崇拜被不自觉地推到极致后,更注重形式化的同时也衍生了人民在思想上的教条化。

在"文化大革命"中,来自城里的红卫兵在苏南农村进行了破"四旧"运动,即摧毁旧思想、旧习俗、旧习惯和旧文化。他们对与传统宗族、宗教、思想相关的物质设施加以推毁,毁掉农民崇拜的物件、砸坏刻着祖先姓氏的牌位、烧毁或者撕毁各类旧书籍。文化底蕴深厚的苏南农村,在这场浩劫中,大量文物被破坏、毁灭和洗劫,整个社会包括人们的思想都是混乱无序的状态。无疑,"文化大革命"对苏南农村的冲击,不仅是对传统公共文化设施的破坏,影响最大的是对农村理念公共文化,即对农民的心理和价值观造成一定程度上的扭曲。在失序的社会里,农民失去了安全感,对社会主义的认识陷入误区。动荡的社会秩序,使得人们产生了害怕和恐惧的心理,产生了各类信任危机。他们认为,外部世界是危险的,转而开始寻求内在的安全和慰藉,能提供慰藉的就是家庭以及还没有销声匿迹的传统公共文化,包括传统的道德、价值、宗教、习俗仪式。"许多农民通过回到自己的家庭获得了安慰。不管已为投身公益事业打下了多么坚实的基础,不管已为农村社会主义树立了多么好的道德基础,所有这一切都被'文化大革命'深深侵蚀了。"①毛泽东在《湖南农民运动考察报告》中曾经描述了束缚中国农民的四大绳索,这些绳索实际上代表了四大权力的捆绑,这四种权力——政权、族权、神权、夫权代表了全部封建宗法的思想和制度。② 到"文化大革命"结束时,农村传统文化尤其是一些落后的传统意识和文化,又有回溯的趋势。

第三节 1978—2002年苏南农村公共文化及建设的变迁

一、1978—1992年苏南农村公共文化及建设的变迁

1978年是我国历史上非常重要的一个转折点,十一届三中全会的召开,促使我国在制度上进行了根本变革,人们受到禁锢的思想大大解放,整个中国由此焕发了新的活力。而在中国农村,变革早就悄然进行。著名学者施拉姆认为,在社会发展史上,变革往往从农村开始。原因在于农村的文化联系极其牢固,高度一体化的传统农业是包括家庭关系、宗教信仰、社会交往、日常行为习惯等在内的生活方式。在这样一个密切联系和高度整合的复杂体系内,任何方面的变化都会起到牵一发而动全身的作用,有时甚至会爆发出摧枯拉朽的强大威力。如前所述的农村土地制度的变革带来人们思想的巨大转变一样,1978年以后农民文化生活的变化也要追溯农村的土地、经济制度的各项变革。换言之,研究1978年以后苏南农村公共文化的嬗变过程,必须先来梳理促进文化变化的动力机制,如家庭联产承包责任制在苏南的实施过程、苏南乡镇企业的发展等。

家庭联产承包责任制的建立不是一蹴而就的,在人民公社制度的缺

---

① [美]R.麦克法夸尔,费正清.剑桥中华人民共和国史[M].谢亮生,译.北京:中国社会科学出版社,1992:662.
② 毛泽东.毛泽东选集(第一卷)[M].北京:人民出版社,1991:44.

陷逐渐暴露之时,中国部分农村已经开始了"分田到户"的实践探索,由于是农民自身的创造和选择,"分田到户"的实践契合了当时的农村实际和农民需求,很大程度上解放了农村生产力,最终被中央以正式制度的形式肯定并加以推广。1983年1月,中共中央出台了重要文件,对"包干到户"制度的社会主义性质作了明确肯定,并把包干到户制度正式命名为家庭联产承包责任制。与全国大多数农村不同,苏南农村推行家庭联产承包责任制的态度并不积极,在开始推行制度之时,当地农村干部和农民大多有抵触心理。究其因由,苏南农村经济基础较好,经济相对发达,集体化制度在苏南农村施行了20多年,社队经济依然存在一定程度的积累,农民不存在温饱问题,新出现的联产承包责任制被认为是分割集体经济实力而受到苏南农村干部的怀疑和抵触。无锡县洛社公社是苏南第一个施行承包制的社队,即使粮食产量因新制度的实施而连续增长,却还是不断遭受未实行新制度的质疑和批评。周庄在1981年试行家庭联产承包责任制时,极有主张的公社党委书记吴山龙也只敢选择红旗大队(现为东浜村)第七生产队这样的单位作试点。这个靠近集镇的生产队当时是最落后的,集体经济搞不上去,人人混日子,连队长也没有人肯当。[1] 但随着时间推移,农业产量的数据证明,家庭联产承包责任制在富裕农村的推行,也能极大地调动农民积极性,促进农业生产的发展,到1983年,苏南农村基本都实施了家庭联产承包责任制。

20世纪80年代初期,苏南乡镇企业开始崛起,这是苏南地区农民的伟大创造。苏南农村集体经济的实力雄厚。在实行集体化制度时期,很多农村就有社办和村办企业。以周庄为例,1974年时仅仅有一家社办企业,14家队办企业,全年产值不过66.49万元;到了1978年,社办企业增加到13家,村办企业增加到32家,全年产值达到410.45万元,四年中社队工业产值增长了517.31%。[2] 社队和村办企业经过20世纪70年代的积累,80年代初期迅速发展,成为闻名全国的苏南乡镇企业。当时大多数企业在农村兴办,主要是以乡村两级集体所有为主的所有制形式,农民

---

[1] 周晓虹.传统与变迁——江浙农民的社会心理及其近代以来的嬗变[M].北京:生活·读书·新知三联书店,1998:229.

[2] 周晓虹.传统与变迁——江浙农民的社会心理及其近代以来的嬗变[M].北京:生活·读书·新知三联书店,1998:240.

个体所有、农民联户所有、中外合资或合作等所有制形式仅占极少数。至1992年底，苏南地区经济成分中，乡村集体所有制经济仍然占66.1%，集体经济无疑是苏南农村经济的重要支柱。伴随20世纪90年代市场经济体制的建立，苏南乡镇企业也开始了向现代企业制度的转变过程。从农村的政治制度而言，1988年我国农村又实现了村民自治制度，让农民进行自我管理和服务。

正如学者周晓虹所言，家庭联产承包责任制不仅仅是经济的、政治的或者社会的革命，更是深入农民内心的心理和思想革命。乡镇企业的建立和发展过程、村民自治制度的实行同样如此，除了带来苏南农村经济的迅速腾飞，带来农村政治民主程度的提高，更直接地导致了农民思想的嬗变。

从理念公共文化看，家庭联产承包责任制、乡镇企业、市场经济体制、村民自治制度对农村理念公共文化的影响主要表现为两大方面：一是导致了农民的"公"与"私"观念的转变；二是增强了农民的民主意识、法制意识、创新意识、现代意识。我国农村人民公社制度的实施让农村的集体化达到"极致"。但这种制度是建立在生产力水平落后的基础上，马克思早就论述过，共产主义制度的实现需要必备的基础条件，如物质生活产品得到极大丰富，人们的思想道德水平达到一定高度等。而我国农村的人民公社制度缺乏以上条件，注定了其必然覆灭的命运。苏南农村家庭联产承包责任制的推行，是把封存的农民的"私""自我"的个体意识释放出来，让"私"的合理动力得以展现，或者说，是把人的"私"性具备的积极性发挥出来，把农民对土地的情感释放出来，从心理上让农民重获先天而存的安全感，而这又根本区别于过去的农村土地私有制，也根本区别于传统的小农意识，这个时期对农民"私"的承认是理性和有限度的。农民意识经过社会主义教育运动和人民公社制度的实施，尽管因政策变化有过动摇，但社会主义集体意识已经基本树立。换言之，从小农的私有经济到社会主义集体化运动再过渡到家庭联产承包责任制，我国农民的"公""私"意识也经历了从"大私无公"到"大公无私"到"公私分明"。而"公私分明"在苏南农村的表现尤其典型，不仅因为家庭联产承包责任制确立了农民的"私"的界域，而且苏南农村乡镇企业的繁荣又是一定程度上根据地域实际，保留了此地区集体经济发达的优势和特色，强化了集体意识，保存并进一步激发了"公"的活力的结果。

二、1993—2002年苏南农村公共文化及建设的变迁

1993年,我国实行了社会主义市场经济体制,苏南乡镇企业开始了向现代企业制度的转变。我国农村中的"公""私"关系随之进行了调整,彼此界限开始清晰。随着苏南农村经济制度和政治制度的实施,苏南农民的小农意识(保守、自私、封闭)进一步受到冲击,农民的竞争意识、创新意识、开拓意识、民主意识、法制意识都得到了很大的提高。建立在血缘基础上的传统家族意识逐渐淡化,取而代之的是建立在业缘基础上的规范化、组织化的现代意识。伴随着政治体制的改革,我国农村的文化体制也发生了很大变化。1978年之前,国家对文化事业是统管包办,自从苏南乡镇企业发展以后,苏南农村的文化站等文化事业机构也施行承包经营责任制,通过"以文养文"和"以工补文"的形式来补充文化经费。文化市场开始繁荣发展,相比经营性文化产业在苏南农村的迅速发展,公益性文化事业发展是很慢的。即使如此,农村物质公共文化方面,苏南农村的乡镇普遍有文化中心和文化活动室,一些乡镇有溜冰场和排球场。1994年,号称"华夏第一县"的无锡县共有35个乡镇,已建立22座文化宫,60多家可容千人以上的影剧院,图书馆遍布城乡。① 苏南农村雄厚的经济实力使得公共文化事业的经济投入有了保证和依托,苏南农村教育,除了实现了九年制义务教育外,各个类型的职业教育普遍涌现。

综上,我国苏南农村公共文化发生根本性变化是从新中国建立之后开始的。从农村公共文化变迁特点来看,苏南农村的理念公共文化比物质、制度公共文化变化更为突出,而这大多是国家关于农村的经济、政治、社会政策变革的附带后果,直接来自国家文化政策的影响却不太多,但这不能说明以往我国农村缺乏公共文化的嬗变和建设。从苏南农村公共文化变迁过程和内容看,主要表现为农民传统意识逐渐转变为社会主义意识,当然社会主义意识是个不断探索的过程,也充满曲折。直至2002年以后,我国系统而明确的公共文化建设政策才出台,而这是最近几年的中国特色社会主义文化建设的新格局,苏南农村在新的公共文化政策颁布后,农村公共文化建设获得了非常迅速的发展,且呈现出别具一格的苏南特色。

---

① 张勤德."苏南模式"的一个启示——对苏州、无锡、常州的调查与思考[J].高校理论战线,1994(1):50.

第四章　当前苏南农村公共文化建设实践模式分析

当前苏南农村公共文化建设实践既富有特色又有共性。研究发现，苏南农村公共文化建设实践总体形成了几种模式，对苏南农村公共文化建设实践的把握，即通过对苏南农村公共文化建设实践模式的分析来进行。

第一节　当前苏南农村公共文化建设实践模式的划分依据

调查发现，苏南农村公共文化建设的成效取决于几大关键性要素，即农村区域与城市区域的地理距离、经济发展水平、传统文化资源。

一、农村区域与城市区域的地理距离

本章以农村区域与城市区域的地理距离远近作为首要划分依据，把考察的农村分为近郊农村和远郊农村。笔者在调查中发现，与城市距离的远近对某农村地区发展具有决定性意义。临近城市的农村，无论其经济发展水平的高低和传统文化资源是否丰富，当前公共文化建设都获得了较快发展，根本原因在于城市化发展进程的迅速推进。城市的发展需要土地和各种资源，临近城市的农村会被规划进城市发展计划中，获得各种政策优惠，最终融入城市的发展。实际上，在近郊农村，其他因素都退位为次要要素，经济发展水平和传统文化资源也都基本丧失了其本身的重要意义。

二、经济发展水平和传统文化资源

对于远郊农村的公共文化建设,经济发展水平和传统文化资源是具有决定性作用的两大要素。衡量经济发展水平的指标很多,最常见的指标是地区生产总值和人均收入。农村公共文化建设的经济基础既与镇(乡)级、村级经济直接关联,也与区(县)级、市级财政相关。调查显示,同一行政区划级别的公共文化建设差异与当地经济基础有密切关系。对农村公共文化建设效果起决定性影响的是镇(乡)级经济,而非市级、区(县)级财政。苏南农村公共文化建设中,经济基础较好的地区,公共文化建设效果未必好,但公共文化建设效果显著的地区,经济基础一定好,坚实的镇(乡)级经济基础是农村公共文化获得发展的必要条件。

在我国各级政府都重视文化建设的背景下,政府普遍存在加大公共文化建设经费投入的意愿,而投入意愿的实现取决于投入能力,也即经济实力。总体而论,苏南乡镇强大的经济实力作为有力后盾,有效促进了苏南农村公共文化建设。实践证明,经济发展的变化会带来文化的变化,特别是导致文化的核心——人的价值观发生变化。美国学者罗纳德·英格尔哈特通过研究指出,当一个社会越是达到较高的经济安全水平的时候,价值观也随之发生改变。欧洲国家的发展显示,从强调经济和物质的"物质主义"到强调自主、自我展现的"后物质主义"价值观的代际转变已经发生。"几乎所有人都渴求自由和民主,但是人们都倾向于赋予最紧迫的需求以最高的价值。物质必需品和人身安全直接与生存相关,一旦这些东西匮乏,人们就会将这些'物质主义'目标放在首位。但是在富裕条件下,人们则更可能强调诸如归属感、尊重、审美和知识需求之类的'后物质主义'目标。……持久的繁荣期往往会促进后物质主义价值观的传播——而长期的经济衰退则会产生相反的效果。"[①]这表明经济发展能够推动文化的变化和发展。

公共文化建设过程中,传统文化资源有着非同寻常的意义。发达国家的公共文化建设经验表明,保护并利用好传统文化资源,是迅速推

---

① [美]罗纳德·英格尔哈特.现代化与后现代化[M].严挺,译.北京:社会科学文献出版社,2013:3.

进公共文化建设,建构公共文化新图景的有效路径。对于经济落后的地区,只要拥有深远的文化历史,通过发掘传统文化资源,也能实现经济和公共文化的双向发展。比如,欧洲积淀了深厚的文化底蕴,悠久的文化历史体现在建筑、绘画、舞蹈等众多文化遗产上,欧洲国家普遍珍视其文化遗产,尤其是以法国为代表的一些国家,政府在保护和利用传统文化遗产方面的投资巨大,并创建社会参与公共文化资助的各种机制,把传承传统文化遗产作为公共文化建设和服务的重要内容,在国际上推广并开展文化外交,奠定了法国在世界文化中的文化地位,提升了法国的文化竞争力。在亚洲,也是如此。日本在文化遗产保护上有完备的法律和制度,并把其贯彻到国民的日常生活当中。当民众都形成珍视传统文化的意识时,传统文化保护和公共文化建设也就实现了有效融合,彼此能够相互促进。

苏南地区属于吴文化区域,历史悠久,文化底蕴极其深厚,其拥有的珍贵的传统文化资源对于公共文化建设的意义已经显现。

在苏南农村公共文化建设成效的影响因素中,政治因素、社会力量、精英人物的影响也应引起关注。当前公共文化建设过程中,基于苏南农村基层政权都比较重视公共文化建设,本研究没有把政治因素作为模式分类的依据。未来苏南农村公共文化建设推进过程中,下级的政策执行能力是重要的政治变量,对公共文化建设的意义将会发生变化。简言之,在未来的公共文化建设中,政治因素会是重要变量。

另外,农村公共文化建设中,社会力量也是重要影响因素,但从苏南农村公共文化建设的实践来看,目前产生的影响有限,未来则可能是不可小觑的重要变量。鉴于此,本章选取经济发展水平和传统文化资源(经济发展水平以 E 表示,传统文化资源以 C 表示)作为第二划分依据,对远郊农村进行进一步划分。通过高低组合,形成了高 E 高 C 型远郊农村、高 E 低 C 型远郊农村、低 E 高 C 型远郊农村和低 E 低 C 型远郊农村四种模式。具体如图 4-1 所示。

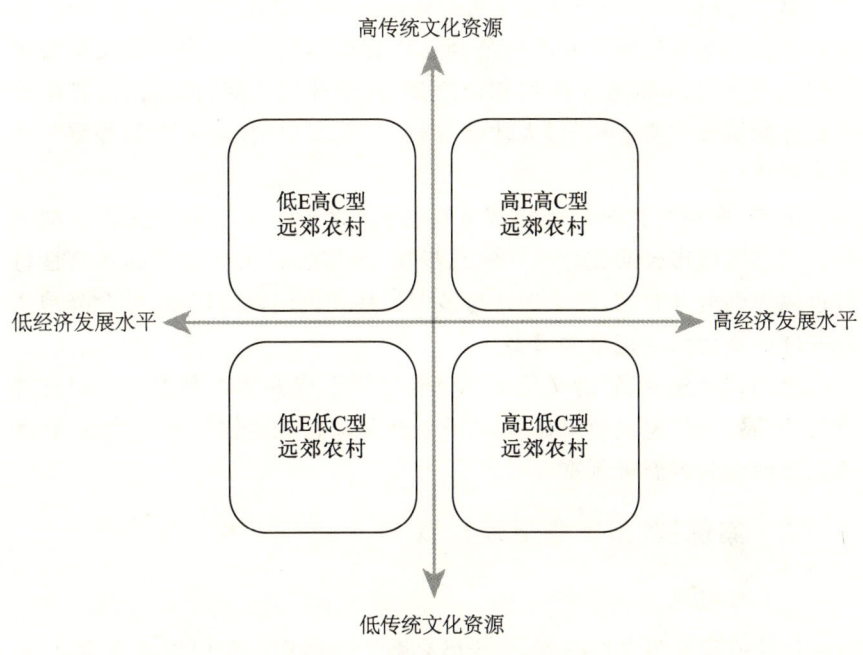

图 4-1 远郊农村的四种类型

第二节 近郊农村：城乡一体化的协同模式

一、模式特点

近郊农村的地理位置临近城区，农村发展被纳入城乡一体化的统一规划，其公共文化建设基本遵循城市公共文化建设的总体步伐，形成城乡一体化的协同模式，这种模式表现出如下特点：

第一，公共文化建设经费投入较多。较多的公共文化建设经费得益于城乡一体化的城市发展规划，在这一规划引领下，近郊农村借助相关优惠政策开展了招商引资和发展经济的各式活动，由此积奠了良好的经济基础，为其他建设创造了经济条件。

第二，具备完善的公共文化管理体制。经过最近十年的文化建设，苏南近郊农村基本形成了完善的公共文化管理体制，表现为各级文化管理部门职责分明，同时在上下级部门之间、同级部门之间、部门内部都建构了良好的协调和沟通机制，人才培养机制、政策机制、财务机制等制度也逐步完善。

第三，群众文化活动既丰富又有特色，逐步与城市公共文化活动接轨。因遵循城市公共文化建设的总步伐，城市公共文化活动的丰富性特点也辐射到近郊农村，除了保持与城市公共文化建设的接轨，结合当地实际开展的文化活动也日益增多。

第四，"共建共赢"的文化治理机制已经形成并富有创意。苏南近郊农村的公共文化建设效果显著，文化治理机制已经建构并且持续发展，各类创新活动和创新机制富有活力。

二、案例：苏州工业园区 L 镇

1. L 镇概况

L 镇位于苏州古城东郊，迄今已有数千年历史。新中国成立后，L 乡是 1950 年由一系列规模较小的"小乡"合并而成。20 世纪 80 年代伴随着苏州市区发展，L 镇所辖自然村的一些土地陆续被征用。1994 年，中国与新加坡两国政府间开展的最大经济合作项目——苏州工业园区建设启动，规划面积为 70 平方公里，涉及 5 个乡镇。L 乡属于规划的首批动迁乡镇之一，其区域面积的 31% 属于规划面积。L 乡和其他 4 个乡镇直接划归苏州市政府管理，由苏州工业园区管理委员会行使管理职能。由于地处太湖流域，河网密布，几千年来，L 地区有发达的农业、渔业等，同时位于城市边缘，L 地区又成了苏州古城手工业产品的重要生产基地，经济富足。20 世纪 50 年代以后，L 乡的工业进一步发展，至 20 世纪 90 年代，工业已处于 L 乡经济结构的主导地位。因接受城市资源的辐射，L 镇的社会和文化建设近些年也获得飞速发展，并表现出与城市文化建设趋同的态势，多次获得"江苏省农村社会经济综合实力百强乡镇""江苏省文明乡镇""江苏省群众文化先进乡镇"等荣誉称号。

2. L 镇公共文化建设现状

1994 年 L 乡被规划进苏州工业园区，经过二十年的发展，撤乡变镇的 L 镇已经成为苏州工业园区的经济大镇。伴随着城市化的迅速推进，L 镇的各项工作都在与城市接轨，L 镇又撤镇变街道。对于急剧变迁的 L 镇而言，"亦农亦城"虽然还是其发展特色之一，但城市化显然是 L 镇的终极发展目标。较高的经济发展水平为 L 镇的公共文化建设提供了有力保障。L 镇的公共文化建设资金主要是由苏州工业园区（以下简称园区）财政统一支出，极少量经费由街道下辖的各个社区财政自行支付。最近几年，L 街道的公共文化建设每年大概花费资金 200 万，大部分是用于举办公共文化活动。L 街道目前下辖 21 个社区，有 9 个城市社区（原来就属于城市区域）和 12 个涉农社区（又称农村社区）。涉农社区是由失地农民组成的社区，涉农社区原来是农村，后来土地被征用，农民成了失地农民，并搬迁进统一规划的安置房。城市社区除了行政区划的变化，城市硬件设施的变化不大，公共文化设施的场地一直无法拓展，公共文化设施数量少、面积小、空间狭小等问题始终未能解决。城市社区公共文化活动的开展需要借用或租用场地，一定程度上阻碍了公共文化建设的前进步伐。而得益于园区发展的合理规划、园区财政的补助和涉农社区自身雄厚的集体经济基础使得后建的涉农社区的公共文化设施却数量众多、面积较大。

如 L 街道的 S 社区，其前身是 S 村，20 世纪 90 年代开始拆迁，2011 年完成全部的拆迁工作，村的建制逐渐转变为涉农社区建制。涉农社区的职能有发展集体经济、发展政务、社区建设与提供公共服务等。2011 年，S 社区一般经济预算收入是 12 460 万元，年底社区居民的股份分红超过 90 余万元，2012 年底居民的股份分红达到 121.8 万元，投资 1.5 亿元的 S 大厦于 2011 年开始施工，土地资产归 S 社区集体所有，2014 年 S 大厦完工并进行招商引资，每年租金达 1 800 万元左右。[①]

通过对 L 镇内 S 社区的走访，得到了关于 S 社区内某居民小区公共文化设施情况的一些数据，具体如表 4-1 所示。在表 4-1 中，我们可以看出，该居民小区公共文化设施面积较大，藏书数量丰富，极大地满足了该小区居民的阅读需求。同时，室内公共文化设施的总面积在 L 镇名列前茅，能够较好地满足居民日常文化生活的需要。

---

① 数据来源于 S 社区 2011、2012 年度工作小结和"加强社区管理，创建幸福社区"的社区汇报材料。

表 4-1　S 社区某居民小区公共文化设施情况简表

名称	面积（平方米）	功能
居民学校	110	居民再教育的场所
室内文化活动室	90	室内活动场所
图书阅览室	120	内藏 4 000 册图书以供阅读
老年活动室	94	老年活动场所
室外活动场所	626	居民室外活动广场

资料来源：根据 S 社区 2011 年、2012 年度工作小结整理所得。

(1) L 镇公共文化建设的优势。

苏州工业园区涉农社区的经济基础实力雄厚，为本社区公共文化建设提供了有力的资金支持。强大的财政支撑，也使原来的公共文化建设合作方式发生了变化。21 世纪初期，S 村公共文化建设活动的开展有时需要企业的经费赞助，而近几年政府较大的财政投入完全能满足建设需要。

完善的公共文化管理和建设机制有力地推动了 L 镇的公共文化建设。除了接受上级文化主管部门和街道党委、社工委的领导，L 镇文体站是重要的公共文化建设部门。L 镇文体站当前位于独墅湖社区中心，原来的办公场所——文体中心大楼作为公司资产被分离（20 世纪 90 年代文体站存在内办企业），伴随着文化管理体制的新变革，L 镇文体站新的场地设施建设方案正在被筹集。2015 年，L 镇文体站共有 15 人，有编制的是 12 人，L 镇文体站工作成效显著，先后被评为"苏州市文广系统先进集体""苏州市公共文化服务优秀站"等。L 镇的公共文化建设体制处在不断完善的过程中，公共文化设施建设表现为从重视数量、重视硬建设，转变为重视质量、重视软建设（重视管理和服务），在各项建设制度上不断规范、完善和创新。以图书馆为例，L 街道有 4 个图书馆，其中 2 个图书馆是园区独墅湖图书总馆的分馆，图书馆的管理体制愈加完善，服务质量不断提升，他们既积极参加园区图书总馆的各项活动，又广泛创建本馆活动。2014 年，L 街道图书馆共接待读者 9 400 人次，借还图书量达到 28 659 册，组织图书管理员参加 10 次专业培训，群众满意度是 100%，

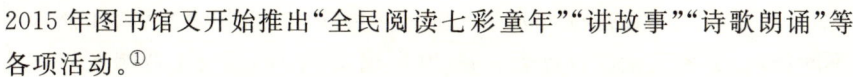

第四章 当前苏南农村公共文化建设实践模式分析

2015年图书馆又开始推出"全民阅读七彩童年""讲故事""诗歌朗诵"等各项活动。①

近些年L镇的群众文化活动数量越来越多,质量也大幅提升。公共文化活动开始注重传统文化的传承和社会主义核心价值观的弘扬。20世纪90年代,L村处于经济、政治、社会发展的巨变过程中,文化主管部门除了定期为村民放映电影之外,其他的公共文化活动较少。2006年国家提出建设新农村的战略目标以后,伴随着L镇的经济和社会发展,组织开展公共文化活动的次数大幅增长,既包括参与园区的大量公共文化活动,又有协助园区开展的公共文化活动,另外还独立开展本辖区的各类公共文化活动。以2014年为例,L街道文体站参与了园区系列"六进社区大型广场公益系列文艺演出"活动,自行举办了常规性的各类公共文化活动,重点举办了"芡实文化周"等特色品牌文化活动,全年L街道(不包括社区)共举办大型文化活动7次,单项活动17次。活动内容有传统文化的传承,如当地群众喜爱的越剧、昆剧、沪剧、锡剧、京剧、说书、评弹等,也有正确处理邻里关系、夫妻关系、婆媳关系的小品戏剧。另外,针对农民成为失地农民,搬迁进楼房,身份由农民向市民转变的实际情况,帮助农民转变为合格的市民、提升市民的文明素质等内容成为公共文化活动重点关注的对象。

(2) L镇公共文化建设特点。

公共文化建设上的"多层次治理机制"是L镇公共文化建设的最大特色。多层次治理机制相对成熟,蕴藏着无限潜力的治理机制,它是苏州公共文化建设的总体特色,既是苏州公共文化建设的成果,又成为进一步推进苏州公共文化建设的重要动力。多层次治理机制是当地经济体制、政治体制、文化体制、社会体制改革同步推进、互相协作的结果。此种多层次治理机制的主要特色是:主体多元化;多元主体之间和多元主体内部协作方式灵活多样。L街道公共文化建设的多层次治理可以概括为"政企互动""政社互动""社企互动""政、社、企、文联动"的新型治理样态。在此以L社区建设和公共文化建设的协作为例,具体阐析L镇公共文化建设上的多层次治理机制。苏州工业园区的设立是伴随着各项体制的创新进

---

① 数据来源于L街道2014年度工作小结。

行的，经过20多年的发展，苏州工业园区经济发达、政治发展、社会管理不断创新、文化建设成效显著。在20世纪90年代，苏州工业园区先行发展经济和政治。近十年，苏州工业园区的发展重点则是推进社会建设和文化建设，社会建设主要体现为社区建设。"和谐社区""幸福社区""绿色社区"是园区所属社区的发展目标。文化建设主要表现为公共文化建设和公共文化服务，而公共文化服务又与政府职能转变紧密相连。L街道逐步跟上了园区建设的总步伐，在社区建设和公共文化建设方式上实现了共谋、共建、共赢。"邻里中心"是园区的社区服务平台，这是借鉴新加坡的社区治理经验，并结合园区实际创建的新型社区管理模式。"邻里中心"主要为周边居民提供基本公共服务和与生活配套的商业服务，其运营坚持"公益主导"。2011年，园区每个"邻里中心"又设置了"民众联络所"，面积是所属邻里中心面积的15%，服务地区覆盖周边4—6个社区与组织单位，主要满足居民的公共服务需求，包括公共文化服务的精神文化需求。民众联络所的设立使得居民的公共文化活动设施场地得到了扩展，增加了公共文化交流的机会，增进了人际关系，也增强了社群凝聚力，推进了社区建设和公共文化建设。培育、扶持、发展文化组织和社会组织是"多层次治理"的又一表现。遵循园区对社会组织实行"登记、备案、自我监管"的分类管理做法，L街道也积极发展社会组织和公共文化组织。符合条件的文体团队，可以申请营业执照，办理协会证，对于获得居民认可和好评的社会组织，上级管理部门会给予奖励。在大力发展社会组织的背景下，实践表明，近些年L镇的社区组织发展中，文体娱乐组织的发展速度最快，在每个社区，都有几支特色文体团队。L街道的JY社区，2013年就拥有舞龙队、舞狮队、腰鼓队、扇子舞队四支群众自行组织的文体娱乐团队，参与人数达60多人。

伴随文化志愿组织的发展壮大，苏州各级政府正在建立购买社会组织服务的机制，这体现了政府职能重塑的方向，也是政社互动的生动体现，同时表明治理范式在理念和实践上的深化。综观苏州L街道的公共文化建设，变迁性、计划性、效率、系统性、有效协作、灵活性、创新性、多元化、多层次治理这类关键词是其典型特征。

三、案例：常州新北区 X 镇

1. X 镇概况

X 镇紧邻常州市新北区行政中心，地理位置优越，交通便利。历史上的 X 镇，既无发达的工商业，也无突出的农副业，既非军事重镇，亦缺乏名胜古迹。但由于临近主城区这一区位优势，X 镇已经纳入城乡一体化的发展规划，由此被赋予了更多的发展资源，在经济、政治、文化等方面获得了全面发展。当前，X 镇下辖 13 个社区和行政村，是常州高新技术产业开发区的核心城镇，成为现代化产业制造基地，基本实现了"工业强镇、财政大镇、人居名镇、文明新镇"的城镇化发展目标。由于充裕的经费投入和自身的努力，X 镇公共文化建设发展迅速，多次获得"市级文明镇""江苏省文明乡镇""江苏省特色文化乡镇"称号。

2. X 镇公共文化建设现状

X 镇成为特色文化乡镇，与其良好的经济基础密不可分。作为工业强镇，X 镇各项建设都有充裕的经费，借助城乡一体化发展策略，依托常州市委、市政府、X 镇党委、镇政府积极推进公共文化建设的财政政策支持，X 镇公共文化设施建设较快，各项公共文化活动得以顺利展开。2006 年，面积达 16.46 公顷的 X 镇中心广场建设成功，总投入为 4 000 多万元，成为 X 镇举办大型公共文化活动的重要场地。近三年，X 镇公共文化建设经费每年达 70 万元左右，其中，每年文化体育活动经费 50 万元左右，"社区天天乐"文化活动全年需要 10 多万元经费，图书添置更新、文化器材维修更换每年投入 10 多万元。① X 镇公共文化建设经费主要有两大来源：一是政府的财政拨款，二是自筹经费。从 2013 年开始，政府财政资助比例逐渐缩减，自筹经费比例增长，这是政府文化职能转变的必然要求，也是社会力量发展壮大的体现。X 镇公共文化建设经费的自筹方式目前主要依靠企业赞助，在公共文化活动举办时，通常贯以企业名称，以此宣传企业热心公益的良好形象，提高企业的美誉度。

---

① 数据来源于 2014 年 10 月 15 日对 X 镇文体站站长的访谈。

(1) X 镇公共文化建设特点。

多元领导、分工明确的管理体制是 X 镇公共文化建设的一大特色。镇党委、镇政府、区文化主管部门、镇文体站都是公共文化建设的领导者。镇党委负责公共文化建设方向,镇政府行使公共文化政策的制定、公共文化建设资金投入、公共文化服务等职能,新北区文化广电新闻出版局发挥具体业务指导作用。作为公共文化活动的直接领导者、施行者、参与者、创新者,X 镇文体站在农村公共文化建设中发挥出了至关重要的作用。截至 2015 年初,X 镇文体站共有 5 位工作人员,站长是有着 30 多年基层文化工作经验的一位女同志,极具工作热情、奉献精神与创新能力。在她的领导下,整个文体站工作有条不紊,职责明确,文化人才的培养机制也趋于完善和系统化。X 镇文体站出色的工作形象不仅体现在其工作成效上,还包括其本身作为公共文化设施的建设和使用上。与大多数乡镇文体站相异,X 镇文体站设置在常州市级文物保护单位——吴氏中丞第内,这原先是清朝进士吴光悦(曾任江西巡抚)的房屋。房屋有五进,每进六间,依据房屋结构,在保留其原来风貌基础上,所有房屋被布置为展示区域、文体站办公区域、健身活动区

图 4-2 常州市新北区 X 镇文体站剪影

域、休闲(棋牌)区域、图书室等不同的功能区,并制定了严格的规章制度,社区居民在接受传统文化熏陶的同时,也加强了和文化站的联系,有利于吸取民众的公共文化诉求和建议。村级文体委员制度是 X 镇公共文化管理体制的又一亮点。2011 年 8 月,X 镇党委出台了《关于设置村级文体委员岗位及实行目标管理责任制考核意见的通知》,正式创建了村级文体委员制度。全镇 13 个社区和村,每个社区、村都配备了一个村级文体委员,由村妇联主任兼任,并参照明确的任务目标,对村级文体委员进行年终业绩考核。

(2) X镇公共文化建设目标。

遵循常州市和新北区公共文化建设的总体目标,近些年X镇开展了丰富、深入、有特色的公共文化活动,逐步与城市公共文化建设接轨且形成区域特色。X镇近些年每年举办大、中、小型公共文化活动上百场,内容丰富,形式多样,核心主题是服务群众、传播文明和促进和谐。这些公共文化活动不仅展现了建设主体的创新意识,获得了群众的好评与支持,还展现了公共文化建设在物质、制度、理念方面的全方位进步。常州市公共文化建设的重要品牌和文化特色有"一村一品""社区天天乐"等。以"社区天天乐"为例,X镇在推行"社区天天乐"活动方面,不是简单地照章办事,而是创造了鲜明特色。2013年6月刚开始推行"社区天天乐"活动的时候,X镇以循序渐进的方式,要求每个社区和行政村开展每周1场、每月不低于2场的文化活动。2014年初,X镇又以节假日为契机,以流动舞台为抓手,深入广泛开展"社区天天乐"公共文化活动,具体有"元旦天天乐"活动、"欢乐祥和闹元宵"活动、"助残扶残,扬我人文风采"的大型文艺晚会、"情满中秋"戏曲专场演出等。受到"社区天天乐"活动启发,X镇在2014年又推出"银幕经典'天天看'""道德讲堂'天天讲'""百科全书'天天读'""社团组织'天天动'"为目标的"5个天天"活动。X镇2013年和2014年每年为群众放映电影200多场,2014年"X镇讲堂"开展20多期讲座,宣传互帮互助、尊老爱幼、爱岗敬业的良好社会风尚。X镇文化管理机构十分重视推进全民免费阅读活动,从特色服务着手,开展各式健康有益的读书活动,激发了群众的读书热情。X镇图书馆提供的特色服务有免费借阅、送书上门、免费为残疾人提供图书查询、上门取书,2014年又新增加了一项特色服务——开放式书柜进银行。"2014年7月8日,X镇文化站在工商银行、农业银行等分行成立书柜,赠送了经典名著、时尚杂志、通俗小说、少儿经典、公文写作等各类书籍600多本,满足了来银行办事的不同年龄、不同职业、不同文化水平的读者的阅读需求。今后还将在X镇各大银行设立书柜,并定期更换图书,深入推进全面阅读进社区、进校园、进军营、进企业、进机关、进家庭、进银行的'七进'活动。"①除此以外,公共文化活动"边开展、边培训、边创建协会"形式也是X镇公共

---

① 来源于X镇文体站2014年工作总结。

文化建设的特色。在 X 镇公共文化活动举办过程中，不断开拓文化活动的新领域，依据群众需求，及时举办太极拳、秧歌、形体训练、木兰扇培训，条件一成熟就组建协会，巩固文化活动成果。X 镇文体站定期举办文化艺术培训班，对农村基层文艺骨干、农村文化能人进行辅导和培训，同时让有文化特长的退休人员组成文艺协会，挑选和培训文艺人才，为文化建设培养了一批后备力量。X 镇公共文化活动的举办，推进了物质公共文化和制度公共文化建设，更重要的是人们的理念公共文化逐渐发生了变化，这是公共文化建设的核心内容。X 镇群众公共文化活动的形式尽管多样，但文化活动的主题是集中的，包括我国优秀传统文化的传承，人类优秀文明的介绍和利用两个主要方面。据 X 镇文体站站长介绍，X 镇南社区自 2005 年开展公共文化建设活动以来，经过八九年的发展，居民素质有了极大提高，刚开始参加文化活动，都把买来的菜带过去择，每次活动结束，满地垃圾，活动举办过程中，喝倒彩和瞎起哄现象频发；而现在的南社区居民都会自觉维护公共文化设施和场地卫生，对于文化活动开展相对较晚的北社区居民的不道德不文明行为，南社区居民甚至会主动提醒、批评和帮扶。

（3）X 镇公共文化建设成果。

"共建共赢"的公共文化治理机制是近些年 X 镇公共文化建设的成果，亦成为进一步推进公共文化建设的因由。X 镇在公共文化建设初期，政府是文化建设的唯一主体，伴随着政府各项职能由"管制"走向"治理"的改革历程，政府的文化管理职能也进行了分解与重构，其角色定位也从"唯一"主体转变为"重要"主体。近些年 X 镇镇政府主动进行了政策调整，鼓励社会力量以各种灵活方式，积极参与文化共建。文体站在动员社会力量参与公共文化建设方面，进行了积极的探索与尝试。例如，与民营文化团体进行有效协作，不仅宣传了企业特点、满足了其利益需求，还调动了其热心公益的积极性，持续发挥出民营文化团体与文化管理部门的"优势互补"作用，促进当地公共文化建设。合作的方式主要有：民营文化团体直接提供资金支持，某类或者某项公共文化活动费用，部分或者全部由民营文化团体承担。民营文化团体结合自身优势，每年免费为群众提供几场文化演出。如某文化艺术培训中心在 X 镇"惠民月月送"活动中，于 2013 年 8 月 23 日在 X 镇中心广场免费为群众演出，节目内容主要是葫芦丝、琵琶、古筝、武术等传统艺术展演。2013年8月25日,某艺术培训中心借某一社区的"社区天天乐",也免费向居民奉送了一台内容精彩的文化演出。2014年X镇文体站协同商业培训机构,连续举办了"奥园艺术培训文艺会演""优漫卡通卫视欢乐行""心中的歌儿献给党"三场综艺晚会。由于缺乏大型的室内设施,很多文化活动常因场地狭小或者天气原因无法开展,社区经常借用民营文化团体的室内场地举办公共文化活动。另外,私人或者社会组织的资金捐助、群众自愿分担费用、志愿组织或个人提供志愿服务等协作方式都逐渐兴盛。在X镇,志愿组织越来越多,居民参与志愿组织的热情也很高。如图4-3所示,对X镇发放100份关于"农村公共文化建设情况"的调查问卷后,实际回收有效问卷97份,经过统计整理,约有近八成的被调查者表示愿意参加志愿组织,服务本地文化活动,而明确表示拒绝态度的人仅占到1%。可见,X镇居民对志愿组织具有较高的认同态度,愿意投身于文化志愿服务活动之中。

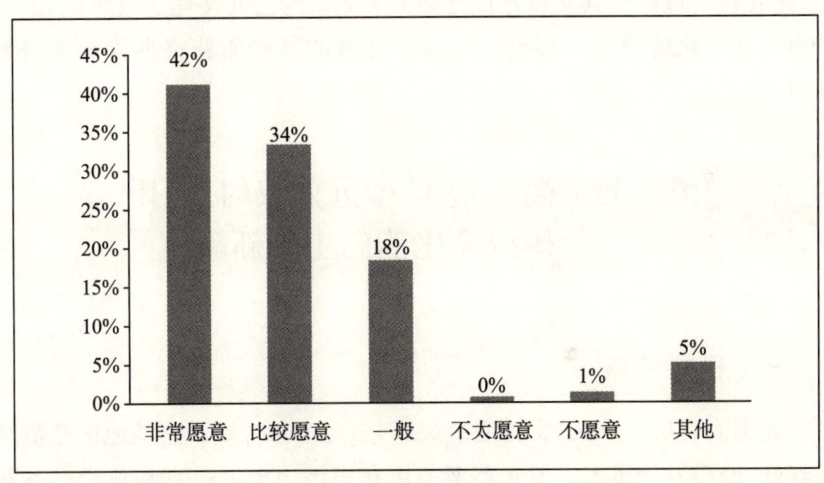

图4-3　X镇居民参加文化志愿组织的意愿①

---

① 数据来源于对X镇发放的100调查问卷。

四、小结

对照 L 镇与 X 镇案例,可以发现彼此的差异性和类似性。二者的差异体现为:L 镇历史上就是农业、副业、渔业、手工业发展较好的地区,又有着数千年的历史文化传统,按照上面所述的"经济发展水平"(E)和"传统文化资源"(C)两个向度,L 镇是高 E 高 C 型地区。X 镇历史上既无突出的农副业,又无名胜古迹,是属于低 E 低 C 型区域。二者的相似点表现为:都位于城市近郊;政府都重视公共文化建设;当前的公共文化建设发展较快。经济基础和传统文化资源相差很大的两个区域,目前都展现出高 E 高 C 的发展态势,原因何在?究其因由,是否靠近城市的地理位置成为至关重要的决定性因素。换言之,临近城市这一地理位置因素,在现代化和城市化迅速推进过程中,获得了全方位的资源优势,激发了其他要素的动力作用,并在各种要素间又建构起了良性互动关系。从结果来看,此农村区域的公共文化建设终会汇入城市的公共文化建设洪流,成为城市公共文化建设的一部分,不过,本地域的某些创新特色依然会得到保留。

第三节　高 E 高 C 型远郊农村:依托传统文化的自主创新模式

一、模式特点

此类农村历史悠久,文化底蕴深厚,多是千年古镇。这类地区经济基础较好,经济发展迅速。鉴于苏南地区在中国历史上一直是鱼米之乡和工商业发达的富庶之地,具有悠久的历史传统和深厚的文化底蕴,因此,高 E 高 C 型农村在苏南农村具有典型性,其公共文化建设的模式特点表现为:

第一,公共文化建设经费有充足保障。高 E 高 C 型远郊农村因经济基础较好,文化投入经费的投入有充分保证。近些年,此类地区的公共财政积极主动加大了文化建设经费的投入,尤其是伴随着国家公共文化服务体系建设的推进,高E高C型农村公共文化建设经费投入还将稳步增长。

第二,公共文化管理机制逐步实现科学化和民主化。高E高C型远郊农村的公共文化管理机制逐步完善,文化管理主体、文化管理客体、文化管理过程都实现了制度化和系统化发展。从文化管理主体看,政府、党委、企业、社会等主体对公共文化的管理自成系统,彼此之间还展开了广泛而深入的协同合作。从公共文化管理客体审视,物质公共文化、制度公共文化、理念公共文化三者相互影响,互相促进。从公共文化管理过程而言,各项活动遵循了科学的决策过程,包括公共文化具体政策的制定、执行监督、评估调整的所有环节,公共文化管理活动有条不紊地开展。

第三,继承悠久而优良的传统文化,当地公共文化建设活动持续创新。高E高C型农村的传统文化资源异常丰富,此类地区的公共文化建设,都有效挖掘了本地的历史文化资源,在此基础上创建富有特色的文化品牌,对传统文化进行了有效的传承、弘扬、发展、利用。在创建本地特色文化品牌的过程中,高E高C型农村的创新意识不断加强,创新方式不断变化,创新能力持续显现,从公共文化建设的经费来源、公共文化活动举办、文化惠民活动之间的有效协作、政府购买文化志愿组织的公共服务等方面都进行着持续创新。

第四,农村公共文化建设过程中,农民的主体作用开始发挥。在高E高C型远郊农村的公共文化建设活动中,农民的主体作用逐渐得到发挥,这归因于以下方面原因:其一是当地政府对文化建设的重视。由于整个国家重视公共文化建设,各地政府总体上都比较重视当地公共文化建设和公共文化服务,政府是主体和主导者,政府有"文化作为"的主观意愿。其二是经济保证。政府文化建设抱负的实现离不开良好的经济基础,在经济实力较强的苏南农村地区,当地政府施展文化建设的战略构想有足够的经济保证。其三是可以利用和整合当地悠久的传统文化资源。文化建设的良好效果一旦显现,就会增强当地政府和民众的信心。政府开展农村公共文化建设,农民是最大的受益者,农民参与建设的热情会提高,农民的积极性必然会成为推进农村公共文化建设的动力因素,政治、经济、社会力量形成强大的综合动力机制,农村公共文化建设效果必然会显著,当农民被尊重,主体作用发挥以后,农民对公共文化建设的满意度也将提高。

二、案例①:常州武进区 H 镇

1. H 镇概况

H 镇地处常州武进区西南,位于宜兴、金坛、武进交界处,历史悠久,人文荟萃,素有"鱼米之乡""千年古镇"和"文化名镇"之称。经过 20 世纪 80 年代农村产业结构的调整,H 镇农业又形成水产养殖和花卉苗木种植两大特色产业。同时,工业经济也迅猛发展,2014 年全镇生产总值达 122 亿元,农民人均纯收入达 22 928 元。在文化建设方面,H 镇一直名列前茅。早在 1996 年,H 镇就获得"常州市群众文化先进乡镇"称号,1998 年被评为"江苏省群众文化先进乡镇",2000 年以后,每年都获得常州市和武进区的"文化工作先进集体"称号。

2. H 镇公共文化建设优势

(1) 经济方面。

因 H 镇经济相对发达,公共文化建设经费来源有充足保证,且经费投入也呈逐年增长趋势。2008 年,休闲广场、健身广场、文化活动中心、文化长廊等物质公共文化设施投入达 200 多万元。仅健身广场一项,镇政府就设定等级,按照不同等级,采取"以奖代资"方式,各村每建设一个一级健身广场,镇政府奖励 33 万元,每建一个二级健身广场,奖励 2 万元,村委会则根据实际情况给予财政支持。目前,全镇的文化广场设施,投入资金总量达 2 500 万元,特色民间文化活动的资金投入每年 20 多万元,每年全镇农村公共文化建设经费占农村财政支出的 30% 左右。

(2) 文化管理体制方面。

各级文化管理部门已经形成了科学的管理体制。从武进区区委、区政府到 H 镇镇党委、镇政府,从武进区文广新局到 H 镇文体站,所有文化管理部门都构筑了从上到下的双层领导体制,在实践中有效发挥了领导作用。对于文化建设活动的开展,各级文化管理部门都认真负责、职责明确,在坚持原则性的同时,也注意发挥灵活性。灵活性主要依靠基层文化活动的直接领导者——镇文体站的工作开展来展现。文体站(文化站)

---

① 高 E 高 C 型远郊农村在苏南具有典型性,因而本部分选择了两个典型案例。

是极其重要的领导者和组织者。2000年常州武进区进行了文化体制改革,将乡镇文化站站长的人事关系进行变动,将原来放在市文广新局的人事关系下放到乡镇,由乡镇直接管理,文化站站长既接受上级文广新局的领导,同时也接受乡镇党委和政府的领导。这一人事改革的初衷是基于20世纪90年代的严峻状况,当时,文化站作用基本丧失。文化管理部门力图通过下放人事任命权给基层政府,调动乡镇对文化建设的积极性,让文化建设更贴近地域实际。实践证明,这一政策调整,使乡镇政府把文化建设活动作为重要职能来行使,这的确调动了乡镇党委和政府的主动性和积极性。但调查中,常州乡镇文化站站长们普遍反映了这一人事改革的一些负面效应,即工作任务极其繁重,工作压力大,但是工资待遇却被某些乡镇以"基层干部工资基本均衡"的名义降低了。尽管如此,众多文化站站长依然恪守职责、坚守奉献意识,兢兢业业做好文化建设工作。由于文化站的人事任免权限下放给乡镇一级,乡镇党委和政府在任命文化站站长的时候,存在一定的盲目性,忽略了文化工作人员必须具备很高的专业素养等要求,缺乏文化专长的人也可能被任命为文化站领导。这些负面效应并非政策本身所致,而是因复杂的他者因素所致。经过一段时间的制度运行,上述情形得到了改善,乡镇党委政府逐步意识到文化工作的特殊性,在任命文化站站长时,会采纳先任文化站领导的意见,而且要授权在任文化站领导,让他们注意培养和考核文化骨干人才,文化管理的民主化程度进一步提高。另外,在文化建设职能方面,乡镇党委、政府也进行了职能分解与重构,原来对文化工作是"一手包办",现在则主要提供资金扶持和做好协调服务工作。

(3)农民态度和作用方面。

H镇农民在公共文化建设中的主体作用得到了充分发挥。2000年之前,举办一些农村文化活动,农民不愿意参与,态度消极被动,需要文化站工作人员上门做说服动员工作。如今,农民参与公共文化活动的积极性很高,主动报名参加各类文化活

图4-4　H镇农民参加文化活动

动,对有无报酬也从不计较。究其原因,H镇公共文化建设部门特别注意听取群众心声,尊重农民意见。依据群众要求开展的文化活动无疑会激发群众的参与热情。

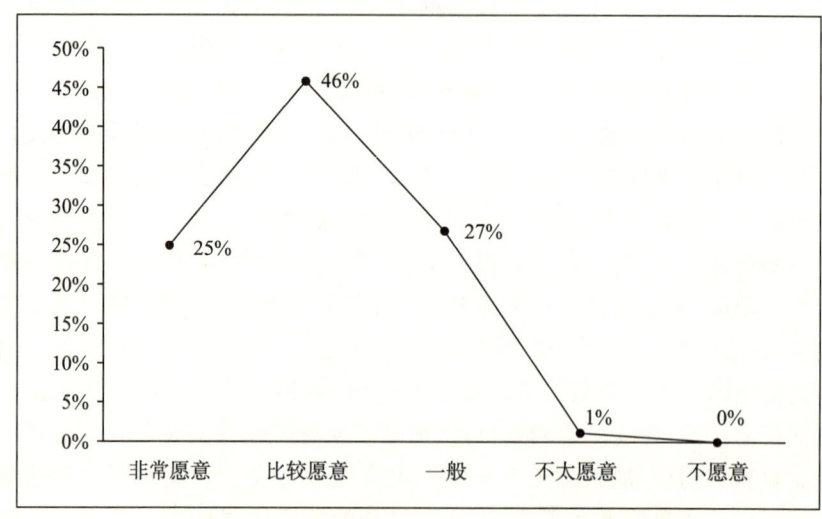

图 4-5　H镇农民参与公共文化活动的意愿①

如图 4-5 所示,对 H 镇发放的 100 份关于"农村公共文化建设情况"的调查问卷后,实际回收有效问卷 99 份。经过统计整理,仅有 1% 的农民表示不太愿意参加公共文化活动,持中立态度的农民约占三成,剩余近七成的农民都十分乐意参加。可见,H 镇农民对于农村公共文化活动具有极高的参与热情,他们乐意参与其中,并享受着参与的过程。

公共文化活动的开展使农民群众在一定程度上展现了自我价值,满足了其精神需求。伴随农村公共文化建设的步伐,H 镇农民自身的文化素养不断提高,主体作用越来越大,他们为公共文化建设活动献计献策,成为公共文化活动的组织者和参与者。例如 H 镇和各村的腰鼓队、军鼓队、灯笼队、秧歌队、龙灯队、锡剧协会、美术协会、书法协会、夕阳红文体队等社会志愿组织的成员都是农民群众,他们自愿组织,自编自演各类文化节目,定期巡回展演。在 H 镇,农民群众已经成长为农村公共文化建

---

① 数据来源于对 H 镇发放的 100 份调查问卷。

设的重要主体。

H 镇是千年古镇,有悠久的历史和文化传统,民间文艺和民间体育活动项目丰富多样,闻名遐迩的元宵灯会是民间文艺的典型代表。H 镇的元宵灯会可追溯到隋唐时期,灯会上不仅展示形态各样、形象逼真、色彩艳丽的大笼小灯笼,还有集戏剧和高难度杂技为一体的云车舞表演,场面极其壮观,气氛热烈。新中国成立前由于战火纷飞,元宵灯会停办,新中国成立后逐渐恢复,但1998年之前,举办的次数极其有限。1998年以后,H 镇自发性的舞龙灯又开始复兴。民间体育在 H 镇也历史悠久,在明朝末年,H 镇地区就存在一些民间传统文娱项目,如调龙灯、武术、举石担、甩石锁、舞狮、游泳、下棋等,很多村庄设置拳堂,形成习武风尚,世代相传。H 镇注意到以上这些传统文化资源的珍贵,在继承的基础上不断进行创新,利用民间文艺和民间体育特色,进行了特色品牌文化的打造创新,形成了以元宵盛会为特色的品牌文化项目。截至2014年,H 镇已经拥有一支100人的"威风"锣鼓队,16个村、3个社区还有腰鼓队12支、军鼓队4支、欢庆锣鼓队4支,总人数达450人。① 而久负盛名的 H 镇元宵节盛会,更是公共文化建设承继传统、开拓创新的集中体现,也成了每一年 H 镇各村群众文化活动公开展示的重要平台。H 镇公共文化建设活动的创新实际上反映了公共文化建设思路的不断创新。公共文化建设和服务经费的来源上,除了上级财政的拨款,社会力量的经费支持的比例越来越大,经费来源社会化的具体方式,自筹经费方式、社会组织承担部分经费方式、慈善经费方式等,诸如此类的公共文化建设的创新思路不胜枚举。

图4-6　H 镇农村锣鼓队的文化活动

---

① 数据来源于 H 镇文体站2014年工作总结。

3. H镇公共文化建设现状

H镇农村公共文化建设效果较好,农民对公共文化服务的满意度高。2006年,我国社会主义新农村建设处于探索阶段,当时作为新农村建设的一个方面,文化建设并不突出,但经过最近10年的发展,我国农村文化建设的步伐加快。由于自身的经济和传统文化优势,H镇农村公共文化建设成效相当显著。

(1)物质公共文化方面。

从2008年至今,通过较多的经费投入,公共文化设施经历了从"无"到"有"、种类从"少"到"多"、面积由"小"到"大"的发展历程,公共文化设施的管理也愈加规范。早在2005—2007年,H镇即开展了村级活动场所建设。2008—2010年,结合武进区出台的社会主义新农村建设的三年行动纲要内容:村村要建有室内外文体活动场所,要让村民拥有"全天候"的活动阵地。H镇加大了相关经费投入,继续推进公共文化设施建设。到2014年年底,H镇文体站占地面积850平方米;镇图书馆面积300平方米,藏书4万册,每年新增图书1 000册。16个村的农家书屋总面积达900平方米,藏书3.2万册。全镇、村共有105个文化广场,总面积219 711平方米。全镇文化活动室总面积1 500平方米。全镇的老年活动室总面积1 200平方米。在公共文化设施的管理和利用方面,每一类型的公共文化设施都被赋予了不同特点,镇文体站作为当地文化基层管理机构,不仅有效发挥了文化管理职能,而且展现了其作为文化活动的先行者和积极开拓者的作用。比如,H镇文体站专门设立美术和书法的办公室与展室,陈列书画爱好者的书法和绘画,定期开展展出活动。在节假日还有巡回展,室内还配备书桌、笔、墨、纸、砚,有专人值班,每逢每月五日、十日、每周的星期天等节假日,供大家学习和创作。定期和上一级书法美术协会合作,举行一些比赛,来促进爱好者的学习积极性。在春节期间,还开展送春联活动,受到当地群众的热烈欢迎。H镇图书馆在2000年前后采用了自负盈亏的企业化运作,当时曾经开展过"文企联营",即一些企业每年给图书馆一定的经费,图书馆给企业职工办理阅读卡,后来由于镇图书馆只有一个管理人员,管理上的欠规范、图书的陈旧和一些企业的改制,"文企联营"模式也逐渐停止。近些年,镇图书馆在管理上加强了改革力度,经常更新书籍;而且作为武进区的分馆,采用了统一的"一卡通"形式,即办理的镇图书馆的借阅卡,可以在武进区通用;图书馆同时和学校合作,给中小学生办理了借阅卡;另外还定期举办一些活动。尽管还存在图书馆管理人员是非专职人员(通常由镇妇联主任兼任)和工资报酬低等问题,但这些问题逐渐引起了上级管理部门的重视并逐步得到解决。

通过一系列建设活动,H镇图书馆的利用率越来越高,图书对人们的精神文化生活的影响越来越大,图书馆发挥的效用逐渐显现。H镇各村的农家书屋,目前的利用率不高,书籍陈旧,村里的经费投入也少。当地村民普遍认为,在经济发达地区,由于网络信息的普及,农家书屋发挥的作用不大,只要镇图书馆运作良好就可以取代农家书屋的作用。一些村民认为农家书屋不符合实际,仅仅是摆设。H镇、村的农村公共文化设施中,最受村民欢迎的是文化健身广场和文化活动室,不仅每个村有文化健身广场,数量还在增多,村民普遍反映,他们平常去的最多的就是健身广场和文化活动室,这些场所和设施锻炼了村民的身体、丰富了农民的精神生活、增进了村民之间的感情,使得农民的农闲生活更加健康。

(2)制度公共文化方面。

H镇公共文化建设的政策法规制度、财务制度正逐步健全,公共文化管理制度、公共文化人才机制、公共文化服务机制更加完善。政策法规方面,在遵循上级政策法规的同时,H镇依据本地特色,因地制宜出台了很多具体政策,既坚持了原则性又体现了灵活性,最大特点是公共文化政策的民主化程度很高,很多政策都是依据农民的意愿而制定和实施的。财务制度的健全体现为公共文化的财务管理越来越科学和规范,除了有专门的财务管理人员和账目体系,在农村公共文化经费投入方面,还创新建立了多种财务协作机制。在文化管理制度方面,前面所述的管理部门职责明确是一个方面,各项具体文化活动的组织开展,都体现了极高的管理水平。在公共文化的人才机制方面,文化体育站的领导和工作人员都具备很强的专业水平和较高的服务意识和奉献精神。文化人才培养机制也很健全,每年各类文艺人才都要进行集中学习并接受培训,这些机制发挥出了对文艺人才的积极指导作用,有力推进了公共文化活动的广泛开展。另外,H镇公共文化建设的一大亮点就是志愿性的群众文化团体很多,团体成员都不计报酬,无私奉献,这是当地群众性文化活动开展得有声有色的重要保证。公共文化服务已经形成了以政府为核心,包含企业、社会组织、社区、志愿团体等在内的多元主体和谐共建机制。

（3）理念公共文化建设方面。

H镇理念公共文化建设状况可以从建设内容和建设效果两个方面省察。2000—2007年,H镇围绕社会主义精神文明建设主题,每年举办一次大型的文艺演出,群众文化活动围绕公民道德教育也在不定期举行。2007年以后,H镇公共文化活动进入普遍化、常态化的发展时期,2013年H镇开展"社区天天乐"活动,从6月到11月共演出70场次,绝大多数活动都是当地群众自行组织的活动。另外,还有市文体局的"送文化"活动,公共文化活动开展都包含传统文化的传承、传统美德的弘扬以及社会主义核心价值的弘扬。

H镇理念公共文化建设效果反映在农民价值观的变迁上。在文化变迁中,价值观是最难变化的,对价值观变迁的把握,既需要时间累积,也需要丰富的材料去论证。本章在此方面的调查是有限的,但总体上还是可以得出以下结论:对于当前社会主义核心价值观,大部分农民能平均列举5个以上关键词,同时明确一些基本要义。而价值观的变迁也呈现出一些效果,随着近些年公共文化建设的推进,20世纪后半叶失落的传统民族精神,今天又逐渐被人们珍视,农民的文明意识、公共意识、公共道德和责任感得到一定程度的提升。

三、案例:苏州张家港市A镇

1. A镇概况

苏州张家港市A镇位于张家港市南端,全镇面积78.8平方公里,人口13万人,下辖15个行政村。近些年A镇以"经济重镇、文化大镇、旅游名镇"闻名,其拥有53家销售超亿元工业企业,形成了以新材料、新装备、新能源为主的工业产业集群,工业经济占全镇经济比重超过70%,农业也朝规模化生产方向发展,每年农业产值超过3亿元。工农业协同并举的产业结构为A镇带来了丰厚的经济收入。2012年,A镇的地区生产总值超过88亿元,2014年增至93亿元。A镇有数千年历史,文化底蕴深厚,境内留存大量的物质文化和非物质文化遗产,获得了"全国千强镇

 第四章　当前苏南农村公共文化建设实践模式分析

"中国历史文化名镇""中国吴歌之乡""全国环境优美乡镇""苏州市美丽城镇"等称号。

2. A 镇公共文化建设现状

2006 年以来,A 镇投入 5 500 多万元对古街区进行修缮和改造。在打造 A 镇的文化旅游品牌项目上,A 镇已经投入了 5 亿元。2014 年,A 镇地区生产总值达 93 亿元,雄厚的经济实力为 A 镇公共文化建设提供了强有力的经济保障。A 镇公共文化建设经费主要分为两个方面用途,一是公共文化设施的建设与维护,二是用于公共文化活动的开展。从 2006 年至今,A 镇不断加大对公共文化设施的投入力度,从各个社区、各村的文化广场和健身场地开始,到镇科文中心大楼的规划建设,经历了从"重建设"到"建设与管理并重"的发展历程。2009 年,A 镇基本实现村村有文化广场和健身路径的发展规划。当时,全镇有 18 个多功能活动室,21 个棋牌室,其他活动室 23 个,农家书屋 15 家。① 2014 年,A 镇继续推进文体设施建设,规划建设 A 镇文化标志性工程——科文中心大楼,包括剧院、综合楼、健身中心等,2015 年年底完工。由于文化经费的充足,A 镇 24 小时自动图书馆和多社区的 24 小时图书馆驿站于 2014 年完工并投入使用,成为全市第一家开放的农村社区 24 小时图书馆驿站。同年,根据上级"加快推进公共文化服务体系建设"的文件精神,A 镇文化站对照市文广新局下发的"十个一"考核标准,对全镇各村各社区的基层文化设施进行调查摸底,对经济薄弱村的文化阵地再次加大了投入力度。同时,A 镇还划拨了一定资金,用于广泛而深入的文化惠民活动,如借助春节、端午节、中秋节等节日活动,开展节庆文化送戏下乡活动,开展常态化的科技送书下乡活动,一些业余团队常年开展的送戏下乡也被"以奖代补"的方式进行资助。

A 镇已形成二元领导、分工明确的公共文化管理体制。作为公共文化建设的二元领导,A 镇党委和镇政府共同负责制定公共文化发展战略、把握公共文化建设方向、规划文化建设经费。镇文化站主要负责公共文化事务的具体执行,但文化站也并非仅仅是执行机构,公共文化发展战略的思考、公共文化服务的开展、公共文化建设的创新思路同属文化站的工

---

① 来源于 A 镇文化站 2009 年工作总结。

作内容。由于工作突出,A镇文化站多次获得"江苏省优秀文化站"称号。除履行其他文化站的类似职能之外,A镇文化站的职能有以下特色:一是挖掘、保护、利用传统文化资源,这是其重要职能。A镇当前公共文化建设的良好成效与其传统文化资源的开发息息相关,鉴于A镇的很多历史文化资源还没有被挖掘,A镇成立了文化遗产普查小组,由8位工作人员组成,普查小组多次深入到每一个村落,走访当地老村民,做好访谈和文化遗产的收集和整理工作。二是积极创作文化精品。A镇注重挖掘当地传统区域文化,使其成为公共文化服务的供给内容之一,同时依托传统文化的形式,结合社会主义的国家制度与时代特点,加以文化内容的变革和创新。近些年A镇结合传统美德、社会主义核心价值观、公民道德等内容,创作了大量文化精品,在市内、省内、国内都享有一定声誉。三是注重文化人才的培养和选拔。公共文化活动归根结底是人的活动,人才是公共文化建设的重要推动力量。A镇的人才培养机制十分完善,从选拔到任用到培训各个环节都有严格、规范的制度。不仅注重文化管理人才的选拔任用,还包括专业的文化人才、文化志愿人才的发现和培养,通过实施奖励制度和培训制度,注意从学校、机关、企业、社会、农民群体中发掘文化人才。这也是A镇公共文化建设成果卓然的重要原因。四是积极开展文化交流。A镇公共文化活动的举办是异常开放的,其不仅在当地广泛开展,还到国内其他地区甚至国际舞台上去展现自身风采,扩大自身影响力,提高知名度和美誉度,同时注意吸收其他地区公共文化服务和建设的有益经验,不断丰富发展自己。

3. A镇公共文化建设特点

从2006年至今,A镇公共文化活动的开展愈加丰富多彩,其公共文化建设呈现出如下特点:

(1)承继当地文化传统,创建了特色文化品牌。利用节假日契机,A镇积极开展了与传统节日、习俗相关联的公共文化活动,如"新春送祝福,文明进万家"春节系列活动、"团圆、热闹、喜庆、和谐"闹元宵系列活动、"清明时节忆先烈"活动、"端午情"和"温馨中秋"活动、围绕建党建国周年的"红色"主旋律活动,公共文化活动在惠民的同时,经历了数量从少到多、质量不断提升的转变历程,既包含传统文化的传承和弘扬,也包含对当今主流意识形态和社会主义核心价值观的宣传,加强了理念公共文化的建设强度。除此以外,A镇公共文化活动的主线索是新创建的几大特色品牌文化,尤以河阳山歌文化为典型。A镇是吴歌之乡,吴歌的重要组成部分——河阳山歌在A镇有6 000年左右的历史,也因此被列为国家级首批非物质文化遗产,经过近7年的发展,以河阳山歌为重心的河阳文化被收集、整理、完善,并被积极广泛的传承、弘扬、利用、发展。

(2)品牌文化各自向系统化方向发展,彼此又开展深入交流和协作。以河阳山歌为例,2008年A镇举办了首届山歌节,主要内容是唱山歌,目的是让世人了解山歌这种珍贵的文化遗产,同年A镇共组建了8支河阳山歌演唱队。2009年建筑面积达5 000平方米的山歌馆建设完工,作为综合性文化设施,其内部包括河阳山歌展示馆、历史文物陈列室、历史文化名人馆、苏南民俗风情长廊、山歌演艺馆、学术交流中心、特色展示馆、培训学校八大功能区。① 同时,由政府和高校文化研究中心合作成立了张家港市河阳文化研究所。在山歌人才的选拔和培养上,A镇开办了少儿和中青年山歌歌手培训班,进行人才培训,并通过各种歌唱比赛来选拔优秀的山歌歌手,作为山歌传承人进行专业培养。由此可见,从唱山歌,到成立山歌研究所、建设山歌馆、进行山歌人才的培养,A镇河阳山歌的特色品牌已经渐成系统,并初步形成河阳文化。2011年4月,A镇正式成立了河阳文化研究会。"河阳文化进校园""河阳文化进家庭"的文化推广活动也如火如荼地进行。桃花节文化是A镇又一声名远播的特色品牌文化,在每年桃花盛开的3月,A镇都要举办桃花节,围绕看桃花、赏桃花、颂桃花进行一系列公共文化服务活动,桃花节活动之一就是对唱山歌,品牌文化之间形成了良好互动,构筑了A镇的整体和谐的文化氛围。

(3)A镇的公共文化事业和文化产业已经形成了共建共享、相互促进的和谐格局。2015年1月,中共中央办公厅、国务院办公厅印发了《关于加快构建现代公共文化服务体系的意见》(简称《意见》),《意见》第一次以中央文件形式强调了公共文化与文化产业应该融合发展。实际上,A镇的公共文化建设和文化产业已经实现了融合发展。近些年,A镇积极发展文化产业,再通过从业企业直接提供公益性文化产品和服务,通过经

---

① 来源于A镇文化站2008年度工作总结。

费投入、项目资助、活动赞助等方式,发挥出文化产业对公共文化建设的服务和推动作用。而公共文化的发展又为文化企业开辟了新的市场,依据公共文化的需求,文化产业行业可以调整企业生产的方向,挖掘出新的市场潜力。A镇近些年尤其注重利用丰厚的历史文化资源,以"文化大镇、经济强镇、旅游兴镇"作为发展定位,大力发展了与公共文化服务紧密关联的文化旅游产业。作为历史文化名镇,A镇存有大量珍贵的文化遗产,如千年古刹永庆寺、恬庄古街、榜眼府、孝坊、古宅等古建筑群,还有河阳山歌为代表的非物质文化遗产。A镇党委政府非常重视文化遗产的保护、传承和利用,加大了资金投入,从2006年至今,加上上级财政支持,共投入5500万元对古建筑和历史街巷进行了修缮和重建,既做到对文化遗产的有效保护,又对其进行合理开发和利用,使其成为重要的旅游资源,经过近些年的旅游文化产业建设,A镇已经形成了"逛古街、游古寺、赏桃花、听山歌、泡温泉"的文化旅游品牌。[①] 文化旅游产业的收入为A镇公共文化建设提供了资金支持,一些经营性的文化设施也定期向公众提供优惠或者免费的公共文化服务,很多文化企业同时以经济支持、免费赠送文化产品和服务等方式来进行各类文化惠民活动。

经过十多年的文化建设,A镇农民参与公共文化活动的热情不断高涨。以河阳山歌为例,通过成立艺术团、举行演唱比赛、开展培训、在中小学进行音乐特色教育等方式,吸引和鼓励当地居民学唱河阳山歌,群众的参与度不断提升。A镇农民不仅积极参与公共文化活动,成为公共文化的建设者,同时也是公共文化活动的服务对象,他们对公共文化活动和服务的满意度也不断提高。

---

① 来源于A镇文化站2011年度工作总结。

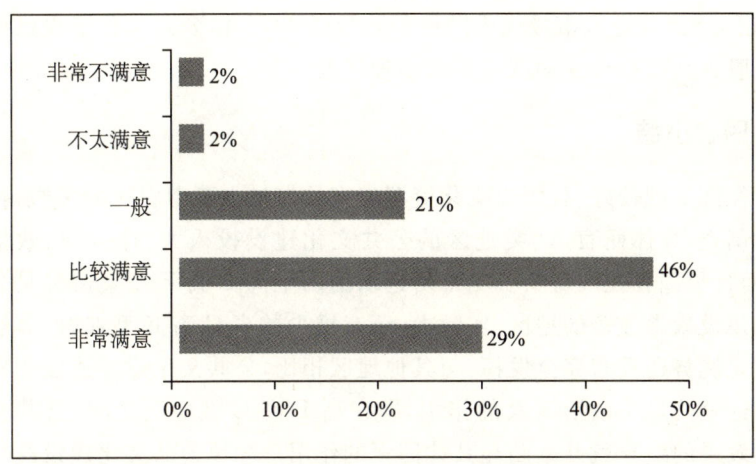

图 4-7　A 镇农民对公共文化活动的满意度①

在对 A 镇发放 110 份关于"农村公共文化建设"的调查问卷后,实际回收有效问卷 107 份,根据问卷的数据进行统计分析后,绘制出如图 4-7 所示柱状图。A 镇农民对公共文化活动整体评价较高,有 75% 左右的农民持比较满意和非常满意的态度。而明确表示不满意的农民占 4%,另有两成的农民持中立态度。可见,A 镇的公共文化活动开展较好,获得了绝大多数农民的支持。而伴随着 A 镇公共文化建设水平的不断提高,农民对此的满意度也必将稳步上升。

综上,A 镇将公共文化建设和政府职能建设、社会管理建设、企业建设密切联系起来,并在主体之间搭建了良好的协作平台和机制,切实实现了多元治理的创新。政府与企业联办公共文化服务,政府协助企业捐助公共文化活动,政府逐步向文化团体购买公共文化服务等创新模式不断出现。网格化社会管理是张家港市的特色社会管理,在 A 镇公共文化建设中,网格化社会管理也同步施行。如 2015 年,A 镇文体事业科要求全镇的网格团队开办河阳山歌培训班,并在各社区、各村、企业中组建网格团队,进行文化节目展演和大比拼活动,推进特色文化的建设,还要确保

---

① 数据来源于对 A 镇发放的 110 份调查问卷。

10支网格团队进入市级优秀网格团队行列。① A镇公共文化建设已经形成政府、企业、社会互动的多层次治理格局。

四、小结

经济基础较好、且历史文化资源丰富的农村占苏南农村的多数,依据笔者调查,总体而言,此类地区的公共文化建设投入大、速度快、效果显著,而且呈蓬勃发展势头。本章所选取的两个高C高E型案例都是公共文化建设效果显著的地区,实际上,还有极少数高C高E型农村,其经济和文化优势还没有完全发挥,与其他地区相比,公共文化建设速度相对缓慢。这就凸显了政治因素的作用,即在高E高C型地区之间,公共文化建设效果的差异就开始凸显其他因素的作用。A镇公共文化建设既快又好,H镇公共文化建设成效稍位其后,个别地区公共文化建设步伐还更缓慢,形成不同结果的关键因由是各地政府作用的不同,包括基层政府官员的重视程度差异、下级官员的执行能力差异、文化管理人员的态度和创新能力差异等。高C高E型农村的共同点是发展空间很广阔,前景乐观,即使那些优势还没有凸显的地区也不例外。在和其他乡镇的交流中,政府官员和文化管理人员也有学习的意识和意愿,会逐渐明了自身优势,一旦政府官员的认知能力发生转变,此类地区完全能够利用好自身优势,发掘出自身潜力,进行体制的不断创新并迅速推进公共文化建设。中国是政府主导型社会,政府力量的彰显,势必会导致连环的良性效应,通过培塑社会其他力量,形成综合合力,来加速农村公共文化建设的步伐。

苏南的高C高E型农村,其公共文化建设上也表现出了多层次和深层次治理特性。治理理念的应用广泛而深入,从理论到实践,从官员到民众,治理理念深入人心。当影响公共文化建设成效的所有因素之间形成良性互动,就会导致公共文化建设的各个领域,在模式和体制上不断加以创新。

苏南高C高E型农村公共文化建设的动力机制上,社会力量不可小觑。在H镇和A镇的公共文化建设上,农民发挥出了主体作用。从一开始的被动参与到积极主动地参与、再到农民自身组建文化团队、排演文化节目,不过是十来年时间,农民的主体作用还将进一步发挥。

---

① 来源于2015年度A镇文化站工作计划。

依托坚实的经济基础和乡镇历史文化传统,苏南高C高E型农村公共文化建设模式已经形成富有本地文化特色的自主创新模式,在未来的公共文化建设方面,自主创新模式会促进公共文化的可持续发展,为公共文化建设开拓更广阔的发展空间。

第四节　高E低C型远郊农村:依托经济发展的自主创新模式

一、模式特点

高E低C型远郊农村是指经济基础较好,但历史文化资源薄弱、地理位置距离主城区较远的地区。这种类型农村在苏南地区也占一定比重。较好的经济基础缘于这些农村地区曾经是乡镇企业非常发达的地区,经过十多年的合理规划和有效整合以后,一些乡镇企业迅速发展成为现代大型企业集团,为地方各项事业的建设提供了强大的的财力支持。历史文化资源薄弱主要是指这些地区虽然也有一定的历史,但文化底蕴并不深厚。高E低C型远郊农村的自主创新模式的特点具体表现为:

第一,公共文化建设经费投入巨大。在当前国家重视公共文化建设的大背景下,地方及基层政府也重视公共文化建设,因而在公共文化建设上会加大经费投入,远郊高E低C型农村因经济基础较好,公共文化建设经费有保障且投入都很大。

第二,政府在公共文化建设上的主导性、主体性、服务作用突出。公共文化服务的满意度高。有坚实的经济保障作后盾,政府公共文化建设的愿望会实现,显著的建设成效又会激发出基层政府的积极性,促使政府进一步发挥有效作用,推进公共文化建设。

第三,企业文化建设与公共文化建设共建共享、相互促进。苏南经济实力强的农村,多是拥有几家大型企业集团和一定数量中小型企业的地区,伴随企业规模的扩大和数量的增多,企业文化也迅速发展,尤其是大型企业,基本上都形成了各自独特的企业文化。企业文化建设也与公共文化建设互相融合,实现共同繁荣。

第四，社区建设促进公共文化建设。鉴于全国都在开展社区建设，经济基础较好的农村地区，在社区建设上有足够的资金支持，社区建设效果显著。社区的文化建设从社区建设之初就是社区建设的重中之重，加之国家重视公共文化建设，因而在实践中，社区建设、社区文化建设、公共文化建设必然以一定的方式结合起来。在高 E 低 C 型农村，这一协作模式非常突出。

第五，公共文化建设持续创新。因公共文化建设有财政支持，政府又发挥出积极作用，结果必然是公共文化建设效果较好，此种文化建设的成效又增强了当地政府的信心和动力，政府会加大投入，继续推进公共文化建设，这一过程也就必然孕育出各种创新意识。即使有些"创新"意识在实践中遇到失败或者挫折，当地财力也可以承受、应对或矫正，不会挫伤创新的积极性。创新思维在实践中发挥效力以后，会促使人们进行更多的创新尝试。高 E 低 C 型农村公共文化建设都表现出持续创新的态势。

二、案例：无锡江阴市 Q 镇①

1. Q 镇概况

Q 镇位于江阴东南部，面积 19.3 平方公里，是江阴最小的镇。总人口约 6 万，其中外来人口 2 万多人。2000 年 Q 镇地区生产总值达 12.26 亿元。经过近十多年的发展，2012 年 Q 镇地区生产总值达到 120 亿元，公共预算收入增长了 10 倍，农民人均年收入达到 25251 元。2014 年 Q 镇地区性创益收入位居江阴市第一。Q 镇经济实力雄厚，原因在于其拥有两家销售超百亿的大型企业、三家上市公司、几十家中小型企业。其中 YG 集团 2014 年销售收入达 350 亿元。庞大的产业支撑，使得 Q 镇的经济、政治、文化、社会等建设加速推进。2011 年，Q 镇被联合国教科文组织评为"国际花园城市"，2012 年建成首批无锡市幸福镇，2013 年获得江阴市"社会建设管理先进镇""生态文明建设先进镇""精神文明建设先进镇"等称号，成为新型城镇建设示范区。Q 镇的公共文化建设也成效卓然，为经济实力强、历史文化资源相对薄弱的农村地区推进公共文化建设开拓了经验之路。

---

① Q 镇案例中的所有数据来源于镇报和镇文化服务中心材料。

2. Q镇公共文化建设现状

Q镇公共文化建设经费投入巨大。目前Q镇有江阴图书馆分馆1家、展示馆1家、企事业单位图书室20家、文化活动室共20处、《Q报》1份、广电站1所,还设有政府网站、信息平台,为Q镇公共文化建设提供了完善的设施平台。2011年,江阴图书馆Q分

图4-8 无锡江阴市Q镇掠影

馆建成并免费向社会开放,目前每年接待读者近7万人次。同年,面积1 250平方米、总投资3 000万元的Q镇展示馆向群众免费开放,内设城镇发展馆、民俗风情馆、毛纺产业馆、文化长廊等展示类别。由于拥有强大的经济后盾,Q镇公共文化建设经费还在不断加大投入,除了继续新建一些文化设施,对原有文化设施继续进行改造提升之外,还加大公共文化活动经费、文化人才培养和培训经费的投入。2013年,Q镇投入270万元新建两处文化广场,投资2.3万元对图书馆Q分馆进行内部结构改造,投资3 600多万元完成两大广场的提升改造工程。2014年,Q镇全年投入85万元用于公共文化活动的开展。从2012年起,Q镇在其中心小学投资创办了锡剧兴趣班,专门聘请国家级锡剧演员、锡剧专业老师组织教学活动,这个活动还在拓展,费用都由政府买单。大型企业集团也积极参与投资,如YG集团在2013年投资300万元新建了一处文化活动广场。完善的文化设施和丰富的公共文化活动为Q镇全镇居民提供了优质的公共文化服务。

3. Q镇公共文化建设优势

Q镇党委和镇政府非常重视公共文化建设,始终坚持"民生优先、素质为本"的发展理念,着力打造文化镇,把Q镇精神凝练为"务实、创新、包容、奋进"方针,通过制度建设,力求把Q镇精神内化为群众的精神品格,促进居民文明和文化素质的提升。镇党委和政府每年都开专题会,商

讨文化建设工作，从制度、政策、经费等各方面给予全面保障。从公共文化建设的组织机构看，在镇党委和镇政府领导下，Q镇设有文化服务中心、镇文联、HL集团文联，具体负责执行上级政策，同时对公共文化活动进行指导和监督。早在2003年，Q镇文化站更名为文化服务中心，体现了政府服务意识的树立。镇文化服务中心现有4名工作人员，分工明确，职能全面。文化服务中心最大的特色是工作密切联系群众，常常以座谈会、问卷发放、设意见箱、公布举报电话等形式征集工作意见和建议，并以建构法治型、服务型、责任型、效能型政府作为其工作目标。Q镇党委和政府充分发挥了自身在文化建设上的主导和主体作用，其特色举措之一是创办《Q报》，报刊内容丰富全面，主要围绕Q镇经济、政治、文化、民生内容，与百姓生活息息相关。报刊重点宣传好人好事、见义勇为、廉政建设、行风整顿、家庭和睦等社会正能量，有效发挥了文化载体作用，满足了当地群众特定的精神文化需求，加强了Q镇社会主义精神文明建设。

4. Q镇公共文化建设特点

企业文化建设与公共文化建设在Q镇进入了共建共享、相互促进的良序状态。Q镇有几十家中小型企业，还有两家大型集团。伴随着企业的现代化建设，企业文化蓬勃发展。企业文化包含企业文化事业和文化产业两大内容。Q镇企业文化事业的繁荣表现在：一是企业重视党委建设，确保党员职工坚定正确的政治立场和政治方向。如YG集团2013年5月举办了一次"道德讲堂"，参加人员为入党积极分子、职工教育联络人共60多人，基本程序为集体吟唱《公民道德歌》，观看道德教育短片，然后再诵读《道德经》部分片段，听取报告。2014年，群众路线的践行、"24字"社会主义核心价值观的弘扬、十八届三中全会精神的学习在企业内部也广泛开展。二是企业通过创建"学习型组织"活动，推动了企业文化的建设。如YG集团深入开展学习活动，学习内容包括如何提升职工的思想素质和工作技能，增强了职工的文化自觉，2012年YG集团获得了"无锡市书香企业"称号，提升了企业的文化自信心。三是企业普遍注重创作文化精品。结合企业现实和时代特点，企业也组建了文艺团队，积极进行文艺创作，并通过展示和参与各类文化活动，扩大文艺精品的影响，提升了本企业的文化竞争力。

Q镇企业还与时俱进,积极创建自身的文化产业,目前一些有影响的文化产业发展突破了国家界限,走向了国际合作和交流。如中国 500 强企业的 HL 集团,本来是专做毛纺制品的。在其产业走向国际以后,以服装为媒,接触到欧洲的马文化,在转变产业结构和盈利方式的大背景下,该企业斥资 10 个亿建造了国际马术俱乐部,现拥有 300 多匹各式品种的良驹,依托当地的旅游产业,每周末向游人展示世界级的马术舞步表演(如图4-9)。企业文化产业增加了企业的知名度,也给企业带来了丰厚的利润。

企业文化建设不是孤立进行的,它与公共文化建设并驾齐驱、相互促进,实现了共建、共享、共荣。首先,文化产业设施定期免费向公众开放,利用文化产业为公共文化服务作贡献。公共文化服务提升了,反过来也扩大了文化

图 4-9　Q 镇 HL 集团举办马术表演

产业的影响。如 Q 镇某建工有限公司建立了文化发展有限公司,属于经营性文化产业,致力于打造书画展示和交易平台,但该公司常常免费开展各类书画名家作品展览,为公众提供了公共文化服务。又如 HL 集团又投资建造了集马术历史、马术运动、马术装备、马文化为一体的马文化博物馆,马文化的系列设施和活动也定期免费向集团外的公众开放。其次,企业经常向社区和社会送戏、送演出,给公众提供了高质量的公共文化服务。如 2014 年 10 月,HL 集团的职工和千余名 Q 镇村民一起免费观看越剧《黄道婆》,HL 集团不仅安排大巴车接送村民,还提供免费的矿泉水供村民看戏期间饮用。能够观看到高水平的传统戏曲,村民们对 HL 集团赞誉有加。大型集团经常通过送戏的方式参与公共文化建设和服务。在 Q 镇,文化产业、文化事业、公共文化建设方面的合作共建方式越来越多。

Q 镇以社区文化建设促进公共文化建设。Q 镇的社区文化建设形式多样,内容丰富。各个社区每年通过若干个节日活动开展社区文化建设,

如读书节、文化体育节、睦邻节等。2013年5月,Q镇某社区以"心传文明正能量,引领睦邻新风尚"为主题举办了第五届睦邻文化节,为期两个月。根据居民的实际需求,开展一系列文化体验活动,树立社区居民的文明、智慧、亲邻意识。

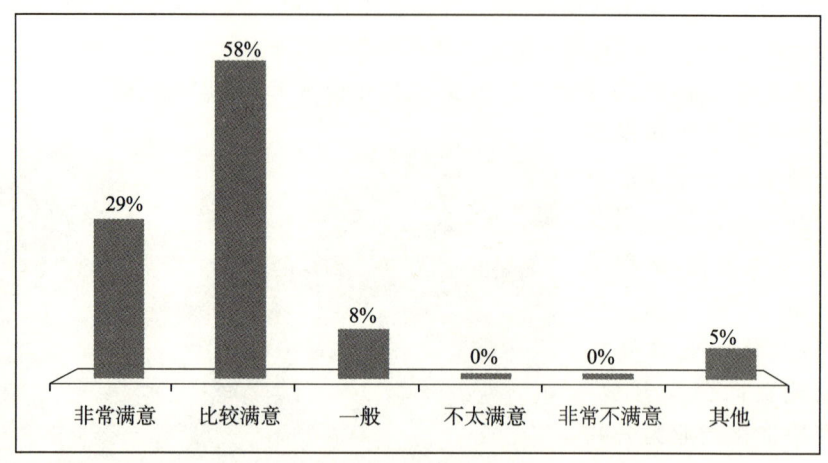

图4-10　Q镇某社区居民对公共文化的满意度①

在对Q镇内某社区发放100份关于"农村公共文化建设"的调查问卷后,实际有效回收问卷83份。经过对问卷的数据进行统计和分析发现,该社区内有近90%的居民持满意态度。持中立态度和否定态度的居民合计占到13%(如图4-10)。显然,Q镇社区居民对公共文化活动的评价极高。

Q镇的社区文化建设中,社区文化体育节就是文化惠民的传统特色之一,内容丰富多彩,有电影放映、戏曲演出等公共文化活动。由此可见,Q镇的社区文化建设和公共文化建设也已融为一体。

创新是Q镇公共文化建设的最大特色。Q镇的公共文化建设、社会组织建设、社区文化建设、企业文化建设相互交织,形成两个或多个领域协作的多种新形式。政企合作在Q镇由来已久。一位镇政府工作人员如此形容:"政府积极服务企业,全力支持企业转型发展,也不断提升配套的公共服务设施,以此为企业留住人才、让企业安心壮大。与此同时,因

---

① 数据来源于对Q镇某社区发放的100份调查问卷。

为环境变美了,交通方便了,企业也将自己的'根'牢牢培植在 Q 镇土地上。"①政企合作由此也成了 Q 镇公共文化建设的主体模式,还有校企合作、政校合作、社区和学校合作、政社企合作等形式作为辅助。HL 集团创建全公益企业志愿服务剧场是多种合作的一个生动范例。HL 集团创建了公益小剧场,每周有演出,演出内容包括昆曲、锡剧、越剧、话剧、艺术文化讲座等,服务主要面向本集团员工,同时也向社会开放。入场券是用一定时间的公益服务兑换的;也可以"爱心"入场,比如用一本旧书就可以换取入场券。

三、小结

Q 镇建设公共文化的愿望不断实现飞跃式的发展终究是得益于强大的镇域经济。很多此类区域经济实力雄厚,主要是依附大型集团的税收。政府财政收入多,投入公共文化建设和服务的资金才有保障。有些地区是民众富裕,但政府资金相对缺乏,政府有想法但能力有限,所以政府财力也成了重要的影响因素。当前各地政府都比较重视公共文化建设,某些经济发展迅速的地区之所以文化建设成效不显著,一是经费投入的比重还较低;二是公共文化建设管理人才水平有限,比如文化站长的开拓创新意识不高。在当前新的复杂的社会背景之下,组织的发展离不开创新型人才的作用。

Q 镇公共文化建设也存在一些问题,如文化人才紧缺,社会力量相对薄弱。这既与当地人口数量较少有一定关系,也与政府和企业力量强大有关。在政府引导和企业示范下,社会志愿性力量开始形成。因为缺乏深厚的历史文化资源,当地传统的文化资源利用有限,Q 镇转而依靠庞大的财政实力,开始吸收西方公共文化建设的经验。例如,借鉴西方文化设施的建设风格和特点,并结合当地实际,提高公共文化设施建设水平。虽然最初可能是一种模仿,但从形式模仿会逐渐转变为内容提升,人们的文化素质和文明意识也会随之提高。假以时日,Q 镇会进一步开创出颇具本地特色的公共文化建设类型。其他相似类型的农村地区也可借鉴 Q 镇公共文化建设模式,来推动当地的公共文化发展。

---

① 来源于 2014 年 10 月 15 日对 Q 镇政府工作人员的访谈记录。

第五节 低E高C型远郊农村：依托文化产业推进公共文化建设目标模式

一、模式特点

低E高C型农村是指经济发展相对缓慢、历史文化资源丰富的地区。苏南农村部分地区的经济基础薄弱，原因主要是当地的工业经济比重低，是以农业或牧业为主；或者是工业经济比重尚可，但小企业居多，缺乏大型企业，因而经济基础薄弱可能有两种情况：一是指当地政府公共财政收入低，人均年收入也低；二是当地政府公共财政收入低，人均年收入并不低。低E高C型农村的经济基础相对落后指的主要是政府公共财政收入低。历史文化资源丰富意味着本地区在历史上是名镇、重镇，既存有很多历史古迹和文物，还有特定历史时期的历史文化资源和地域特色文化资源。此类模式的特点表现为：

第一，公共文化建设经费投入有限。低E高C型农村由于经济基础薄弱，公共文化建设经费投入较少。在国家加快建设公共文化的大背景之下，当地镇党委和政府对文化建设的重视程度也相应提高，但由于经济基础薄弱，加快建设公共文化只是美好的愿望。在低E高C型农村，镇党委和政府依然还是把经济发展放在重中之重，对公共文化建设的重视只停留在思想层面，实践层面的公共文化建设速度较慢，效果一般，这也是由公共文化建设经费有限导致的。

第二，公共文化活动常规化开展。低E高C型农村，因财力有限，公共文化活动的开展只是常规化进行，仅依据上级政策的规定，开展最基本的公共文化活动。公共文化活动既不够丰富，也缺乏创新。

第三，公共文化建设新思路正在被探索。在低E高C型农村，当地政府也在积极谋求公共文化建设的新路径。经济实力对于公共文化建设的决定性意义众所周知，低E高C型农村的基层党委和政府面对公共财政乏力的困难，正积极探索新的发展思路。从实践来看，低E高C型农村大多期望借助本地实际优势，即具有悠久的历史和丰富的传统文化资源,制定以文化旅游促进经济发展,再依托经济发展推动文化产业,进而带动文化事业发展的发展战略。

二、案例:常州溧阳市 Z 镇

1. Z 镇概况

Z 镇位于常州溧阳市北部,位处金坛、溧阳、句容三市交界,面积 183 平方公里,人口 7.8 万。其北靠茅山,南近溧水,自然地理环境优越。作为溧阳四大古镇之一,Z 镇曾是西周吴国都城之地,北宋时期就有"北山重镇"之名。各个历史时期遗留下来的文物种类繁多,历史上文人墨客多慕名而至,留存不少古迹,当地也渐形重学重教之风,Z 镇因此人才辈出。相比丰厚的历史文化,当前 Z 镇的经济基础相对薄弱,经济实力在常州地区居于后位。2014 年 Z 镇地区生产总值 28.2 亿元。

2. Z 镇公共文化建设现状与不足

Z 镇公共文化建设经费投入有限。Z 镇公共文化建设经费主要来源于市级财政专项补助和镇财政设立的专项资金,市财政的"专项补助"费用是每年 15—20 万,镇财政设立的公共文化服务建设资金占财政总支出的 1%。有限的经费投入对公共文化建设有如下影响:一是 Z 镇文化设施建设缓慢进行。2012 年 4 月,溧阳图书馆 Z 镇分馆成立,年接待读者 3 000 人次,当年又建设了 1 600 平方米的文化广场。2013 年,Z 镇某村新建了 8 间 500 平方米的文体中心。2014 年,Z 镇增建了一些体育设施,文化设施几无改观。目前,Z 镇有图书馆、阅览室、文化信息资源共享室、多功能室、文化活动室共 5 100 平方米,文化广场 2 个,面积占 3 000 平方米。二是 Z 镇的公共文化制度建设速度较慢,包括政策、财务、机构、人才培养等制度。在管理制度上,Z 镇公共文化建设接受镇党委、镇政府的双重领导,同时接受市文广新局的业务指导。2010 年,Z 镇文化体育工作站和镇计生办合并成社会事务服务中心。我国号召社区建设在先,重视公共文化建设在后,虽然目前国家是举社区建设和公共文化服务建设并重的发展路径,但在经济相对落后的地区,因财力缺乏,文化建设容易被湮没在社区建设之中,无法得到足够的重视,因此这种机构改革表面上是大部制改革,但从实践来看,是社区其他事务建设先行,社区文化和公共文化事务建设屈居其后。Z镇文体站专职的文化体育工作者1人,合同制工作人员2人,对于一个镇的文化建设来说,这样的人员配置无法满足其实际需要。

如前所述,资金不足、管理体制缺乏科学性、管理机构人员数量不足是Z镇公共文化建设的现状,这直接导致Z镇公共文化活动仅限于常规化开展。一方面Z镇力所能及地参与上级机构的公共文化活动,另外一方面Z镇则根据本地情况开展最常规的文化和公共文化服务活动。比如,2012年完成市文广新局下达的"文化三送"任务,送书3 000余册,送电影400场,送戏8场。配合镇党委政府做好一些宣传和培训工作,组织Z镇代表队参加职工木兰扇广场表演赛。然后结合传统的元宵节和建党纪念日开展了两场活动,去当地敬老院送了两次文化活动。[①] 2014年完成送书5 000余册,送电影264场次的"文化三送"工程。组织某村马灯会参加溧阳市第六届民间文化艺术节,组织6次展览展示活动,共举办了3场广场文艺晚会,组织一次"八一"文艺演出。[②]

近些年,Z镇在文化交流中也逐渐意识到文化建设的重要意义,对本镇文化建设的优势和劣势也有了客观的认识和分析,"优势弥补劣势"的发展思路也逐渐成熟,镇党委和政府专门出台了相关文件,对Z镇的文化优势进行了详细分析。除了如上所述的传统文化资源,Z镇还有特色的佛教文化和红色文化。Z镇曾经是新四军江南指挥部所在地,老一辈革命家在此运筹帷幄、浴血奋战,留下了许多感人的英雄事迹。结合传统文化、地域文化的优势和特色,Z镇在2015年1月16日的政府工作报告中,明确提出了"积极挖掘文化产业资源,以文化旅游强镇"的战略构想,并部署了相关实施计划和步骤。

三、小结

Z镇的文化建设总体处于起步阶段,建设速度和建设效果在常州地区相对落后。究其因由,根本上还是受当地的经济发展状况影响,这进一步凸显了经济实力的决定性意义。Z镇财力缺乏,直接导致公共文化的

---

① 来源于Z镇2012年文化体育工作总结及2013年工作思路。
② 来源于Z镇2014年文化体育工作总结及2015年工作计划。

经费投入较低，也阻碍了公共文化在制度、物质设施、活动方面的完善和开展，结果就导致公共文化建设推进缓慢。除此，Z 镇的社区文化建设活动在社区建设事务中也是比较薄弱的一块，这也是经济影响所致。Z 镇的政府机构改革某种程度也加强了文化建设在镇务建设中被弱化的状况，最终形成 Z 镇的文化建设裹足不前、公共文化服务不足的现状。

以文化旅游产业带动公共文化建设的思路理论上具有可行性。Z 镇历史文化资源丰富、地理环境优越，自然风光秀丽，如若对这些地域优势加以有效发掘，文化旅游产业应该能获得发展，同时能促进 Z 镇经济增长，解决公共文化建设经费不足的问题。实践证明，因地制宜地利用当地资源、发展文化旅游是很多地区实现发展的有效路径。低 E 高 C 型农村具备实践此发展思路的充分条件，从理论上讲，如果克服各种困难，文化产业得到发展，那低 E 高 C 型农村的公共文化建设也会厚积薄发，在未来的文化竞争中必然占有一席之地。当然，此类发展模式在具体地区的实践效果还有待观察。

第六节　低 E 低 C 型远郊农村：依附上级政策的被动执行模式

一、模式特点

低 E 低 C 型农村是指经济发展相对缓慢、历史文化资源薄弱的地区。经济发展缓慢是由于工业在当地经济结构中比重较低。历史文化资源薄弱意味着本地的文化遗产较少，既非古镇和文化名镇，也缺乏古物、古建筑等物质文化遗产和具有特色的非物质文化遗产。此类公共文化建设实践模式的特点有：

第一，公共文化建设经费投入较低。低 E 低 C 型农村的经济发展缓慢，对公共文化建设的直接影响是经费投入有限。由于经济实力是各项工作的基础，因此在实践中，发展经济建设依然是低 E 低 C 型农村最主要的工作内容。或者说，低 E 低 C 型农村即使有推进公共文化建设的愿望，但其建设能力极其有限，致使文化建设必然被置于其他事务之后。

第二，公共文化建设速度较慢。因经费投入较低，物质公共文化、制度公共文化、理念公共文化的建设都较为缓慢。公共文化建设缺乏主动性和积极性，甚至在完成上级基本任务要求上都未能达标。

二、案例：无锡宜兴市Y镇

1. Y镇概况

Y镇地处江苏宜兴市西北部，面积45平方千米，下辖1个社区和6个行政村，人口2.6万左右。Y镇原是以化纤产业为主的化纤名镇，2013年地区生产总值47亿元。化纤产业受到市场调整的影响，2014年Y镇地区生产总值为37.1亿元，同比下降了25.9%，其整体的经济发展水平在宜兴地区相对落后。Y镇历史悠久，后因战乱纷争，古村落在明末清初沦为废墟，留存的文化遗产基本被毁。清朝康熙年间，始建Y村，后历经变革并延续至今。

2. Y镇公共文化建设概况

Y镇的文化建设近几年才得到重视，相比当地其他地区，其公共文化建设较为缓慢，一是公共文化建设的经费投入极其有限。2013年，Y镇的文化体育与传媒支出为37万元，完成年度预算的176%，主要用于文化、体育部门的工资福利、商品和服务，对个人和家庭的补助支出、文化演艺专项支出，政府投入的体育设施等其他资本性支出。① 2014年，文化体育与传媒等方面的总支出为30万元，比2013年又有所下降。二是公共文化设施建设速度缓慢。Y镇缺乏整体的文体活动中心，镇文体中心正在规划当中。6个行政村的基础性公共文化设施还处于建造阶段，设施存在数量不足、功能不全等问题，离上级部门的基本要求还有一定差距。三是公共文化活动较少。因经费投入有限、文化设施较少等原因，Y镇的公共文化活动较少。2013年，全年组织各类文化活动为18场次，参与群众9 000人次，2014年，全年举办文化活动18场次，参与群众8 000多人次，且活动多是由文化站组织开展的，群众自行组织的活动很少。文化活动内容也基本围绕重要的传统节日展开。四是公共文化建设制度不健

---

① 来源于Y镇2013年年底工作小结。

全。如文化站的人员设置和实际需求不相符合、文化人才的选拔机制缺乏、文化宣传形式单一、文化惠民活动的组织管理存在随意性和安全隐患等问题。

三、小结

低E低C型农村的党委和政府并非不重视公共文化建设,只是由于经济落后,其文化建设规划无法有效实施,使得总体的建设态度渐趋消极,公共文化建设步伐缓慢。低E低C型农村的公共文化发展是难题,当地既无强大的经济支撑,又缺乏可以借助的历史文化资源,公共文化发展面临困境。仅仅依靠本地力量,无法摆脱经济和文化发展双重落后的窘境。鉴于苏南地区的低E低C型农村数量极少,对于极少数的此类地区,可以考虑依据上一级政府的财政倾斜来加以扶持和推动,更多的有效对策还需要进一步探索。

此类地区的两大特点(经济发展水平低和历史文化资源薄弱)之间存在千丝万缕的联系。结合苏南其他类型地区若干年的发展状况,比如高E高C型、高E低C型、低E高C型远郊农村地区,来探究各地经济基础状况时,可以发现,经济和文化之间存在着复杂关联。无疑,文化对经济持续发展具有巨大的推力或阻力作用。如果一个地区缺乏文化根基,最终其经济和社会的可持续发展都会受到牵制,势必会成为相对落后者。这也进一步佐证,无论对于经济发展水平较高的地区,还是对于经济发展水平较低的地区,文化建设都至关重要。

综上所述,苏南农村公共文化建设实践模式的类型分类,基本代表了实践中的苏南农村公共文化建设模式。实践也显示,临近城市的苏南近郊农村,公共文化建设表现出速度快、效果好的趋势;而远郊农村,除低E低C型的苏南农村公共文化建设面临一定困境外,其他类型的公共文化建设势态良好,鉴于苏南低E低C型和低E高C型农村的数量较少,因此,总体而言,苏南农村公共文化建设效果较好,且发展态势迅猛,位居全国公共文化建设和服务的前列。

第五章　当前苏南农村公共文化建设的评价与创新路径

2005年党的十六届五中全会首次正式提出：要加大政府对文化事业的投入，逐步形成覆盖全社会的比较完备的公共文化服务体系。自此迅速推进了我国公共文化建设的进程。经过十年的建设，苏南农村公共文化建设飞速发展，成效卓著，并开创了一系列公共文化建设体制创新之先河。

第一节　当前苏南农村公共文化建设的成就

一、农村公共文化设施实现跨越发展

苏南农村公共文化设施实现了"从少到多、从注重形式到注重内容、从重建设到重管理、从单一服务走向综合服务"的跨越式发展。2007年，苏州出台了《关于进一步加强苏州市新农村文化建设和城区基层文化建设的实施意见》，提出"做好新农村文化建设"的具体要求，包括切实完成"加快农村文化设施建设""丰富农民精神文化生活"等5项举措。截至2009年，苏州行政村的文化室建设完成了80%，农家书屋共有1 107个，实现了各行政村和农村社区全覆盖。按照设置"总分馆"的图书馆建设模式，2010年苏州农村图书馆分馆也实现了网络和数字化服务全覆盖。同年底，全市100%的乡镇（街道）建有单独设置的综合文化站，其设备配置、活动开展、人员配备、综合管理等均达到发改委、文化部制定的《乡镇（街道）文化站建设标准》。行政村（社区）综合文化设施达标建设覆盖率

95％以上，全面完成农家书屋在所有行政村的全覆盖。① 文化信息资源共享工程也于 2010 年完成了"乡镇有基层服务点"和"村村通"的目标，率先在全国实现了城乡一体化电视转换。2011 年底，苏州市已经实现公益性文化设施市、县（区）、镇（街道）、村（社区）四级全覆盖。2014 年，苏州所有镇（街道）均建有馆舍面积达 500 平方米且独立设置的综合文化站；所有行政村（社区）均建有馆舍面积达 200 平方米的文体活动室；镇（街道）、社区（村）公共电子阅览室设置率、达标率均为 100％。② 2015 年，苏州各乡镇的文化站全部实现免费开放。经过"十一五"和"十二五"两个五年的公共文化建设，无锡的农村公共文化设施建设也获得迅速发展。2010 年，覆盖无锡市、区（县）、镇（街道）、村（社区）四级的公共文化服务网络体系逐步完善，所有行政村都建有农家书屋。截至 2014 年，所有文化站和文化活动室全部实行"全年无休"，农家书屋还实现了"通购、通网、通借还、通影视"的"四通"服务。2015 年，在农村图书馆分馆、文化站、文化活动中心的管理上，继续深化免费开放和全年无休行动。

二、农村公共文化活动愈加丰富多彩

"十一五"期间，苏州广泛开展了"文化广场周周演""欢乐文明百村行"、"文化下乡"等形式各异的公共文化活动。2010 年，苏州的文化惠民活动，覆盖了全市 122 个镇、村和 186 个广场，惠及农村群众 3 000 多万人次。此外，苏州继续加大"三送工程"力度，送书累计达 10 万册，送戏 3 000 场以上，送电影超 1.3 万多场，其中近半数送达农村，基本实现全民共建、全民共享的"文化惠民"全覆盖。③ 2013 年，苏州公益性文化活动，惠及社区和农村群众 5 000 多万人次。2014 年，苏州加大"三送"工程的建设力度，为农村及社区送戏 6 405 场，送书 15 万册，送电影 2.29 万场，惠及社区及农村群众 4 000 万多人次。无锡的"送书、送戏、送电影、送展

---

① 苏州新闻网.苏州现有 1107 个农家书屋[EB/OL].http://special.subaonet.com/2013/0424/1131277.shtml.
② 中国江苏网.苏州将均衡布局公共文化设施[EB/OL].http://jsnews.jschina.com.cn/system/2014/08/22/021694013.shtml.
③ 江苏文明网.深化改革文化惠民，推动文化建设迈上新台阶[EB/OL].http://wm.jschina.com.cn/9654/201508/t2323138.shtml,2015－08－13/2015－12－21.

览"下基层、下乡活动也广泛开展。2010年以来,共送书下乡90多万册,送电影下乡3万多场,送戏下乡达5 000场,极大地满足了当地农民的精神文化生活需求。各地在开展形式各异的公共文化活动时,也创建了文化惠民的特色文化品牌,无锡的"激情周末"、常州的"社区天天乐""我们的节日"等特色文化活动在江苏省内均有一定的知名度。

三、农村公共文化管理体制不断完善

苏南农村公共文化建设也遵循多重领导体制。既受到辖区党委、政府领导,又受到上级主管文化行政部门的领导。具体而言,当前我国农村公共文化建设既受到镇党委和镇政府领导,又同时接受市级文广新局的业务指导。乡镇文体站(文化站)或文化服务中心具体负责开展公共文化活动。这种领导体制是21世纪初期文化体制改革的结果。原来的文化站站长的人事关系在各市的文广新局,配合政府职能转变和大部制改革的要求,文化站站长的人事关系被下放给乡镇。此种文化行政体制的变革目的是通过授权给地方,调动起基层政府文化建设的积极性,也有利于基层党委、政府统筹兼顾地建设当地社会事务。苏南农村公共文化建设过程中,基本上形成了公共文化发展和建设战略由党委和政府共同商定,党委宣传部门和政府设立的科室共同领导乡镇公共文化建设的文化管理格局。党委着重对文化发展方向的把握;政府着重对文化经费的管理和投入;文化站负责具体文化活动的开展,同时也发挥出决策建议和监督管理作用。在实践中,各个文化行政部门都在不断完善自身的制度建设。2013年无锡还创建了《公共文化建设的专家委员会制度》,即要求公共文化服务机构聘请专家学者,让他们担任公共文化服务的顾问,充分发挥出专家作用,推动公共文化建设。

四、农村公共文化服务体系全面提升

苏州、无锡、常州在开展富有本地特色的文化惠民活动的同时,不断注重公共文化服务体系的完善和创新。在公共文化服务方式上,三市也结合当地农村实际,因地制宜地创建了新的服务方式,力求使公共文化服务更方便、更全面、更细致、更深入、更贴心。苏州在继续推进"三送工程"活动方面,结合最新的数字、信息、网络技术,不断提升服务水平;常州各级政府鼓励企业、社会组织、志愿团体和个人提供公共文化活动和服务给农民;无锡各级政府通过购买文化产品和服务,免费提供给农民……这些新的公共文化服务方式正在被广泛实践并进一步推进。除此之外,在"十一五"期间,苏南农村文化惠民活动多注重数量,伴随公共文化服务体系的建设和农民日益增长的公共文

图 5-1 常州市图书馆深入基层为民服务

化需求,在"十二五"期间,群众要求更高质量的公共文化产品和服务,文艺工作者适应新形势,响应群众需求,创作出了一大批文艺精品。

苏南农村公共文化建设成效显著,创新不断,在实践中积累了丰富的经验。这些经验可以为我国其他地区农村的公共文化建设提供一些有益启示。

第二节 当前苏南农村公共文化建设的经验

一、经济基础和政府力量形成双重保障

苏南农村公共文化建设效果显著,与当地经济基础好、政府重视公共文化建设经费投入有密切关系。苏南地区的财政收入丰厚,能够为农村公共文化建设提供强有力的财政保障。但是,如果缺乏政府的重视和相应的财政投入机制,其经济优势就无法发挥。所幸的是,随着我国文化强国发展战略的提出,苏南各级政府认识到经济后盾的决定性作用,通过出台一系列政策,建立健全了公共文化建设经费的投入机制,逐年加大了经费投入。例如,"十一五"期间,无锡共投入56.29亿元建设各类公共文化设施。2011—2012年无锡共投入30多亿元进行文化事业建设,市(县、区)、镇(街道)两级投入日常群众文化活动经费达2亿元。"十一五"期

间,苏州投入城乡文化设施方面的建设资金高达91.8亿元。由于苏南加快推进了城乡一体化建设,公共文化建设经费的预算和支出也是城乡一体的。对农村文化经费投入的专门性统计数据较少。"十一五"期间,农村公共文化建设经费涵盖于农村文化建设经费之内,导致有关苏南农村公共文化建设经费投入的专门统计也较少。尽管如此,还是可以整理出一些数据,来见证苏南农村公共文化的建设经费投入情况。比如,针对农村文化建设,早在2007年,苏州市政府就颁布了《关于加快文化事业和文化产业发展若干经济政策的意见》,建立了"新农村文化建设奖励引导专项资金",各区(县)相应设立了农村文化建设专项资金,并将其纳入本级财政预算,确保了农村文化建设的经费需要。以2013年苏州张家港市的镇文体中心建设经费投入为例,镇文体中心的投资都是政府财政全额资助的,且投入较大。

如表5-1所示,2013年,张家港市有五个镇开始建设镇级文体中心。从文体中心面积上看,五个镇级文体中心面积大小不等,除乐余镇财政拨款数量较少外,其他四个镇级文体中心的财政拨款数额都很大。从表5-1中还可以看出,五镇文体中心的所有建设经费的来源都是政府公共财政。由此可知,苏南基层政府公共财政的实力雄厚。

表5-1 2013年张家港市五个镇级文体中心的建设经费投入表[①]

建设项目	建筑面积(平方米)	财政拨款(万元)	总投资(万元)
锦丰镇文体中心	6 500	3 700	3 700
大新镇文化中心	7 801	6 479	6 479
乐余镇文化中心	10 965.67	6 000	6 000
凤凰镇文化中心	22 000	18 000	18 000
金港镇文化中心	35 000	38 700	38 700

再来对比下2012年度和2013年度江苏省各地级市之间文化站的收入和支出情况。

---

① 资料来源:根据苏州文广新局2013年工作小结整理所得。

表 5-2 江苏省各地级市 2012 年和 2013 年乡镇文化站财政收入和支出情况(千元)[①]

江苏各地市文化站	2012年财政拨款	2012年上级补助收入	2012年支出总计	2013年财政拨款	2013年上级补助收入	2013年支出总计
苏州	215 221	8 241	223 432	227 514	12 195	241 063
无锡	68 683	2 702	78 156	81 745	4 308	89 784
常州	28 269	1 085	29 858	34 686	2 633	37 716
南京	35 841	1 225	41 308	42 051	3 242	48 700
镇江	15 800	737	16 796	19 587	1 241	21 471
扬州	17 360	655	19 843	23 271	1 086	25 615
南通	29 606	1 344	30 470	44 705	2 864	48 511
泰州	33 463	438	34 798	36 884	3 314	40 675
徐州	23 473	90	23 714	25 503	4	25 888
连云港	8 658	265	9 133	8 666	190	9 013
淮安	20 994	467	21 900	29 678	567	28 622
盐城	18 887	155	19 287	18 599	82	18 856
宿迁	18 060	110	18 188	18 064	572	20 025

如表 5-2 所示,2012 年,苏南地区乡镇文化站的年收入很高,政府公共财政对文化站的拨款除常州市排全省第六位外,苏州市与无锡市分别高居全省第一、二位。2013 年,常州市公共财政对文化站的拨款数额仍位居全省第六,而苏州市和无锡市依然牢牢占据全省前两位。同比 2012 年,2013 年全省各市公共财政对文化站的投入都有所增长,但苏南三市,尤其是苏州市和无锡市与省内其他地区之间仍有着较大的差距。

江苏省相关文件明确规定,从 2014 年起,各级财政对于公共文化事业发展资金的投入比例,必须确保不能低于年财政一般性预算收入的 2%。苏南农村的经济总量大,2% 的经费投入比例数额不小。事实上,经济实力较强的苏南乡镇(村)在经费投入比例上已远远超出了这一规定,具体比例应依当地公共文化建设规划和需求而定。

---

① 资料来源:根据江苏省文化厅 2012 年度和 2013 年度《江苏省文化统计年鉴》整理所得。

二、公共文化建设和社区建设共建共享

继经济建设和政治建设到一定程度后,我国于21世纪提出了文化建设和社会建设的任务和要求。从根本上而言,文化建设和社会建设的开展是我国实现现代化目标的必然要求。西方先发型现代化国家的发展路径显示,现代化是伴随着工业化、城市化过程推进的,同时也是与社会发展和文化发展相伴而行的。我国要推进现代化发展进程,势必要加速社会建设和文化建设。我国的社会建设具体表现为社区建设,这一过程包含农村社区向城市社区转变的过程,即城乡一体化过程。苏南地区由于各项社会事务发展较快,成了我国城乡一体化迅速推进之地。2014年,苏州城乡一体化因成效突出,升级为"国家发展改革委城乡发展一体化综合改革试点"。苏南三市分别是国家级公共文化服务体系示范区、国家级和省级公共文化服务体系示范区的创建者。借助各级政府的政策支持和经费扶持,苏南农村把社区建设、城乡一体化建设、公共文化建设以特定方式融合起来发展,由此也开启了多种建设相互借力、共建共享、共同推进的建设模式。

"社区"在我国是舶来词,但从"社区"一词表达的内涵看,我国也有各种类型的"社区"。滕尼斯对社区概念的界定,包含着"社区"应该先存在一种持久的文化积淀,包含真正的"共同生活"。"一种持久的和真正的共同生活,是一种原始的或者天然状态的人的意志的完善的统一体。血缘共同体、地缘共同体和宗教共同体等作为共同体的基本形式,它们不仅仅是各个组成部分相加的总和,而是有机地浑然生长在一起的整体"。[①] 也即,如果一定地域内人群的聚集被称为"社区",其文化是内涵于其中的。如此对照,"社区"形态在传统社会的农村和城市都大量存在,这归结于传统社会的社会流动少,一定地域内人群聚集定居的状态相当持久。而现代社会却打破了传统,使得很多地区虽然被称为"社区",但由于社区成员流动速度加快、人员更新频繁,原本意义上的"社区"内涵悄悄发生变化。人们意识到,"文化"对于社区具有重要意义,"文化"是"社区"概念的根本。因而在现实生活中,人们通过各种途径保障社区"文化"的传承和发

---

① [德]斐迪南·滕尼斯.共同体与社会[M].林荣远,译.北京:北京大学出版社,2010:2.

展。20世纪初期,我国提出了要在全国开展社区建设,这是社会建设的具体体现。一开始我国的社区建设,就是围绕社区文化建设开展的,后来逐渐扩展到社区经济、社区政治、社区服务等各个层面。不过,社区文化依然是社区建设的核心,其他的建设也是为更好地推进文化建设。社区文化和公共文化二者各自独立,又有共同的交叉领域,苏南农村社区建设和公共文化建设的共建合作方式,主要有以下几种:

第一,借助政府出台的各类政策和较大的经费投入,大力推进社区文化设施和公共文化设施的建设,实行二者共建、共用、共享。近些年苏南基层社区的社区文化设施,很多就是公共文化设施,如社区文化活动室、社区文化广场等。

第二,实行社区文化活动和公共文化活动融合开展,互相促进。社区文化活动和公共文化活动常以"社区"为单位开展。如"社区读书节"、"社区睦邻节""社区天天乐"、文化惠民活动等等。

第三,通过社区经济建设增强社区财力,为社区文化和公共文化建设提供财力支持。苏南基层社区的原有经济基础较好,依靠社区的经济建设,社区财力又进一步增强,为社区文化和公共文化建设提供了坚实的经济后盾,满足了当地群众的文化需求;反之,社区文化建设和公共文化建设,又为社区经济建设提供了精神动力和智力支撑。如江阴Q镇的绿苑社区、苏州L镇的新苏社区,他们的社区建设有很大成效,相应的,当地的社区文化和公共文化建设效果也相当显著。

第四,利用传统文化资本和社会资本,实现农村社区建设和公共文化建设同步。城乡一体化过程中,原有的一部分农村转变为社区[①],农民身份转变为城镇居民,各项制度与城市制度逐渐接轨,表现出"亦农亦城"的特点。第四章案例中的近郊农村多处于这一发展阶段,公共文化建设也纳入城乡一体化发展规划中。还有一部分农村,建制上还是原来的农村形态,其公共文化建设,在建设形式和服务方式上可以与城乡一体,如运用先进的科学信息技术提升公共文化服务效能,但在公共文化建设内容上则不能脱离农村特点。例如,农村场域有发展不平衡、社会环境更加复

---

① 按照社区定义,农村也是社区,但通常我国当前的农村社区多指的城市化过程中的行政变化,由原来的行政村变成的社区。

杂、农村"公德"意识比较薄弱等劣势。同时,农村可以利用的优势也很多,如"半熟人社会"和"共同体"中,存有大量的文化资本和社会资本。因此农村社区建设,可以积极利用传统的文化资本和社会资本,如传统的文化资源、信任、非正式规范等,来解决各类社区事务。社区文化建设目标和优势也显而易见,既可以利用传统社会资本,又可以形塑新的社会资本。而这都离不开"公共"领域和公共文化建设,这一过程也就成为若干建设的共同推进过程。

三、公共文化和文化产业融合发展

2015年1月,《关于加快构建现代公共文化服务体系的意见》出台,第一次以中央文件的形式明确规定,文化产业与公共文化融合发展是推进公共文化建设的有效路径之一。早于中央文件的正式规定,文化产业和公共文化共建共享、相辅相成、融合发展在苏南农村公共文化建设实践中已经建构并深入推进。具体形式有:

第一,依托地方传统文化遗产,发展文化产业。苏南地区很多农村对传统文化进行了保护、开发、利用,让农民对民族文化形成"自知之明",知晓我国传统文化的来历、特色和发展趋势,形成农民对民族文化的文化自觉,增强了文化自信,也促进了经济发展,为建设当地公共文化提供了财力支持,最终形成"以保护带动发展,以发展促进保护"的文化建设模式。例如,苏绣是中国著名的传统手工艺,在苏州镇湖得到很好地传承和发展。由于一直没有其他工业产业,镇湖经济一度在苏州乡镇中处于落后位置,通过大力发展刺绣业,镇湖经济获得迅速发展,镇湖也从苏绣之乡发展成了苏绣产业中心(现属苏州高新技术开发区)。2007年,占地面积8 000平方米的中国刺绣艺术馆在镇湖建成并开放。2008年,中国刺绣艺术馆通过了国家AAA级景区的评审。因位于太湖附近,镇湖环境优美,历史悠久,周围的邻近乡镇也存有缂丝、玉石雕刻、红木雕刻等传统工艺。借助这一地域特色和传统工艺的优势,镇湖大力发展以艺术和工艺品为特色的文化旅游业,进一步带动了当地经济发展,与文化产业相关联的文化遗产也被纳入当地公共文化活动和服务的内容,免费提供给当地居民和参观者,推进了当地公共文化事业的发展。再如,张家港A镇对以河阳山歌为核心的河阳文化进行发展创新,并结合当地其他优质资源,发展了文化旅游产业,弘扬并积极展现河阳文化也成了当地公共文化建设的重要内容。

第二,从事文化产业的企业购买公共文化产品和服务,免费提供给农民,扩大了企业知名度,树立了企业热心公益的良好形象。详见第四章案例中对常州 X 镇公共文化建设的分析。

第三,从事文化产业的企业与政府、社区合作,提供人力、物力、财力和活动支持,共建公共文化。详见第四章案例中对江阴 Q 镇的公共文化建设的分析。

四、文化传承和文化创建协同推进

自人类社会进入现代化的历史进程,传统与现代关系则成为难解论题。现代化实践已然揭示:现代与传统并非截然对立的两种状态。"在任何社会中都不存在纯粹的现代性和纯粹的传统性。相反,现代化过程是一个传统性不断削弱和现代性不断增强的过程。因此,现代化是传统的制度和价值观念在功能上对现代性的要求不断适应的过程。"[①]可见,现代从传统衍生而来,也只有汲取传统精华,现代性才能获得持久发展。作为农业社会孕育出的乡土文明,中国"传统"的根在农村。正处于现代化进程中的苏南农村,是传统的"吴文化"的孕育之地,具有浓郁的江南文化特色。苏南农村正是依托厚重的历史文化积淀,注重优秀传统文化的保护和创新,才实现了公共文化建设的可持续发展。

苏南农村创建的特色文化内容广泛,包含特色文化事业、特色文化产业、特色文化旅游、特色物质文化和非物质文化、特色文化团队、历史文化名镇、历史文化名村等。每一个乡镇都有自己的特色品牌文化,每一个社区和行政村也在积极创建特色品牌文化。例如,昆山淀山湖镇的戏曲文化和常熟徐市镇的灯谜文化省内闻名;宜兴紫砂文化产业享誉国内外;苏州打造的刺绣、核雕、玉雕等传统文化产品产业链已成规模效应;苏州木渎镇、昆山市周庄、锦溪、千灯、常熟市沙家浜都是旅游名镇;民间文化艺术之乡有太仓江南丝竹之乡、昆山市巴城镇书法之乡;非物质文化遗产保护品牌,如张家港市凤凰镇河阳山歌、常熟市白茆镇白茆山歌、苏州市甪

---

① [美]西里尔·E.布莱克.比较现代化[M].杨豫,译.上海:译文出版社,1996:10.

直镇水乡妇女服饰、无锡市洛社镇凤羽龙等。

再以苏州文化遗产的区域性整体保护规划为例加以阐析。昆山市张浦镇姜里村作为城乡一体化规划中的 16 个保留村之一,它的建筑、它的人与自然关系的独特规划,还有很多诸如民俗之类的非物质文化遗产,都是活态遗产,是特定文化历史发展的珍贵见证,反映了当地文化、哲学和审美价值的演变过程。昆山市政府在征得村民同意的基础上继承和发扬了民俗文化,"保持原汁原味、扩展文化内涵",以"八卦玄妙旅水村民俗风"的姜里庙会为载体与平台。通过宣传,增强了民众的文化保护意识,让人民群众自觉在生产、生活中传承非物质文化遗产,对张浦民歌、特色船娘山歌表演、民俗戏曲、道教文化等非物质文化遗产进行"活态"传承,进行了建立"非物质文化遗产生态保护实验区"的宝贵探索。① 此种探索是建立在物质文化与非物质文化在特定领域无法明确区分的认识基础上的。例如,村落就是这样一个场域,在村落里,物质文化同时凝结着大量丰富的非物质文化,因而在文化遗产保护上要采取新的整体保护的思路。在苏州,市级政府酝酿将苏州东部阳澄湖地区建立成以民俗礼仪、民间文学为主的保护实验区;将苏州南部与浙江毗邻的吴江等地建立成蚕桑丝绸保护实验区;将苏州西部太湖地区和古城区桃花坞历史文化片区等地,发展建设成以传统技艺、传统美术为主的保护实验区。

实践证明,对优秀的传统文化加以挖掘、保护、传承,能促进文化的可持续发展。文化可持续发展具体表现在:通过传统文化的保护,保留了文化形态的多样性,而文化多样性正是文化可持续发展的必然要求和现实体现,农民也因此形成"文化自觉",提升了"文化认同"和"文化自信",最终,形塑农民的公共理性和新的价值观,实现理念公共文化的变化。完成第一次现代化的很多国家,在利用传统资源,推进农村公共文化建设方面树立了榜样。比如,英国在二战后开始郊区的新镇建设,特别强调对乡村历史街区的保护,既重视保护物质形态,也重视保护传统生活方式。欧洲其他国家也持有如英国一样的保护理念,才使得如诗如画的欧洲古镇成为"活着的历史画卷"得以保存。日本也是一个传统与现代完美结合的国

---

① 苏州市人民政府研究室 2011 年度调研课题《城乡一体化发展推进中的非物质文化遗产科学保护》。

家,它实现了其民族精神、民俗信仰与现代性的综合统一。当前日本的农村公共文化活动中,围绕和服、插花、民谣等内容开展文化活动依然是重要内容。韩国于20世纪70年代初开展了"新村运动",通过若干建设项目改善农民生活水平的同时,也非常注重对国民精神的教育,如宣扬诚信、勤劳、互助等传统美德。新加坡通过传统的家庭美德教育、同时开展公民道德教育,较快地提升了国民素质,较早地实现了现代化。苏州和新加坡共建了"苏州—新加坡工业园区",公共文化建设也因借鉴了新加坡的有效经验而迅速推进。简言之,承继传统、创建特色文化,是行之有效的公共文化建设路径。苏南农村公共文化建设也因为遵循此路径,保持着可持续发展态势,未来会有更广阔的发展空间。

五、治理理念和创新实践并行不悖

在当前治理理念上,苏南各级政府结合政府机构改革和职能转变的推进,有意识地宣传和推广了"文化治理"理念。笔者和苏南农村基层领导(如乡镇干部、文化站站长、村干部)交谈时,发现他们都对政府职能的重塑有明确的认识,也常常提到"治理"一词,谈到工作职责和方式时,他们有如下表述:"不能如过去那样硬管""态度要转变,要调动老百姓自己的积极性""要创新""要合作"等。询问他们的认识是如何转变的,被告知是定期参加干部培训,或者参加各式工作会议,才逐渐了解政府职能转变和治理等相关知识。同时,治理意识、服务意识也得以树立。一旦以治理方式建设农村公共文化获得实效,人们就会认同、推崇、创新这种方式,再和"学习"意识、"授权"意识、"创新"意识相结合,就会形成强大的动力,加速推动农村公共文化建设,这已经在苏南很多农村公共文化实践中得以体现。

治理作为一种理论和实践范式,已为全世界大多数国家所遵循。在我国苏南农村公共文化建设上,多层次治理体制亦已形成,并被不断深入和拓展。不过,此体制的形成也是循序渐进的。政府原来是公共文化建设的唯一主体,现在则是"多元"建设主体中的"一元",职能也由原来的统管包办转变为主导、协调和服务。例如,20世纪90年代以前苏州政府还是文化遗产保护的唯一主体,从2003年则开始了探索多元化主体的保护和发展思路。比如,20世纪初期由于政府财力有限,苏州古建筑的抢修面临困境,为了尽快抢修和有效保护苏州古建筑,2003年12月,苏州市政府颁布了《苏州市古建筑抢修保护实施细则》,明确提出"不求所有,但求所在"的原则和"探寻产权多元化,抢修保护工作社会化,运作市场化"的保护路径。在坚持国家保护为主,加大政府投入的同时,积极鼓励和探索运用市场手段,吸收社会资金,维护、保护好古建筑。例如,选择了部分古建筑,采用出售和出租等途径,进行产权或使用权合理化的调整。这一政策实施以后,苏州城乡的古建筑和古民居得到了很好的保护。同时,苏州政府创造便利条件,简化审批手续,积极支持文化遗产保护组织和团体的成立和发展;定期开展对志愿者的培训,利用各种契机普及文化遗产保护知识,强化本地居民的文化自觉意识和文化认同感,提高了社会的文化遗产保护意识。如苏州每年举办一次苏州民间艺术节和多次文化论坛,借助第28届世界文化遗产大会、中国国际民间艺术节在苏州召开的机会,深入开展了文化遗产保护知识的宣传,调动了社会各方面参与文化遗产保护的热情,同时建立了文物保护的市民咨询和举报制度,鼓励市民献计献策,共同参与文化遗产保护活动。总之,在其他主体力量(市场、民间社团组织、社区、公民等)的引导和培育方面,苏州政府做了大量努力,到2010年完全形成了文化遗产保护上的多元主体保护机制。不仅是苏州,无锡和常州在城乡公共文化建设上的治理实践上也是愈益丰富,形式多样,除了多元主体的合作、还存在多个领域的广泛合作。如前所述,有苏州L镇的社区建设和公共文化建设"共建共享"模式,常州H镇、X镇、江阴Q镇农村公共文化上的"政企共建"模式,苏州L镇的"政、社、企"共建模式、张家港A镇的"传统文化进学校"的"政社共建"模式等。在农村公共文化资金投入模式、公共文化活动开展方式、公共文化服务的服务方式方面,苏南农村基层政府、非政府组织、准政府组织、志愿组织、私营组织、公民个人以各种方式尝试投入和开展合作,建构了多元主体合作治理格局。

　　在当前全球化、信息化、现代化迅速推进的时代背景下,包括政府在内的社会组织都在积极谋求变革,以适应社会形势的变化和促进自身发展。注重授权即是社会组织实现自身发展的变革方式之一。在苏南农村公共文化建设中,苏南各级政府注重授权,鼓励各式创新。在政府的示范和引导下,企业及各类社会组织也都树立了授权和创新意识,并在实践中大力推行。学者祁述裕认为,在公共文化服务概念方面存在认识误区,会把基本公共文化服务和非基本公共文化服务混淆。他强调,"基本公共文化服务,一般是指与经济、社会和文化发展水平和人民群众的基本文化需求大体适应、大致均等的公共文化服务。基本公共文化服务主要由政府主导、财政保障,人民群众免费或优惠享受,提倡标准、均等。非基本的公共文化服务,一般是指超出经济、社会和文化发展的平均水平,主要满足人民群众或部分人群超出基本文化需求外的更高层次和水平的公共文化服务。非基本公共文化服务主要由市场主导、社会参与、政府引导,人民群众有偿享受,提倡多样化、差异化。"[①]因此,政府和社会组织都属于公共文化的建设主体,在特定领域,某类主体的作用尤为关键。十多年的苏南农村公共文化建设实践,已经向社会展示了因"授权"而带来的"创新效能"。

例如,无锡公共文化服务社会化创新实践引人瞩目。2010年,无锡新区政府率先尝试,将无锡新区图书馆的建设、运行、管理、服务等业务外包给某电子有限公司,改变了政府兴办图书馆的习惯做法,提高了公共文化机构的运行效率和社会效益。2012年,无锡又制定了政府购买公共文化服务的具体办法,规定政府每年拿出一定资金向社会采购公共文化产品和服务,内容涉及公共文化设施建设、电影放映、文艺演出活动、展览等方面。经过几年的发展,无锡的公共文化服务社会化模式不断创新,在政府购买公共文化产品和服务的数量和要求、公共文化服务社会化的标准化建设方面都有了拓展。在农村公共文化建设实践中,无锡的公共文化服务社会化也得到广泛体现,如前面所述的江阴Q镇,企业文化设施定期免费向农民开放、免费提供公共文化活动,资助当地的公共文化服务等形式已经常规化。政府还鼓励社会力量兴办公益性文化服务机构,无锡市所有乡镇截至2015年6月,都有了农民自办文化实体。

2013年,苏州创建"国家公共文化服务示范区"项目通过了财政部和文化部的专家组验收。检查组一致公认,苏州公共文化服务方面的24项创新点具有示范意义。苏州农村公共文化建设方面的创新做法,比较典

---

① 祁述裕,曹伟.构建现代公共文化服务体系应处理好的若干关系[J].国家行政学院学报,2015(2):119-120.

型的有吴江区农村实行的"四位一体"式的农村公共信息服务模式和张家港农村公共文化建设的网格化制度。2013年,吴江图书馆整合农家书屋、农村图书室、文化信息共享工程基层服务点、党员现代远程教育中心这四种公共文化资源,形成"四位一体"的农村信息综合服务体系,被苏州市国家公共文化服务体系示范区创建工作领导小组评为"国家公共文化服务体系示范区创新服务举措"。[1] 张家港市的网格化公共文化建设模式也颇具特色,已经被文化部作为公共文化建设的"张家港经验",在全国进行推广。该模式的内容是将各村(社区)按照一定的标准划分成为若干个文化服务网格,每个网格配备1名以上志愿者性质的网格文化员,使网格成为政府公共文化服务的最基础层级,形成市、镇(区)、村(社区)、网格四级公共文化服务网络。[2] 网格化的公共文化建设和服务模式,在很大程度上解决了农村公共文化人才紧缺问题,为农村文化人才队伍的建设进行了有益的探索。在苏南各乡镇进行的公共文化建设中,各类创新实践不断涌现,在上述几种类型的案例分析中,均举例说明并作出详细总结。应该说,创新思维已经深入到苏南农村公共文化建设主体和服务方式中,从各级政府到文化服务中心、企业、社会组织、文化管理者、文化志愿者等,从建设模式到建设路径,各个层面都存在创新楷模,创新活动呈可持续性发展态势。

第三节　当前苏南农村公共文化建设的缺失

一、缺乏专门的农村公共文化建设法规和政策

我国公共文化建设时间相对较晚,法律法规体系的建立也处于初期,目前与文化建设有关的法律有三部,即《文物保护法》(1982)、《著作权法》

---

[1] 吴江图书馆."四位一体"农村综合信息服务体系项目获评苏州市国家公共文化服务体系示范区创新服务举措[EB/OL]. http://www.wjlib.com/show_news.asp?id=2157,2014-02-26/2015-12-21.

[2] 彭旌轩,姚一鹤.张家港首创网格化公共文化服务模式[N].扬子晚报.2014-10-24.

 第五章 当前苏南农村公共文化建设的评价与创新路径

(1990)、《非物质文化遗产法》(2011)。我国颁布的行政法规中,与公共文化相关的有《公共文化体育设施条例》、《历史文化名城名镇名村保护条例》、《博物馆条例》等,公共文化建设地方性法规都是依据以上法律和行政法规制定颁布的,总体内容变化不大。但是以农村命名的、专门针对农村文化或公共文化建设的法规几乎没有。

苏南公共文化建设成效在全国名列前茅,尤其是公共文化服务体系建设,开辟了若干创新之路,成为区域乃至全国效仿的榜样。苏南公共文化建设富有成效的因由是多重的,对公共文化建设政策的重视即是其中之一,这也成为苏南公共文化建设的有效经验。经过十多年发展,苏南公共文化政策内容丰富、分类科学,政策体制渐趋完善。不过,完善的苏南公共文化政策多是针对城市的,仅仅在政策内容中附带农村公共文化建设的一些规定,专门针对农村公共文化建设的政策几乎没有。以苏州为例,关于公共文化建设和服务的政策不胜枚举,涵盖了机构设置、人才培养、资金筹集和补助、奖惩制度等翔实内容。如2004年,苏州市委宣传工作领导小组发布的《"文化苏州"行动计划》;2007年苏州市委和市政府联合下发了《苏州市"十一五"文化发展规划》;2013年,苏州文广新局颁发《苏州市民办博物馆扶持办法实施细则》;2014年,出台了《苏州市文化"文化走出去"扶持项目资金补贴办法》;2015年,出台了《苏州市公共文化服务办法》、《苏州市公共文化机构服务标准》、《苏州市基本公共文化服务保障标准》、《苏州市公共文化服务绩效评估标准》等政策。无锡、常州也是如此,虽然关于公共文化建设和服务的政策很多,但专门针对农村公共文化服务的政策极少。

作为苏南公共文化建设的一部分,专门性的苏南农村公共文化建设政策缺失。乡镇党委和政府也会制定一些"政策",但这不是宏观意义上的政策,而是政策执行细则,是乡镇党委和政府依据上级政策规定,结合地方实际情况,做出的细则性的政策解释和说明。基于市级和区(县)级政府没有制定专门的农村公共文化建设政策,乡镇出台的执行细则也只是城市政策的附属。农村公共文化建设政策缺失的因由可归为两方面:一是人们的认识存在误区。随着社会的变迁,农业地位发生改变,伴随着城市化、现代化进程的推进,人们认为农业发展终究会为工业和城市发展服务,农村的数量会越来越少。当西方一些国家实现了第一次现代化,传

173

统意义上的农民和农村社会不复存在的时候,人们对农业和农村的认识更加坚定,即认为传统农村和农业文明终会消失。与其被动地等待,不如去积极迎合"必然结果"。那么,在社会发展逻辑上,人们由奉行"农村发展服从于城市"逐渐过渡到"农村发展就是城市发展"的逻辑,城市发展政策居于最高位置,农村政策则无须制定。二是政策知识不足。我国的政策科学发展相对较慢,尤其是政策制定环节缺乏科学性、民主性、针对性。这在某种程度上也妨碍了人们对于农村政策形成科学的认识。

上述两方面原因导致农村公共文化建设政策缺乏的现象并非我国独有,西方社会发展历史中也曾经出现过此种现象,一些有识之士还对此有深刻的认识和尖锐的批判。法国著名的农村问题研究专家孟德拉斯对法国社会现代化进程中农业政策缺乏的现象如此评述:"推动农业现代化和经营集中化的使者和主角们不愿意让人们说,是他们的政策导致了农民的消亡。"[①]"如果说法国自一个世纪以来没有真正的'农业政策',这主要是因为它没有构思这种政策的知识工具。"[②]"两者都一致否认农民经济社会体系的独特性,试图按照从都市和工业社会现实出发建立的范畴和观念对它们进行分析。这种在知识体系上对农民的虚无化很值得细致分析,以便向人们揭示它是如何产生的和带来了什么样的结果。"[③]无论如何,城乡一体化的规划设计绝不能成为农村公共文化建设政策几乎空白的理由。因为城乡一体化推进过程中,农村还是具有自己的特殊属性,忽视这种特殊性,会造成农村公共文化建设实践创新失去尝试机会,还易导致存于农村的优秀传统文化资源的丧失。另外,苏南农村具有鲜明特性,由于经济发达,外出谋生的农民极少,没有出现农村"空心化"现象;相反地,苏南农村的外来务工人员很多,如何满足这一群体的公共服务和公共文化需求就成为新的问题。基本公共文化服务的均等化就是每个个体都应该享有平等的文化权。当前阶段,苏南农村的外来务工人员享有的公共文化服务质量虽然有了提升,但还没有与农村本地居民享有同等的公共文化服务,而这些问题同样需要相应的政策来应对,从省市一级的各级

---

① [法]H.孟德拉斯.农民的终结[M].李培林,译.北京:社会科学文献出版社,2010:212.
② [法]H.孟德拉斯.农民的终结[M].李培林,译.北京:社会科学文献出版社,2010:7.
③ [法]H.孟德拉斯.农民的终结[M].李培林,译.北京:社会科学文献出版社,2010:5.

政府就应重视专门的农村公共文化建设系列政策的研究和出台。

二、社会主义意识形态建设存在形式化和表面化问题

经过多年的农村公共文化建设,苏南农民的某些文化素养得到了提升,如对我国传统文化和世界文化的认知提高了,但由于社会主义价值观在农村的传播和践行只浮于表面和形式,农民文明素质的整体提升和社会主义意识形态建设效果却并不明显。笔者调研发现,很多苏南农村在应对上级检查时,农村商家广告条幅都会张贴"24字"的社会主义核心价值观,或者在原来广告字符前面,临时加上社会主义核心价值观的"24字",广告条幅显得突兀、别扭。文化惠民活动和农村节日活动开展时,也会有关于社会主义意识形态和核心价值观的文化宣传内容,但文化作品数量较少,且社会主义价值观的宣传和落实仅注重言传和口头说教,忽视身教和实践榜样的力量,同时脱离农村现实和农民特点,忽视将理论由抽象难懂向浅显易懂转化。

任何国家的文化建设不可能脱离政治建设的前提。文化与政治二者相互贯通、相互支持,具体表现为文化建设也要体现和反映统治阶级意志,维护统治阶级利益,统治阶级为了维护自身利益也必然要求进行文化建设,引领文化建设的方向。因而一个国家的文化建设具有了政治性。如前所述,反映统治阶级利益的是主流意识形态,文化建设的核心则是建设主流意识形态,主流意识形态建设成了文化建设的题中之意,文化建设因此也具有了意识形态特性(意识形态性)。文化建设、主流意识形态、政治三者最终统一于现实实践,且实质上形成了相互支持的紧密关系。换言之,作为社会主义国家,其文化建设必然具有社会主义意识形态特性,社会主义意识形态性成了我国文化建设的根本属性,也是我国农村公共文化建设的根本特性,社会主义意识形态建设由此也成为我国公共文化建设的核心。

党的十七大报告明确指出:社会主义核心价值体系是社会主义意识形态的本质体现。从社会主义核心价值体系的"四个基本内容"到党的十八大提出的"24字"社会主义核心价值观,反映了我国对于社会主义意识形态建设的高度重视。结合我国文化建设、社会主义意识形态和社会主义核心价值体系内容变迁的综合厘定,可以把我国农村公共文化建设具

有社会主义意识形态性的基本特征概括为两方面：一是我国农村公共文化建设必须始终坚持以马克思主义理论为指导；二是我国农村公共文化建设要以建设集体主义和爱国主义的价值原则为核心。这两方面在苏南农村公共文化建设的贯彻中都存在一定的问题。

马克思主义理论作为农村公共文化建设的指导原则没有被很好地遵循，表现在理论和实践两个层面。理论上，一些人批判国家力量对我国农村文化建设的介入，"1949年以前，中国的农村文化呈现出自组织状况，新中国建立以后，农村文化由原来的乡村自我供给机制转变成国家的行政供给模式，这种模式现如今却使农村文化陷入困境。"①另一些学者在此基础上进而提出"去政治化"的主张。"去政治化"的实质就是去意识形态化，这种认识和主张不仅有误而且有害。在实践层面，在苏南农村，个人主义、利己主义、唯我主义依然流行，封建迷信抬头，宗教信仰涌现，一些农民丢失优良的道德传统，唯利是图，这些都与我国社会主义先进文化不相容，也凸显了当前我国农村公共文化建设的社会主义意识形态性薄弱的事实。党的十七届三中全会早已强调要"坚持用社会主义先进文化占领农村阵地，满足农民日益增长的精神文化需求，提高农民思想道德素质"。

农村公共文化建设中，集体主义的重要内容和价值原则失落。集体主义是社会主义意识形态的重要内容、价值原则和道德规范，是社会主义意识形态性的重要表现。当前苏南农村公共文化建设中，集体主义出现了不同程度的失落。集体主义是社会主义意识形态的重要内容，这要求农村公共文化建设要注重集体文化、公共文化（集体与公共在内涵上是交互的）的建设，注重公德意识的培养。社会生活中的个体不是孤立的，个体处在各种社会关系的集合体中，形成了事实上客观存在的有别于私人领域的公共领域。公共领域有公共领域的道德和文化。目前我国农村普遍出现公共文化缺乏、公共道德衰败现象。学者吴理财用"丛林原则"来形容农村公共文化发展严重滞后的现状，他直言不讳地指出，农村公共文化落后是不争的事实。作为社会主义意识形态的价值原则和道德规范而言，集体主义表明一种价值优先，即在个人利益和集体利益发生矛盾冲突

---

① 吴淼.论农村文化建设的模式选择[J].华中科技大学学报(社会科学版),2007(6):110.

的时候,集体利益高于个人利益。"从理论上讲,个人主义和集体主义都在讲两种利益的统一,但在个人主义那里,统一的基础是个人利益,个人利益具有优先权。而集体主义理解的统一则是在集体利益基础上的统一,集体利益具有优先权。"[①]当前苏南农村中,很多农民包括不少农村党员干部的思想和行为的价值选择多是出于个人主义和利己主义的,造成了农民唯利是图和农村干部腐败,背离了集体主义的社会主义意识形态的价值原则要求。最大的集体就是国家,爱集体就是爱国家,没有集体主义价值的支撑,我国农村公共文化建设终会迷失方向,陷入个人主义、丢弃爱国主义的泥沼。

我国正处于社会主义核心价值体系建设的关键时期,这并不意味着人们对社会主义的一般价值观不了解。事实上,包括农民在内的我国公民一直有明确的社会主义政治认知。在参与调查的受众中,约85%的农民知晓社会主义核心价值观,没听说过的比例仅占15%;但实践中,人们的行为未必与其政治认知一致,犹如农民仅知晓社会主义价值观的一般内容,实践中仍然出现集体主义等社会主义价值内容和道德原则失落的问题。因此,如何在实践中加强社会主义意识形态和社会主义核心价值观建设,成为苏南农村公共文化建设亟须解决的问题。

三、农村公共文化设施建设水平低

农村公共文化设施建设包括农村公共文化设施的建造、管理、服务三大内容。苏南农村公共文化设施建设取得了很大成效,但同时也面临一些问题。

在苏南农村公共文化设施和机构的建造方面,存在公共文化设施布局不合理、设施面积小、室内公共文化设施严重缺乏等现实问题。一是在布局上不合理。很多苏南农村公共文化设施靠近居民生活区,容易产生噪音,晚上开展的公共文化活动相对较多,对临近公共文化设施的居民点的农民生活产生影响,一些农民对此意见很大。二是在设施数量、规模和面积上仍欠缺。苏南农村公共文化设施的数量、规模和面积还不能满足当地农民日渐增长的文化需求。近些年,随着苏南农村公共文化的建设

---

① 王岩.市场经济条件下集体主义的互补机制研究[J].马克思主义研究,2004(1):32.

推进，农民的公共文化生活的需求也不断加大，农民需要更丰富、更个性化的群众文化活动，原有的文化广场、文化活动中心已经不能满足农民的多样化需求。三是室内公共文化设施缺乏。与苏南农村室外文化活动广场数量相比，室内公共文化设施严重缺乏，很大程度上束缚了公共文化活动的开展。比如，大多数社区和农村的文化广场的面积太小，无法举办一定规模的文化活动，导致大型的文化惠民活动多是在乡镇中心文化广场举办，而乡镇的中心广场属于室外文化设施，如果遇到刮风下雨、炎热或寒冷天气，文化活动就要取消或延迟，这就打击了农民的积极性，导致文化活动效果较差。室内公共文化设施缺乏是苏南农村的普遍现象，包括大型、中型、小型规模的室内文化设施都很缺乏。四是附属于文化设施、承载人际互动和文化交流作用的农村公共空间太少。随着时代的变迁，农村的祠堂、水井旁、乡村老茶馆、堆放农作物的公共场院等传统公共空间已经萎缩和衰败，但新的公共空间却没有开辟，这也一定程度上影响了公共文化的建设和发展。另外，已有的农村公共文化设施，无论是室内还是室外，在建筑外观形式上都具有趋同性，无法展现出当地特色文化的多样性。

在苏南农村公共文化设施和机构的管理和服务方面，存在管理资金配置分散、管理人员缺乏、管理方法教条等问题，造成文化设施使用率低、闲置现象严重等后果。这直接导致农村公共文化设施的服务效能低下，农民对公共文化设施的满意度低。基于笔者的调查和走访，苏南农村大部分农家书屋，地点都设置在村委会，连接着村文化活动室或者青少年活动室、老年活动室等设施，藏书数量不等，但新书更新率低，一般只有一位兼职管理人员，如一些农村是村妇女主任兼任。由于是兼职，当妇女主任开会或忙碌的时候，农家书屋定期开放的时间便很难保证，久而久之，农民的积极性也受到影响。笔者走访农家书屋时，很多农家书屋是关闭的，有的虽然开放，但里面并没有借阅者，有时连管理者也不见踪影。据苏南很多乡镇的文化站站长反映，农家书屋中的很多书是农民不需要的，而农民需要的种植、养殖类的书种类既少又陈旧落后，农家书屋的实际利用率非常低。

图 5-2 是根据本次发放的 800 份调查问卷整理所得。在调查的 800 位受访者中，在最近的一周时间内，34% 的受访者没有去过农家书屋，

32%的受访者仅去过1—2次,选择经常去的仅有4%,甚至有24%的受访者表示,他们并不清楚村里是否建有农家书屋。可见,农家书屋的实际使用率较低,农家书屋基本上形同虚设。

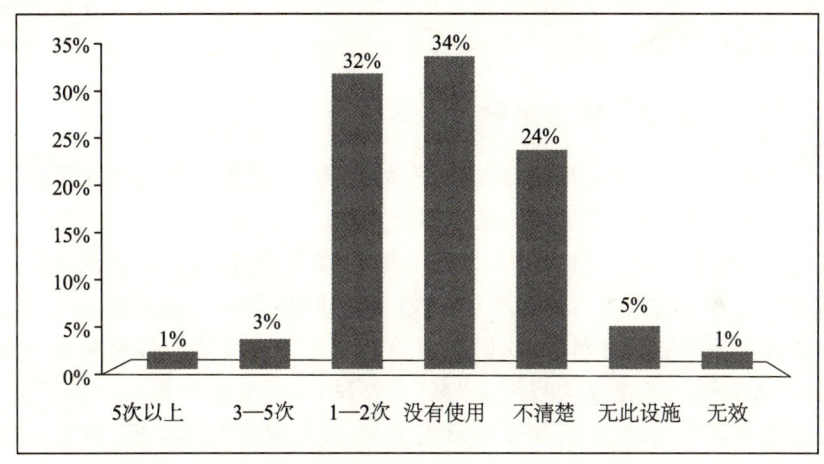

图5-2 苏南地区农家书屋一周使用情况

再如,当前文化站工作人员的人数较少,远远不能满足现实需要。"十一五"时期,我国文化建设处于初期,当时文化站工作人员基本能满足文化工作的需要。"十二五"期间,文化站工作人员人手紧缺的问题则比较突出,在总体工作人员数量不足的情况下,其中有岗位编制的人员占三分之二,有些地区文化站的专职人员仅占三分之一。再加上很多农村地区是文体活动不分家,大量文化工作使得文化站的工作人员既繁忙又辛苦。没有岗位编制的聘用人员的积极性受到影响,流动性大,也给文化建设带来不利影响。另外,农村文化站工作人员的选拔机制还不健全。文化站工作人员的人事关系从市一级文化行政部门下放到乡镇党委和政府以后,文化站专职人员的工资待遇与乡镇财政挂钩,总体的工资收入都有所下降。虽然笔者访谈很多文化站站长时,他们都表示,"虽然工资待遇下降了,工作内容繁重了,但是'文化的春天'的到来让我们有了用武之地,我们很自豪,依然满怀热情干工作。"①但他们普遍提出,下放到乡镇

---

① 资料来源:与文化站站长们的谈话整理而成。

一级的基层文化体制改革，带来的一个严重问题是工作人员的选拔任用充满随意性，乡镇一级在文化工作人员的考察任用方面实际上放松了对业务素质的考核，而这个工作以往是由市文化局来把关的，现在则由乡（镇）行使任免权，容易导致所选文化工作人员的工作能力和业务素质难以胜任岗位职责。

四、文化惠民活动供给与需求脱节

近些年，苏南地区开展的送书、送戏、送电影、送展览等送文化下乡活动覆盖了广大农村，满足了农民的部分需要。但就整体效果而言，这种送文化活动的投入与产出之间并非正向发展，或者说，目前送文化活动投入的大量人力、物力、财力浪费严重，社会效益也低，效果并不显著。在大量的送文化活动统计材料中，我们看到的多是送文化活动的数量和惠及农民的"人头数"，可是多大程度上"惠"及农民，并没有详细说明。事实上，基于笔者调查，送文化活动存在形式主义、文化资源利用率低、资源存在浪费的现象。例如，因农村图书室或农家书屋的管理体制不健全，送下乡的很多书籍并没有很好地加以利用，仅仅成了一种摆设。相对而言，送戏下乡效果要好一些，基于送下乡的戏曲基本上能结合地域传统，能被当地群众接受，不过喜爱地方戏曲的多是年纪较大的农民。送电影的效果则更加不理想，可以从以下方面加以说明：一是管理体制不健全。如电影放映员只负责去放映点放映电影，放映内容是上面规定的，少数电影放映员会灵活选择，但此种灵活性较小，大多放映员教条执行上级要求，文化站对电影放映情况没有话语权。二是从服务对象看，看电影的人是农民，很多电影内容与农民生活严重脱节，展现农村和农民生活题材的电影极少，影响了农民兴趣和观影人数。三是电影放映环境影响放映效果。农村电影放映点基本上是露天广场，寒冬酷暑、刮风下雨、蚊虫叮咬等影响了观影舒适度，造成观影人数减少。对电影感兴趣的又多是中老年人，但主办方提供的凳子较少，老年农民无法长时间站着观影，常常电影放映一会儿，人即散去，即使不离开，也是与他人聊天，看电影基本上成了"看热闹"。期待通过电影，来满足群众的精神文化需求、影响群众价值观、传播正能量的效能根本无法有力发挥，造成人力、物力、财力的浪费是必然结果。

如图 5-3 所示,在 800 名受调查者中,58％的人对"送下乡"的电影放映不满意,约 34％的人表示一般,选择比较满意和非常满意的人数合计仅占 9％。可见,对于"送电影"下乡这一文化活动,当地群众的满意度是不高的。对此,我们需要反思,如何有效避免"送文化下乡"流于形式和表面,如何有效地、深入地将优秀文化"送下乡",这些都是迫切需要研究和解决的问题。

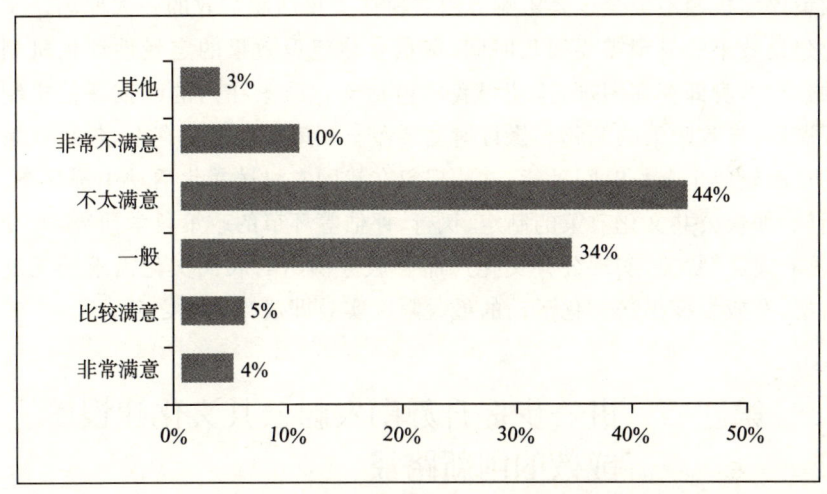

图 5-3　苏南地区"送下乡"满意度调查

关于公共物品和服务的供给,西方国家为我们提供了若干理论和实践经验,有助于我们认识和分析农村送文化活动的实效。基于三个方面原因,公共物品和服务的供给存在效率低下的"天生"缺陷,实践中人们对此种缺陷的认识是循序渐进的。一是公共物品和服务在提供过程中,提供者本身未必就是公共利益的真正代表,容易以权谋私,减弱了服务效果。比如,政府理应是公共利益的代表,可是真正实践中,政府及其官员也是"经济人",容易在个人私利诉求和公共道德选择之间陷入两难的"道德困境",最终会有私利大于公益的可能选择。二是政府在公共物品和服务的提供方面,难以满足多样化、个性化需求,容易导致公共产品和服务的供需脱节和效率低下。三是政府决策的影响。由于决策能力或决策机制不足,可能使得政府决策失效。四是政府提供的公共物品和服务,具有垄断性,竞争性不足,公共产品质量和服务因缺乏竞争也容易导致公共服务效率低下。因此"送文化下乡"活动中,"政府失灵"现象也同样存在,影响了送文化活动的实效。需要注意的是,公共文化产品和服务,不同于一般性的公共产品和服务,公共文化的提供涉及国家文化安全,尤其是我国社会主义意识形态的安全,政府必须在这方面承担主导和主体作用,在提高服务效能方面是否让社会力量加入还需要进行新的探索。另外,我国政策评估机制不健全也是影响苏南农村送文化活动实效的一大原因。文化建设效果的显现需要很长时间,衡量文化建设效果的定量性评估机制的建构本身即存在困难,这使得我国包括文化政策在内的政策评估机制很滞后,导致政策的调整和修订速度缓慢。政策惯性持续存在,包括政策的负面效应也会长时间延续,这些现象在我国农村送文化活动中都存在。因此,加快公共文化政策的制定、执行、评估等环节的政策科学研究,改变"政府失灵"状况,实现公共文化产品和服务供给与农民文化需求的无缝对接,有效发挥出送文化活动的最大限度实效即成为当务之急。

第四节　进一步提升苏南农村公共文化建设成效的创新路径

一、加强加快研究,实现农村公共文化建设法规先行和政策独立

结合西方国家公共文化建设实践来看,公共文化建设和服务成效显著的国家,都拥有完备的法律法规体系。素有"艺术之国"之称的法国,其公共文化建设举世闻名。法国于 19 世纪即开展了公共文化建设,1840年制定出台了世界上最早的有关文物保护的法律《历史性建筑法案》,此后相继颁布了《历史古迹法》(1913 年)、《景观保护法》(1930 年)、《考古发掘法》(1941 年)、《历史街区保护法》(1962 年)、《城市规划法》(1973 年),还有现行的《文化赞助法》和很多其他行政法规。日本、新加坡、韩国等亚洲国家也有专门关于文化建设和保护的完备法律。我国由于缺乏农村公共文化建设的专门性法规和条例,在农村公共文化建设过程中,传统公共文化得不到切实有效的保护。例如,很多农村的历史名人故居破落或被挪作他用。之前提到的我国三部法律的效能在农村基层根本无法有效实施和体现,因此,结合农村实际,加快制定农村公共文化方面的地方法规和条例成为现实之需。农村公共文化建设除了需要强有力的法律保障,完备的政策也是必不可少的。针对我国农村公共文化建设的政策现状,需要从以下方面作出努力:

第一,各级政府尽快出台农村公共文化建设和服务政策。从中央到地方,各级政府和文化行政部门都应该制定专门性的农村公共文化政策,改变我国农村公共文化政策依附城市公共文化政策的现状。农村地域是普遍性和特殊性的统一,自上而下的各级政策应是对"共性"和"个性"的兼顾。农村公共文化政策获得独立地位,这既尊重了城市不同于农村的客观现实,也有利于保障政策效果。在我国,政策与政府密不可分,如若有专门性的农村文化政策,在传递政策信息的同时,更是表明政府的重视程度,表明农村获得了与城市一样的"平等"和"尊重"。这种政策认知意义重大,它会使得全社会树立起一种尊重意识,各级地方政府和相关部门在政策实践中,也会相对重视农村的政策执行,更不敢随意剥夺和牺牲农村和农民利益。

第二,结合农村公共文化建设实际,加强政策科学研究。农村公共文化政策获得独立地位,是一项系统工程,涉及很多领域和层面。从农村公共文化建设实际看,应考虑到我国农村特点、社会主义制度的根本属性、公共文化特点,还要兼顾政策的制定、执行、监管、评估等若干环节。这些因素交织起来,形成我国农村公共文化政策的政策要求。以评估为例,目前我国文化政策缺失文化活动评估内容和文化政策评估环节,分散在城市公共文化政策文件中的农村公共文化政策中,涉及评估的内容极其缺乏,也因此造成资源浪费严重和文化效率低下。而相比其他的项目评估,文化活动的评估并非易事,对于公共文化设施建设的数量、面积等,可以进行定量评估;而公共文化活动效果,特别是涉及人的价值观、文明素质等理念变化,很难进行量化评估,建构科学的公共文化评估机制也成了难题,这需要在实践中加以研究和推进。另外,苏南农村公共文化政策的制定还应实现科学化和民主化。西方发达国家尤其注重文化政策制定环节,通过组织各类文化咨询委员会、召开文化政策听证会、专家审议会等形式反复论证政策建议,并扩大公众参与度,力求制定出科学的文化政策。我国苏南农村也可借鉴其中一些有益做法,发挥出专家和社会各界的作用,尤其是发挥出农民的决策参与作用,制定出真正符合实际和满足需求的农村公共文化政策。

二、改进传播方式,加强农村的社会主义意识形态建设

第一,加强苏南基层政府和农村干部对马克思主义理论的学习,坚持以马克思主义理论引领农村文化及公共文化建设。实践证明,只有坚持以马克思主义理论为我国各项建设工作的指导原则不动摇,才能真正推进社会主义建设和体现社会主义制度的优越性,才能建成富有中国特色的社会主义农村文化,进而用社会主义文化的先进性来克服传统消极文化和市场消极文化的缺陷,展现出社会主义农村文化的优越性,自然也能确保社会主义意识形态在农村文化中占据主体地位。马克思主义理论作为我国农村文化建设方向的保证是通过基层政府、党委和农村干部的作用实现的,只有他们切实掌握了马克思主义理论的内容,并有效地运用于农村文化建设的实践中去,才能实现马克思主义理论的指导作用。因此当前苏南农村实践中,亟须通过各种方式和途径,加强基层党委、基层政府和农村干部对马克思主义理论的深入学习。对于基层党委而言,通过马克思主义理论的学习,让党员认清复杂的国内外形势,领悟社会主义文化安全的重要性,明确共产党员的历史使命和时代责任,加强对自身的严格要求,在农村文化建设中始终坚持正确的政治导向和立场,同时要有担当意识和奉献精神,最终发挥出作为领导集体的带头示范作用。而对农村基层政府而言,基层政府依然是农村文化建设的重要主体,是农村文化建设具体事务的执行者、协调者和监管者,其重要作用也关乎农村公共文化建设的方向,通过马克思主义理论的学习,让基层政府了解我国文化体制改革的进展、掌握政府文化职能转变的趋势,结合国家治理理念的内涵,明确基层政府在农村公共文化建设中重要主体作用的定位。对于农村干部而言,他们是传达并执行党委和政府指令,反映农民的公共文化诉求,联结农民和政府、党委的桥梁,直接面向并体现着双方的互动,也是农村文化建设中非常关键的主体。通过马克思主义理论的学习,要进一步提高当前农村干部的思想文化素质,让农村干部具有集体主义观念和公

共责任感,最终转化为农村文化建设中"为农民服务"的实际行动。在我国,无论基层党委、基层政府和农村干部,在社会主义农村"公共"文化建设中还应该塑造公共服务的某种"精神",这种精神,西方人亚当·斯密斯作过总结,即乐善好施的爱国主义。"热爱我们的国家,从一般意义上而言,似乎包含了两个不同的原则:首先,要尊敬和尊重已经确立的宪法和政府形式;其次,要有一种尽我们的可能让公民享受安全的、体面的、快乐的生活的真挚愿望。不遵守法律,不服从官员命令的人不是好公民,不想尽其全力提升整个社会福利水平的人也肯定不是一个好公民"。① 此种本质上是爱国主义的公共服务精神,值得我国当前农村公共文化建设中基层党委、基层政府和农村干部认真实践。

第二,重塑农村的新型集体主义价值观,创新政治社会化的有效方式。我国计划经济时期实行的是完全漠视个人利益,提倡"大公无私"的集体主义,这是一种有失偏颇的极端集体主义,但当前我国农村中一些农民或农村干部注重个人利益、无视集体利益则是另一错误极端。集体主义精神的失落不利于社会主义农村公共文化的建设。在当前农村新的历史时期,应该建构兼顾个人和集体利益的新型集体主义价值观,即"以个人和集体利益关系为轴心,以互利互惠为前提,以公平和公正为杠杆,以功利原则为动力,以奉献精神为导向,以竞争务实为实现手段,以人民群众的根本利益为评判标准,以共同富裕为现实追求,以共产主义为价值指归,实现个人与集体的完满结合和高度统一的社会主义市场经济条件下的新型集体主义价值观",②同时,这种新型集体主义价值观还包含在个人利益和集体利益发生矛盾时候,集体利益具有优先权的价值选择。集体主义价值观是社会主义农村文化中的重要部分,从内容上加以明确以后,要切实落实到农村公共文化建设实践中去,通过各种有效的手段去推行社会主义价值观,这就涉及包括社会主义核心价值观在内的社会主义价值观的传播,也即政治社会化的手段是否有效。社会主义意识形态建设的成效取决于内容和手段的统一,不仅要求内容明确,而且要求建设手

---

① [美]乔治·弗雷德里克森.公共行政的精神[M].北京:中国人民大学出版社,2003:176.
② 王岩.冲突·契合·超越:个人主义与整体主义比较研究——兼论社会主义市场经济条件下的主导价值观建构[J].毛泽东邓小平理论研究,2005(6):60.

段灵活、实际、有效。

主流价值观传播的过程也即政治社会化的过程。在我国农村,政治社会化的主体是各种组织和群体,包括基层政府、基层党委、村委会、农村家庭、农村学校、农村电视传媒等。为使社会主义价值观有效传播并落实,首先要求各主体自身积极发挥作用,每一主体应该明确并落实自身职责,同时建构起相互之间的协调机制。政府和党委注重宣传,把握政治方向的大局;村委会负责落实,结合本村特点,采用积极的奖励措施,注重挖掘先进典型;农村学校需把公民道德教育和社会主义核心价值观结合起来,除了对学生进行针对性的传授外,也要充分利用自身资源,开展对村民的相关教育;农村大众传媒则是要结合农村实际和农民特点,进行农村精神文化产品的针对性生产和传播。另外,社会主义价值观传播过程中还要注意"上行下效"和情感因素力量的运用,"如果要使我们的少男少女像苏格拉底的学生一样深深地被国家这个概念打动,教师和教科书的编著者们显然必须以类似苏格拉底对真理的热爱以及他们对辩证法的严格精神对待他们的工作。……最容易激发儿童感情的不是文字,而是景物和音响,要使儿童热爱祖国,就必须要么让他们欣赏祖国最壮丽的景物,要么让那些景物在他们心头呈现。"①总之,要通过创新政治社会化的手段,在整个农村社会形成践行社会主义价值观的良好氛围,最终确保社会主义价值观在苏南农村真正扎根。

三、拓展经费来源,提高建设经费在各级公共财政中的支出比例

从发达国家的公共文化建设经验来看,保持公共文化的财政投入不断增长,是实现公共文化可持续发展的必要条件。在公共文化建设经费的供给模式上,我们与西方国家国情不同,具体的经费供给模式也存在差异。不过,由政府、企业、社会、公民共同分担经费的多元主体供给模式是各国普遍采用的。我国苏南农村公共文化建设经费的投入虽然不低,但也存在一些不足。如苏南农村公共文化建设经费投入数额在全国农村中虽然名列前茅,但是占当地公共财政的支出比例仍然较低;由于没有建立

---

① [英]格雷厄姆·沃拉斯.政治中的人性[M].朱曾汶,译.北京:商务印书馆,1995:125.

专项资金,公共文化建设经费缺乏专项预算,随意性大;从经费供给内容看,公共文化设施、人才培养、文化活动等方面的资金投入比例存在失衡现象;资金来源上,政府还是我国农村公共文化建设经费的主要投入主体,其他主体作用的发挥极其有限。因此,继续推进苏南农村公共文化建设,需要在以下方面进行努力:

第一,各级政府的公共财政预算中,要建立明确的公共文化建设专项资金,且需动态增长。我国公共文化建设属于政府主导型模式,从中央到地方都设立了各级文化行政管理部门。中央部门负责制定整体的公共文化发展目标,地方依据中央部门的整体规划再做出地方公共文化发展规划。由于我国的公共文化建设时间短,政府还是最重要的建设主体,地方政府的财政支持力度直接决定公共文化建设成效,因而,苏南农村公共文化建设的推进,也依赖于省、市、区(县)、镇(乡)各级政府的财政规划。对每一级政府公共文化建设承担的支出责任要进行合理划分,各级政府应结合各地的经济发展实际,对区域内经济发展水平相对落后的地区有一定的财政倾斜,加大支持力度,对经济发展水平较高地区,要注意授权,发挥出地方财政的优势。同时,各级政府财政都要确保公共文化财政投入增速高于财政经常性收入增长。

第二,基于公共文化建设经费在设施、活动、人才培养等方面的投入失衡,亟须进行公共文化建设经费投入项目的合理规划。相比公共文化设施和活动的财政投入,苏南农村在公共文化管理人才、民间文化艺人等人才培养方面的投入较低。而人力资源是公共文化建设的最重要的资源,对公共文化建设有着至关重要的作用。在文化人才的选拔、培养和保护方面的完善机制,发达国家也提供了很多经验,如日本媒体还将那些造诣颇深、身怀绝技的艺人和工匠称为"人间国宝"。从1955年开始,日本政府开始在全国不定期选拔、认定"人间国宝",将那些大师级的艺术工匠,经严格遴选确认后由国家保护起来,每人每年发放200万日元(约合人民币14万元)的特别扶助金,用以磨炼技艺、培养传人。韩国政府制定了"金字塔"式的文化传承人制度,最顶层的文化传承人被授予"保有者"的称号,他们是全国具有传统文化技能、民间文化艺能或者是掌握传统工艺制作、加工的最杰出的文化遗产传承人,共有约199名,国家给予他们用于公演、展示会等各种活动以及用于研究、扩展技能、艺能的全部经费,同时政府还提供每人每月100万韩元(约合人民币6 000元)的生活补助和一系列的医疗保障,以保证他们衣食无忧。① 我国也须尽快建立农村公共文化人才的资金投入和管理机制。

第三,要创建多层次、多渠道的公共文化建设资金投入机制,拓宽经费来源。目前苏南农村公共文化建设经费的来源主要还是各级政府的公共财政支出。虽然苏南各级政府的财政基础较好,能够承担全部或大部分财政责任,但从长远看,也存在公共文化建设的动力不足或效率降低的可能。公共文化建设模式是"政府主导型"的欧洲国家建设模式,虽然政府也是公共文化建设资金的直接提供者,但当公共文化建设推进一段时间后,政府对公共文化建设经费的投入反而下降了,更多的是依靠各种政策,鼓励社会力量进行经费投入。2007年11月7日,法国《费加罗报》用整整两版篇幅报道了里昂美术馆历时三年,在民间筹集1 700万欧元,将法国浪漫派时期优秀画家尼古拉·普桑的名作《逃亡埃及》,收为馆藏品的重大文化事件。这笔款项甚至对于卢浮宫这样的大型国家博物馆而言,都是一个天文数字,更何况是一个地方美术馆。此次收购震动了整个法国博物馆界。为了不使名画流落海外,法国博物馆界、民间收藏爱好者、普通百姓和企业共同努力,创造了神话。在里昂市市长举办的一次午餐会上,一举筹得了100万;卢浮宫破例对兄弟馆伸出援手,捐款100万;法国保险业巨头安盛公司出资200万,道达尔公司出资200万……2008年2月,这幅国宝级珍品终于落户里昂美术馆。② 可见,社会力量的潜力巨大,法国能够形成全社会的财政文化自觉也是其多年的公共文化建设的结果。我国苏南农村公共文化建设经费筹集的社会力量的发挥,也需要各级政府通过各种优惠制度和政策进行引导和发掘。

四、坚持治理范式,增强农村公共文化建设中基层政府的作用

因坚持治理理念,苏南农村公共文化建设初期所面临的困境已基本

---

① 吴福平,范柏乃.文化的公共性与公共财政政策选择研究[J].公共管理与政策评论,2013,2:48.

② 吴福平,范柏乃.文化的公共性与公共财政政策选择研究[J].公共管理与政策评论,2013,2:51.

摆脱,如政府是农村公共文化建设初期的唯一主体,依靠行政控制对文化建设统管、包办,致使农村公共文化建设速度较慢。现在,苏南各级政府由原来承担文化建设上的全能角色,转化为规范者、引导者、助推者的角色;从统管、包办转变为提供政策扶持、财政投入和制度保证。简言之,治理范式可以弥补政府文化管理职能上存在的缺陷,通过发挥政府作用,提高农村公共文化建设成效。不过,以苏南基层政府的公共文化建设职能为例,依然需要治理实践的深入推进,来彻底解决其在农村公共文化建设职能上的"碎片化"和"失衡"问题。

苏南基层政府的农村公共文化建设职能的"碎片化"特征还很明显,表现为:从横向看,基层政府的公共文化建设职能表现出一定的孤立性,横向基层政府之间缺乏文化建设上的合作,导致基层政府间文化信息的封锁与断裂,不利于统一的文化大市场形成。事实上,我国众多区域文化是跨越一个甚至多个基层政府的,区域文化建设完全可以通过政府间横向协作加以推动。实践中,很多地区内部的文化产业发展迅猛、生机勃发,但受狭隘的竞争观念影响,文化上的地方保护和垄断现象却异常明显。从纵向看,农村文化行政管理部门的双重领导体制易导致职能分散、各自为政现象。我国地方文化行政部门受到辖区地方政府和上级主管文化行政部门的"二元领导",地方政府管"人、财、物",上级主管部门负责文化事务,这种条块分割格局,易导致文化管理上的矛盾和困难。从各地政府内部看,职能分散在各个文化行政管理部门,也会造成利益争夺、行业垄断和责任推诿情况的出现。我国文化管理体系被分割成文化艺术、广播影视和新闻出版三大块的小文化管理格局,目前很多地方政府正在进行文化行政管理机构的拆分和合并,但这些做法还处在初步探索阶段,实质上有效的职能整合还远未涉及。

苏南基层政府的农村公共文化建设职能的失衡现象主要表现为:一是苏南基层政府文化管理职能的转移和出让存在失衡。一些地方政府过分信奉商业运作思维,片面强调民营化,过分扩充市场化,把不该进行市场化的文化领域也进行市场化。这种过度市场化的模式忽视了地方政府能够发挥的作用,忽略了其应当履行的政治责任。"没有证据表明,企业能比政府更有效或更经济地完成公共任务。"①政府与市场都有其作用领域,特别是维护特定意识形态方面的文化职能,必须由政府和地方政府承担履行,市场不能取而代之。全球化背景下,我国文化受到多元价值观的影响和冲击,面临一定的文化风险,维护社会主义先进文化的文化安全已成为时代主题。"正如我们已经看到的,其他国家的领导人有时企图摒弃本国的文化遗产,使自己国家的认同从一种文明转向另一种文明。然而迄今为止,他们非但没有成功,反而使自己的国家成为精神分裂的无所适从的国家。……作为一个国家,我们的命运依赖于一种而不是多种意识形态。"②二是应该由市场来有效配置文化资源的文化领域,苏南一些基层政府始终越俎代庖,紧握管控大权。三是苏南基层政府转让给社会也即第三部门的文化职能还极其有限。在我国,非营利性的民间组织、志愿组织、公共组织主要依附政府生存,缺乏独立地位,因而在文化事务管理职能方面第三部门还未充分发挥作用。四是地方上党政文化部门之间职能界限模糊,文化领域党政不分现象逐渐凸显其消极意义。"当前改革最为棘手的却是理顺党政宣传文化管理部门之间以及政府内部职能部门之间的关系问题,对于前者,主要是解决作为意识形态工作主管部门的党委宣传部门与政府文化管理部门之间的职责关系问题,这里面既包含有党政机关职能部门之间在意识形态这一重要政治职责方面的分工协作问题,还包含了党委工作部门与政府工作部门在文化经济管理和文化社会管理之间的分工协作问题。"③

  治理范式因其具有多元主体、网络关系、权力的分离与整合等特性,能够消除我国苏南基层政府在农村公共文化建设上的失衡、碎片化缺陷。治理范式强调多元主体在开放的公共领域内进行对话、协商和互动,通过相互合作完成公共事务的处理。鉴于此,苏南大部分农村通过多种新途径,让其他非政府组织、私营组织、志愿组织、公民社群等主体分享职能,

---

  ① [美]乔治·弗雷德里克森.公共行政的精神[M].张成福,等译.北京:中国人民大学出版社,2003:82.
  ② [美]塞缪尔·亨廷顿.文明的冲突与世界秩序的重建[M].周琪,等译.北京:新华出版社,1999:353.
  ③ 陈世香.大部制视角下地方政府文化管理体制改革进程及其挑战[J].上海行政学院学报,2010(5):43.

基本形成了多元主体合作的文化治理体制。当前,这种治理模式的推进需要进一步处理好政府、市场、社会等主体在农村公共文化建设方面的职能关系。西方国家一些"新治理"理论倡导:治理结构中,各主体都是中心,不存在权威和等级关系,彼此之间是伙伴关系。这种治理理论在西方地方政府职能改革中也屡见尝试,不过在我国现阶段却未必契合,我国自改革开放以来一直是政府主导型社会,加上缺乏公民社会的传统,我国第三部门的发展并不充分,第三部门的发展还需依靠政府作用去推动。因而,在我国很长时期内,地方政府仍会成为文化治理体制的轴心,扮演"兄长"角色,治理主体之间的平等而亲密的伙伴关系只有在更远的未来才能建立。治理意味着分权与授权,也意味着职能整合和部门合作。在治理行动中,为保证治理的有效性,分散的职能必须进行整合。要继续推进不同文化行政部门职能的整合,对履行相同或相似职能的机构进行合并重组,机构合并应该遵循可行、有据、有效原则,不能只表现为机构名称的合并,更应该是职能的整合,不宜合并的职能部门要保持其独立性,不可强行合并。要继续构建不同文化行政部门和机构之间的协调机制。以基层地方政府为中轴的文化治理是一个包含复杂关系的网络系统,内含横向、纵向、交叉的错综复杂关系,在多元的主体之间应该搭建协调机制,来处理合作中的公共文化建设问题,跨区域文化问题的解决更需要协调机制的建构。苏州的公共文化服务建设全国领先,其公共文化服务的治理机制多次获得文化部创新奖。总之,坚持治理范式,对苏南农村基层政府的文化职能进行分解和重构,进一步激发出政府潜能,是提升苏南农村公共文化建设成效的现实路径。

五、合理规划空间,提升农村公共文化设施的管理和服务水平

第一,农村公共文化设施建造方面,除了对原有设施进行升级改造外,还需要加大投入,兴建一批新的公共文化设施,以满足农民不断增长的、多元性的实际需求。新建设施需要注意以下几点:

一是注意公共文化设施布局的合理性。如设施所建地点,离居民生活区既不能太近又不能太远,要按照方便居民生活的原则布局。二是合理分配公共文化设施。我国农村普遍缺乏室内公共文化设施,苏南农村

也是如此。这不利于农村文化活动的顺利开展,所以要加快室内公共文化设施的建设,具体数量和面积也应根据当地实际需求状况来设定。三是注意打破千篇一律的相似性建筑样式。在公共文化设施的外观和内部设计上要做到科学、美观,兼顾人的情感需求,通过文化建筑物本身所承载的文化内涵,发挥出文化认同和文化传播功能,实现文化的可持续发展。四是在保留一些传统农村公共空间的同时,开辟新的农村公共空间。比如,农村的茶馆就是传统公共空间,可以加入一些现代元素加以改建;对乡村的文化遗迹进行维护和向公众开放;利用各个乡村的具体实际,开辟新的公共空间,如保留一定面积的天然湿地、荒地、山林等,或者依据当地的自然环境,建设一些富有地域特色的乡村公园。西方国家的做法也为我们提供了很多借鉴。例如,20世纪初期,美国联邦政府就建立了国家公园体系,在城市和乡村都保留和建立了公园,提供了供所有人放松和休闲的公共场所。20世纪中叶以后,美国政府更加注重农村保护和公共用地开辟,1964年还专门制定了《荒地法》来保护荒地。荒地、乡村公园和山林一起,在今天发挥着打破社会隔离、将人们联系在一起、增进人们的公共交往和文化交流的作用。美国著名的景观设计师奥姆斯特德认为,类似于公园的很多公共空间都包含着社会资本,而这对于一个民主社会及它的公共文化建设有重要意义,为此必须在城市和乡村保留一定面积的公共空间。

农村公共文化设施的建造过程,应当是包括政府、企业、社会组织、公众、社会力量参与的过程。从建设方案的出台,到公共文化设施的设计,再到设施项目的完成,每一个环节都需要经过听证会、招标会、专家论证会等程序,广集民意和智慧。需要注意的是,参与公共文化设施建设的专家应该是专家团队,包括经济专家、建筑专家、艺术家、心理学家、文化学家等,只有这样才能统筹兼顾,确保好方案的出台。一位专家这样表述寻求文化问题的解决过程及办法,他说:"不要试着去寻找一个模式,应该让人们寻找好的解决方案,不同的解决方案,如果某些方案不尽如人意,这没有关系,多样性更为重要。"[1]文化多样性的展现和保留才是最重要的,也是文化可持续发展的要求和动力,这同样适用于农村公共文化设施建设。

---

[1] 陈彦,阎敏.城镇化:中国与欧洲[M].北京:金城出版社,2013:90.

第二,要尽快改进农村公共文化设施的管理与服务体制。第一步是建立明确的制度,确保农村文化机构和设施实现专职、专业管理。对农家书屋而言,须尽快改变兼职管理人员的管理现状,改用专职人员管理,这样才能确保农家书屋有充足的开放时间。然后随着管理制度的完善,进一步提高要求,让专职人员接受相关培训,提高专业管理水平。如果有足够的财力支持,在招聘管理人员的时候,直接录用图书管理专业的人员,来提升管理效能。在农家书屋的建设数量上,笔者并不赞成所谓标准化建设(比如每个村必须有农家书屋)的规定。笔者更赞成,有些小村的农家书屋可以取消,大村的农家书屋继续保留或扩建,一切按实际需求来定。第二步是变革管理和服务体制,增强农家书屋的管理能力和服务效能,要与时俱进、加强信息化建设,在服务方式上不断创新,提高服务水平和服务品质。例如,文化站站长和工作人员的选拔、任用、培训、考核机制都需要不断健全。通过健全管理和服务体制发挥出文化站的中枢作用,来推动农村公共文化建设和服务工作。

六、健全参与机制,发挥农民的双重主体作用

如前所述,社会主义农村公共文化建设,必须坚持以"农民"为农村公共文化建设的根本主体和价值旨归。与十年前公共文化建设相比,当前苏南农民参与公共文化建设的积极性有了很大提高,由农民组成的志愿性文化社团也愈益增多,农民的主体意识逐渐明确。不过总体而言,农民的主体作用还未充分发挥。鉴于农民在农村公共文化建设中具有极其重要的地位和作用,因此,亟须通过体制建构,进一步激发出苏南农民的主人翁意识和主体作用。

第一,政府要建构文化诉求的表达机制,通过特定的渠道、途径、平台,让农民自由、充分地表达出自身的公共文化需求。政府作为我国公共文化建设的重要主体,必须要充分了解农民的实际需求,知晓文化建设的方向、内容、原则,在此基础上形成科学决策,做到有的放矢,最大程度地利用好资源。我国农村送文化活动的资源浪费,是政府的文化供给与农民的文化需求不能对接所致。农村发展的地域差异、经济差异、农民群体的年龄差异、职业差异的存在,要求对农民文化需求有详细深入的了解。比如,历史上的苏南农村商品经济发达,后经过苏南乡村建设运动、苏南

乡镇企业的崛起等历史进程,苏南农民的商品意识、进取意识、求新意识、契约意识、法制意识、政策意识不断增强,农民的文化需求也随之提高,再加上苏南农村也是"百里不同风、十里不同俗",地域差异孕育了各具特色的文化传统,类似苏南送文化活动中,锡剧受当地群众欢迎,人们对其他戏曲则不感兴趣,青年农民对传统戏曲的热情不大等现象都应该引起重视。随着社会发展,个性化、多样化的文化需求也在不断增长,在公共文化建设中,上述因素都不能被忽略。农民表达文化诉求的渠道和途径选择上,一是要保证渠道的多样。比如,设意见箱、发放问卷、专门召开村民会议、走访农民等形式应结合起来使用。二是必须有信息反馈,让农民表达意见之后,知晓自己的意见是否被采用。让农民感受到自己是被真正重视的,农民的主体意识和责任感就会增强,会进一步认真、负责、真实地表达需求。不止农民群体,参与此过程的每一类群体都会获得成长,都会增强自身的责任感和使命感。三是政府必须根据农民需求,通过内容上把关、形式上创新开展公共文化建设实践。无锡农村于2014年尝试建立了群众文化需求的制度,并设立文化需求的反馈平台,通过公布公共文化建设的经费预算、项目内容、活动开展,接受社会监督、咨询、问责,即是发挥农民主体性的一个极好范例。

第二,建构农民参与公共文化管理、监督、评估的有效机制,形塑他们的主人翁意识和责任意识。让农民参与公共文化建设和管理的具体方式需要不断探索。西方国家有公民社会的传统,在发挥公民积极性方面积累了不少有益的经验。例如,在培塑公民主人翁意识上,有如下做法。建造一座公园,政府提供费用建造公园,然后让公民参与公园的维护和管理。"'建一个公园'计划确实有助于降低市政成本,但它主要的优点是提高社区参与和增强主人翁意识。这反映在公园设施被故意破坏和滥用的现象减少了。如果社区成员自愿付出时间和精力来维护一个公园,他们的看法就会非常不同,即这是'他们的'公园,而不仅仅是一个市的公园,当然这一直是他们的公园,尽管他们以前并不这样看待。"[①]这种做法如若应用到苏南农村公共文化设施、农村公共空间、文化广场、文化活动室

---

① [加]理查德·廷德尔,苏珊·诺布斯·廷德尔.加拿大地方政府[M].于秀明,邓璇,译.北京:北京大学出版,2005:368.

的管理上，也是可行的。我国政府有很大的权威性，也形成了社会和公民对政府具有极强的依赖性，解决社会问题都指望政府作为，忽视了自身的责任和力量，公共文化建设上也是如此。农民常常抱有"那是政府的事情"，一遇到困难，想到的是"政府应该做些什么"，而不是"我们应该做什么"或"这是我们大家的事"。通过借鉴西方经验，也能渐进改变农民态度，让其和政府、社会一起共建公共文化。另外，一些苏南农村，基层政府的财力相对薄弱，而民众却比较富裕。由此在公共文化建设上，政府加大建设经费投入的压力较大。解决此种困境，也可以通过制度建构，集合农民力量，使得他们手中富余的"余钱"被筹集起来，并回报农民一定的经济利益和社会利益，也可以把原来属于基层政府管理的事务和机构转交给有经济实力的社会组织和私人团体去运转，这也是借鉴西方国家已经试行的"公共功能私人化的市民社会模式"。当然，这种模式也存在风险，比如，降低基层政府的影响力和控制力。我国的公共文化建设领域，应确保社会主义意识形态建设和文化安全，政府职能的放权要以是否影响文化安全为衡量标准。不过，某些内容和服务仍可以借鉴西方国家的做法。总之，苏南各级政府在建设农村公共文化时，既要发挥农民主体作用，追求更高的建设效率，也要始终坚持把社会公共利益置于首位。

结论与思考

  若干国家文化立国策略施行的实践表明,文化是一个国家实现可持续性发展的动力。可持续性发展不仅表现为一国的经济、政治、社会、文化领域内的协调发展,还包括四大领域之间良性互动的建构。而在20世纪中叶,文化对于现代化的意义仅仅作为探索性问题被关注。彼时,面对现代化的发展,人们主要思索两大问题:一是现代化的发展,虽然以经济现代化为起步,但其应该是各个方面的现代化,仅仅从经济现代化推进速度看,一国迅速实现经济现代化,与哪些因素有关?二是某地迅速实现经济现代化之后,是否依然能保持持续发展?近半个世纪的历史发展给出了答案,即经济现代化目标和现代化目标的实现,都取决于文化的根本性作用。丹尼尔·埃通加·曼格尔说:"文化是制度之母。"①其一旦产生,即获得自身独立性并发挥出极大能动性,迅速作用于经济、政治、社会领域并与之发生错综复杂的关系。鉴于文化的巨大作用和其变迁性特点,通过国家和社会有意识地建设和引领文化发展,以促进社会整体协调发展即成了众多国家的必然选择。丹尼尔·帕特里克·莫伊尼汉有两句关于文化的著名描述:"保守地说,真理的中心在于,对一个社会的成功起决定作用的是文化,而不是政治。开明地说,真理的中心在于,政治可以改变文化,使文化免于沉沦。"②葛兰西明确指出,文化与政治具有不可分离、互相支持的关系。"文化与政治的关系不仅是一种必不可少的实用性关系,而且也是一种更为广泛的、更加细密的关系,因为政治作为改造现实社会及结构的一种手段,由于其自身构成的特殊性,它要求必须对文化

---

 ① [美]塞缪尔·亨廷顿,劳伦斯·哈里森.文化的重要作用[M].程克雄,译.北京:新华出版社,2013:37.
 ② [美]塞缪尔·亨廷顿,劳伦斯·哈里森.文化的重要作用[M].程克雄,译.北京:新华出版社,2013:8.

的相互关系有一种极其强烈的意识。"①意即政治必须引领和关注文化。在文化角逐的世界舞台,中国继经济、政治、社会领域的改革之后,文化建设也被提上议事日程,这既是现实的客观需要,也是中国的主动性选择。在文化建设体系中,公共文化建设因关涉公民价值观的提升、公民素质的提高、公民文化权利的彰显而成为文化建设体系的核心。而中国特色社会主义公共文化建设处于发展阶段,6亿多的中国农村人口数量和城市化迅速推进的现实国情,又注定了中国农村公共文化建设的意义重大。

  本书选取现代化进程较快的苏南农村区域,意在通过对发达地区农村公共文化的建设进行理论和实践研究,重点了解当前发达的社会主义农村地区的公共文化建设成效及动力机制;探索社会主义农村公共文化建设中,社会主义主流意识形态和社会主义价值观的建设意义和状况;同时省察中国传统农村文化资源对公共文化建设的意义和利用方式。本研究显示,苏南农村公共文化建设的成效显著,主要得益于若干年累积而成的坚实的经济基础、悠久的历史和丰富的传统文化,农村距离城市的远近也是对农村公共文化建设成效有决定性意义的关键要素。另外,社会力量、政策执行、精英人物也发挥了重要作用。总体而言,苏南农村公共文化建设取得了一些经验:注重公共文化建设经费的投入;政府和社会组织都注重授权,鼓励创新思维和创新实践;探索并建构了农村公共文化建设上的多元合作治理模式;依托地域传统,创建了特色文化,保持了公共文化的可持续发展;创建了社区建设与公共文化建设共建、共享模式;建构了文化产业与公共文化融合发展的新路径。以上经验可以为我国其他相似类型的地区提供一些借鉴,某些领域的经验可以作为效仿的榜样和示范。对于经济落后的农村地区,通过发展文化产业和文化旅游业,转变经济增长方式来促进经济发展,进而推进当地农村公共文化建设也是可以借鉴的经验之一。当前苏南社会主义农村公共文化建设也存在一些缺失:缺乏专门的农村公共文化建设政策和法规;农村公共文化机构设施建设、管理、服务存在误区;文化惠民活动存在供给与需求脱节问题;社会主义意识形态建设存在形式化和表面化问题等。针对以上不足,采取有效性对策,苏南农村公共文化建设将会在良好的态势上进一步蓬勃发展。

---

① [意]萨尔沃·马斯泰罗内.一个未完成的政治思索:葛兰西的《狱中札记》[M].黄华光,译.北京:中国社会科学文献出版社,2000:76—77.

主要参考文献

一、中文译著

1. [日]横山宁夫.社会学概论[M].毛良鸿,等译.上海:上海译文出版社,1983.
2. [美]费正清,刘广京.剑桥中国晚清史[M].郭沂纹,译.北京:中国社会科学出版社,1985.
3. [美]阿历克斯·英格尔斯.人的现代化[M].殷陆君,译.成都:四川人民出版社,1985.
4. [美]R.麦克法夸尔,费正清.剑桥中华人民共和国史[M].谢亮生,译.北京:中国社会科学出版社,1992.
5. [美]塞缪尔·亨廷顿,等.现代化:理论与历史经验的再探讨[M].张景明,译.上海:上海译文出版社,1993.
6. [美]费正清,费维恺.剑桥中华民国史[M].刘敬坤,译.北京:中国社会科学出版社,1994.
7. [英]格雷厄姆·沃拉斯.政治中的人性[M].朱曾汶,译.北京:商务印书馆,1995.
8. [美]西里尔·E.布莱克.比较现代化[M].杨豫,译.上海:译文出版社,1996.
9. [美]塞缪尔·亨廷顿.文明的冲突与世界秩序的重建[M].北京:新华出版社,1999.
10. [美]弗雷德里克·詹姆逊.文化的转向[M].胡亚敏,等译.北京:中国社会科学出版社,2000.
11. [英]罗伯特·罗茨.新的治理[M].俞可平主编.治理与善治.北京:社会科学文献出版社,2000年版.
12. [英]格里·斯托克.作为理论的治理:五个论点[M].俞可平主编.治理与善治.北京:社会科学文献出版社,2000年版.
13. [意]萨尔沃·马斯泰罗内.一个未完成的政治思索:葛兰西的《狱中札记》[M].黄华光 徐力源,译.北京:中国社会科学文献出版社,2000.

14.［意］葛兰西.狱中札记[M].曹雷雨,等译.北京:中国社会科学出版社,2000.

15.［美］罗伯特·D.普特南.使民主运转起来[M].王列,赖海榕,译.南昌:江西人民出版社,2001.

16.［美］唐纳德·L.哈迪斯蒂.生态人类学[M].郭凡,邹和,译.北京:文物出版社,2002.

17.［美］丹尼尔·贝尔.社群主义及其批评者[M].李琨,译.北京:生活·读书·新知三联书店,2002.

18.［美］乔治·弗雷德里克森.公共行政的精神[M].张成福,等译.北京:中国人民大学出版社,2003.

19.［美］托马斯·库恩.科学革命的结构[M].金吾伦,胡新和,译.北京:北京大学出版社,2003.

20.［加］理查德·廷德尔,苏珊·诺布斯·廷德尔.加拿大地方政府[M].于秀明,邓璇,译.北京:北京大学出版社,2005.

21.［美］明恩溥.中国乡村生活[M].陈午晴,唐军,译.北京:中华书局,2006.

22.［英］菲利普·斯密斯.文化理论——导论[M].商务印书馆,2008.

23.马克思,恩格斯.马克思恩格斯文集[M].北京:人民出版社,2009.

24.［美］汉娜·阿伦特.人的境况[M].王寅丽,译.上海:上海人民出版社,2009.

25.［德］斐迪南·滕尼斯.共同体与社会[M].林荣远,译.北京:北京大学出版社,2010.

26.［法］H.孟德拉斯.农民的终结[M].李培林,译.北京:社会科学文献出版社,2010.

27.列宁.列宁选集[M].北京:人民出版社,2012.

28.［美］塞萨·洛,达纳·塔普林,苏珊·舍尔德.城市公园反思——公共空间与文化差异[M].魏泽崧,等译.北京:中国建筑工业出版社,2013.

29.［美］塞缪尔·亨廷顿,劳伦斯·哈里森.文化的重要作用[M].程克雄,译.北京:新华出版社,2013.

30.［美］丹尼尔·贝尔.意识形态的终结——50年代政治观念衰微之考察[M].张国清,译.北京:中国社会科学出版社,2013.

31.［美］罗纳德·英格尔哈特.现代化与后现代化[M].严挺,译.北京:社会科学文献出版社,2013.

32.［英］乔治·拉雷恩.马克思主义与意识形态:马克思主义意识形态论研究[M].张秀琴,译.北京:北京师范大学出版社,2013.

33.［美］理查德·桑内特.公共人的衰落[M].李继宏,译.上海:上海译文出版社,2014.

34.［德］卡尔·曼海姆.意识形态与乌托邦[M].黎鸣,李书崇.南昌:江西教育出版社,2014.

二、中文著作

1. 毛泽东.毛泽东选集[M].北京:人民出版社,1991.

2. 邓小平.邓小平文选[M].北京:人民出版社,1994.

3. 周晓虹.传统与变迁——江浙农民的社会心理及其近代以来的嬗变[M].北京:生活·读书·新知三联书店,1998.

4. 郑杭生.社会学概论新修[M].北京:中国人民大学出版社,2003.

5. 童星.现代社会学理论新编[M].南京大学出版社,2003.

6. 张文喜.马克思论"大写的人"[M].北京:社会科学文献出版社,2004.

7. 俞可平.社群主义[M].北京:中国社会科学出版社,2005.

8. 汪晖、陈燕谷编.文化与公共性[M].北京:生活·读书·新知三联书店,2005.

9. 江泽民.江泽民文选(第二卷)[M].北京:人民出版社,2006.

10. 李长莉、左玉河.近代中国的城市与乡村[M].北京:社会科学文献出版社,2006.

11. 朱考金.民国时期江苏乡村建设运动研究[M].北京:中华三峡出版社,2009.

12. 贺雪峰.乡村社会关键词[M].山东:山东人民出版社,2010.

13. 胡锦涛.坚定不移沿着中国特色社会主义道路前进,为全面建成小康社会而奋斗——在中国共产党第十八次全国代表大会上的报告[M].北京:人民出版社,2012.

14. 费孝通.乡土中国[M].北京:外语教学与研究出版社,2012.

15. 孙民.政治哲学视阈中的意识形态领导权——从葛兰西到拉克劳、墨菲[M].北京:人民出版社,2012.

16. 陈彦.城镇化:中国与欧洲[M].北京:金城出版社,2013.

三、中文期刊

1. 张勤德."苏南模式"的一个启示——对苏州、无锡、常州的调查和思考[J].高校理论战线,1994(1).

2. 王岩.市场经济条件下集体主义的互补机制研究[J].马克思主义研究,2004(1).

3. 梁卫星.质疑农村的"文化殖民"[J].天涯,2005(3).

4. 王岩.冲突·契合·超越:个人主义与整体主义比较研究——兼论社会主义市场经济条件下的主导价值观建构[J].毛泽东邓小平理论研究,2005(6).

5. 郑大华.关于民国乡村建设运动的几个问题[J].史学月刊,2006(2).

6. 陈坚良.新农村建设中公共文化服务的若干思考[J].科学社会主义,2007(1).

7. 吴理财,夏国锋.农民的文化生活:兴衰与重建——以安徽省为例[J].中国农村观察,2007(2).

8. 张一平.地权变动与社会重构——苏南土地改革研究(1949-1952)[D].上海:复旦大学,2007.

9. 吴淼.论农村文化建设的模式选择[J].华中科技大学学报(社会科学版),2007(6).

10. 周晓丽,毛寿龙.论我国公共文化服务及其模式选择[J].江苏社会科学,2008(1).

11. 毛良才.构筑农村公共文化服务体系的思考——湖南省农家书屋工程建设试点工作的调查和思考[J].湖南社会科学,2008(6).

12. 中国艺术研究院文化发展与建设调研课题组.关于公共文化服务体系建设的调研[J].中国党政干部论坛,2009(3).

13. 王列生.论公共文化服务体系中的项目目标及其功能测值方法[J].江汉论坛,2009(4).

14. 李少惠,王苗.农村公共文化服务供给社会化的模式建构[J].国家行政学院学报,2010(2).

15. 巩村磊.论当前农村公共文化服务机制的缺失与构建[J].党政干部论坛,2010(4).

16. 董磊明.村庄公共空间的萎缩与拓展[J].江苏行政学院学报,2010(5).

17. 王列生.农村公共文化服务改革的困境[J].行政管理改革,2012(1).

18. 萧俊明.文化的误读——泰勒文化概念和文化科学的重新解读[J].国外社会科学,2012(3).

19. 吴福平,范柏乃.文化的公共性与公共财政政策选择研究[J].公共管理与政策评论,2013(2).

20. 财政部教科文司调研组.行政村公共文化建设情况和财政支持政策建议[J].中国财政.2013(16).

21. 卢春龙.我国农民对农村公共文化服务的满意度调查——来自全国九个省市的发现[J].中国政法大学学报,2014(2).

22. 祁述裕,曹伟.构建现代公共文化服务体系应处理好的若干关系[J].国家行政学院,2015(2).

四、档案报告、网络信息等

中共中央文献研究室编.建国以来重要文献选编(1949-1965)(第十四册)[M].北京:中央文献出版社,2011.

附 录

农村公共文化建设情况调查问卷

调查地点：_____市_____区/县_____乡/镇_____村

亲爱的农民朋友：

您好！为了解我国部分地区农村公共文化建设情况，我们需要对您的一些情况进行了解。本次调查采取匿名的方式，您的所有回答将只用于课题的统计分析，不会用作他途。感谢您的配合和支持！

南师大农村公共文化建设课题组
2014年11月

一、基础信息

1. 性　　别：□男　　　□女
2. 年　　龄：□20岁以下　□20—40岁　□40—60岁　□60岁以上
3. 政治面貌：□中共党员　□共青团员　□民主党派成员　□群众
4. 文化程度：□小学及以下　□初中　□高中或中专　□大专及以上
5. 宗教信仰：□佛教　□基督教　□天主教　□道教　□其他
6. 您的职业：□学生　□务农　□务工　□经商　□其他（请写明）
7. 您家的年均总收入约为：□1万元以下　□1—3万元　□3—5万元
　　　　　　　　　　　　 □5万元以上

二、基本情况

1. 您听说过社会主义核心价值观吗？　　□听说过　□没有听说过

2. 您的业余文化生活选择有:(可多选)
□看书报   □看电视   □看电影   □看戏   □听音乐
□听广播   □上网   □打牌、麻将 □体育运动 □其他
3. 村里的文化活动,您是否愿意参加?
□非常愿意 □比较愿意 □一般   □不太愿意 □不愿意
4. 在下列群体性文化活动中,针对相应问题选择相应序号写在横线上:(可多选)
(1) 传统民俗文化活动,如庙会、花灯、舞龙、秧歌;
(2) 法律科普、国家政策宣传;
(3) 普通文化体育活动,如广播、电影、体育比赛、读书、广场舞、书画展。
A. 您所在的村经常举办以上哪些文化活动:_____
B. 您最经常参加的有上面哪些活动:_____
C. 您希望村里定期举办上面哪些活动:_____
5. 您对目前您村里的文化娱乐活动的总体评价是:
□非常满意 □比较满意 □一般   □不太满意 □非常不满意
6. 当前"送文化"下乡的内容有:(可多选)
□电影放映 □送图书和报刊 □送春联 □歌舞表演
□地方戏演出 □科技法律知识宣传 □文艺辅导 □其他(请写明)_____
7. 您希望的"送文化"下乡的内容有:(可多选)
□电影放映 □送图书和报刊 □送春联 □歌舞表演
□地方戏演出 □科技法律知识宣传 □文艺辅导 □其他(请写明)_____
8. 您对当前"送电影"下乡活动的评价是:
□非常满意 □比较满意 □一般   □不太满意 □非常不满意
9. 您在过去一周内对下列公共文化设施的利用程度:(每行限选一项)

农家书屋/图书馆	□5次以上	□3-5次	□1-2次	□没有使用	□不清楚	□无此设施
文化活动室	□5次以上	□3-5次	□1-2次	□没有使用	□不清楚	□无此设施
健身设施	□5次以上	□3-5次	□1-2次	□没有使用	□不清楚	□无此设施
文化信息资源服务中心	□5次以上	□3-5次	□1-2次	□没有使用	□不清楚	□无此设施

10. 您对以下机构和活动的评价是:(每行限选一项)

农家书屋/图书馆	□非常满意	□比较满意	□一般	□不太满意	□非常不满意
文化活动室	□非常满意	□比较满意	□一般	□不太满意	□非常不满意
农村电影放映	□非常满意	□比较满意	□一般	□不太满意	□非常不满意
文化信息资源共享服务中心	□非常满意	□比较满意	□一般	□不太满意	□非常不满意

11. 村里文化志愿者队伍,您是否愿意参加？
□非常愿意　□比较愿意　□一般　□不太愿意　□不愿意

12. 您对村级公共文化建设还有哪些问题和建议？

后 记

我生命的前20年一直在农村度过,这使我对农村有非常深厚的感情,这份情结始终体现于我的工作和生活中。尤其当我进入城市并领略其高速发展的时候,我常常回想农村并关注它的变化,也会对两者进行比较,农村问题自然而然成了我的学术研究兴趣所在。不过,多年来,此种兴趣更多停留在我的想法中,并未付诸实际行动。原因在于,个人的工作和生活都集中于城市,每年偶有几次回农村探亲访友,都是来去匆匆,缺少时间对农村问题进行深入而系统的调查,又感于农村作为特定场域,对它的探究需要若干年的时间积累,且要融入当地农民生活,才能洞察其中之奥秘。因上述因由,多年来,我怯于围绕某一农村问题展开研究,更多是进行口头谈论和心中思索,但对农村问题的研究兴趣一直存于心中并与日俱增。得益于攻读博士学位的四年研究,结合我对文化发展的兴致和调研苏南农村的经历,在同事和朋友的关心鼓励下,我以"苏南农村公共文化建设"为主题,进行了尝试性研究,并形成了此书的出版。整个研究过程充满了困惑、挑战,也常常沮丧和泄气,忽然又有各种期待和兴奋,但最终完成了基本研究,这更是一个思考、学习和积累的阶段性进程。我深知,对苏南农村公共文化建设的研究还需要持续,研究目标也仅仅初步达到,还有很多问题需要深入探索。此种尝试性研究,于我个人而言,是从思考走向实践的转变过程,是一种学术兴趣的推进过程,也是个人学术目标逐渐实现的过程。

感谢我所在单位的领导和同事的帮助,王小锡教授、赵晖教授、王永贵教授、韩秀景教授、王进芬教授都对本研究内容提出过有益建议,钟裕民、崔开云、郑亮、牛天秀、董美珍等老师也常常给予支持和鼓励。感谢南师大美术学院的李建民教授、刘瑶教授热心帮我联系了无锡的调查事宜。实地调研过程中,感谢好友王芳、沈习竹、沈连娣的陪伴和接待,让我有宾至如归的温暖感觉,感谢荀思浩同志、沈才同志的人事介绍、协调和联系。南师大出版社的张春老师、左宓老师对本书的出版提出了很多宝贵的意见,并进行了认真的编辑加工,在此特别感谢。

  还要感谢我的父母、爱人和儿子,他们的爱是我幸福的源泉和前进的动力!

纪丽萍

2015 年 9 月 13 日